主升浪的识别与把握

——三段结构论

肖良军　著

地震出版社
Seismological Press

图书在版编目（CIP）数据

主升浪的识别与把握：三段结构论/肖良军著．—北京：地震出版社，2021.6

ISBN 978-7-5028-5214-6

Ⅰ.①主…　Ⅱ.①肖…　Ⅲ.①股票投资-基本知识　Ⅳ.①F830.91

中国版本图书馆 CIP 数据核字（2020）第 215727 号

地震版　XM4619/F(6006)

主升浪的识别与把握——三段结构论

肖良军　著

责任编辑：范静泊

责任校对：凌　樱

出版发行：地 震 出 版 社

北京市海淀区民族大学南路 9 号　　邮编：100081

发行部：68423031　68467991　　传真：68467991

总编室：68462709　68423029

证券图书事业部：68426052

http：//seismologicalpress.com

E-mail：zqbj68426052@163.com

经销：全国各地新华书店

印刷：北京盛彩捷印刷有限公司

版（印）次：2021 年 6 月第一版　2021 年 6 月第一次印刷

开本：787×1092　1/16

字数：262 千字

印张：16.5

书号：978-7-5028-5214-6

定价：80.00 元

前言

在金融交易市场中，如果投资者能始终遵循适当的规则，就可以用不同的方法来获取利润，但如果少了一种方法，积累的资金很难大幅增长为滚滚财富，这种方法就叫——主升浪。

不管投资者秉持的理念是价值投资还是趋势交易，参与到行业或市场大发展趋势中才能大幅度盈利。投资大家克罗说，他只参与那些行情趋势强烈或行情主要趋势正在形成的市场交易。江恩理论的创始人——江恩说，如果你能发现市场在哪里会大幅运动，那么你就能迅速赚到钱。因此，寻找哪里会有主升浪趋势，成为我们做交易的首要问题。

社会在发展的过程中，大趋势同样起着重要作用。《吕氏春秋》有言，时移世易，变法宜矣。如商鞅变法一举奠定了秦国的强国地位；秦国统一六国奠定了中国持续两千多年的统一版图。纵观改朝换代或力挽狂澜者，大都是时代趋势的发现者。

《孙子兵法》上讲，知可战与不可战者胜，意思是要知道可以做什么，也要知道不可以做什么，道明了识别和把握机会的能力至关重要。

但人心惟危，人心之所以危动不安是因为不满现状，还要寻找更好的，不经过充分的选择与比较，谁知道什么是更好的？

在复杂多变的金融交易市场中，投资者需要一套有理有据的逻辑系统来安顿危动不安的内心，如果你已经找到了这样的一套逻辑，那恭喜你；如果还没找到，那可以参考我的逻辑，或许会帮助你建立自己的逻辑系统。

我在市场中摸索了很多年，最后确定了只做主升段这一模式。这种模式比较适合我，它逻辑简明，边界清晰，可以帮助我克服掉困扰我交易多年性格中依然还有的急、贪、怕、妄、疑等顽疾。此外，我想通过多赚钱来证明自己的价值，这自然离不开要抓主升段。相比于在没有明确趋势的市场中消磨自己的信心和耐心，我更愿意等待比较确定的机会。

本书沿着如下逻辑展开：

市场存在有序的一面→技术分析的目的在于发现这一秩序并找到风险收益不对称、有稳定概率优势的交易机会→阐释三段论→应用三段论定义主升段→阐释结构论→应用结构论界定行情的性质并给出预期目标→阐释级别论→由级别共振推演出参与位置，由级别间关系洞察趋势的变易→构建交易系统，给出盈利模式并程序化→通过哲学与历史思辨消除内心与外部的一切矛盾冲突→圆融无碍。

本书构建了一套分析市场的模式——三段结构论，专门论述如何定义、识别并抓到主升浪。

第一章主要论述技术分析的本质及其作用，目的是让交易者悟透精髓。因为认知不深刻、无法建立信心才是执行不到位的根本原因。一个人对没有信心的事是不可能做好的。本书在论述三段结构论的同时也辨析了各技术流派的特点，重点评论了现在国内流行的缠论。

第二章通过对事物发展阶段的理解，由宏观角度界定市场所处的阶段，讨论战略上可战与不可战的问题，以提高交易的胜算。

第三章主要揭示金融交易市场的基本结构以及市场各种演变的根本原因，确定市场运动的性质。

第四章主要分析不同时间周期的市场结构及其相互关系，通过级别推演和多级共振锁定相对准确的参与主升段的位置，从战术上把握有收益风险优势的非对称机会。

第五章主要是综合应用阶段判断、结构分析和级别推演，研究如何参与主升段，分析行情的发展和变易，并给出主升段开始和结束的判断标准。

第六章将三段结构论简化为一套程序化的指标和公式，因为在股票数量激增的今天，程序化的价值非同小可。

第七章阐明了用系统性思维制定交易系统的过程和方法，并把三段结构论折叠为主升段交易系统，投资者拥有一套自己的交易系统是让自己摆脱随意交易、脱离亏损队伍的有效方式。

天下无易事，有恒者得之。只有坚韧不拔、善于自控的人才能以交易为生，并把金融市场变成一个提升自我的道场，由此修炼达到“绝云气，负青天，然后图南”的境界。这样的人生，显然是值得的。

祝福大家投资成功！

肖良军

2021 年 2 月 18 日于云南

目　录

第一章 技术分析论

本章是笔者对技术分析的全面认识，技术分析不是数理科学，只在一定概率特征下有效。市场运行具有有序的特征，有序是技术分析存在的前提。

第一节
技术分析的理论基础

技术分析的理论基础就是众所周知的三大假设：一是市场行为包容消化一切，二是价格以趋势方式演变，三是历史会重演。

我们将逐条分析这三个假设是否成立。如果它们不成立，那么所有的技术分析都是无源之水、无本之木，就没有存在的价值。

首先来看第一条，市场行为包容消化一切。这句话的含义是：所有的基本面事件，如经济事件、社会事件、战争、自然灾害等作用于市场的因素都会反映到价格变化中来。或者说，价格的变化反映了所有的已知信息。我认为，这一条是成立的。交易者总是依据自己对市场的理解，接收并分析市场中的信息，然后进行决策。当接收到一条信息之后，人们或者马上进行交易，或者认为没有影响而不交易，或者延迟反应，不管如何，无论他们的交易单是否递进市场，对这些投资者而言，这条信息的能量就已经被释放掉了，这个能量就会立即反映到市场中。当另一个投资者在另一个时间另一个地点收到这条信息，也会将其能量投放到市场中，市场也会立即将其消化掉，而且也不必像完全有效市场假说那样要求信息必须充分披露和均匀分布，不管充不充分，均不均匀，人们总是在他知悉信息的时候根据自己的理解或先或后地采取行动。当他行动或者不行动时，在每一个知悉信息的当下，在每一个进行决定的当下，对他自己而言，信息就已经被消化了，同时将这种能量释放于市场，这就是市场包容消化一切。市场行为包容消化一切并不等同于完全有效市场，其背后其实是人在如何依据信息行动，而不是要求信息自由流动，或者信息披露充分和均匀。事实上，无论技术如何进步，信息的传播总是需要成本的，更别说人们对同一条信息的理解永远不会一样了。

第二条，价格以趋势方式演变。我认为，这一条其实是惯性定律在金融市场中的版本。价格总是倾向于按目前状态运行，如果当前振荡，就会继续振荡；如果当前上涨，就会继续上涨；如果当前下跌，就会继续下跌；除非施加了比当前趋势更强大的力量才会改变趋势。惯性定律是成立的，所以这一条也是成立的。

第三条，历史会重演。在金融交易市场，总有人为因素的存在，人是有记忆的，人总是倾向于按照历史经验行事，所以，历史会重演是成立的。但重演不是重复，总有一些不可预知的因素掺杂进来，导致路径和状态发生变异，但不影响历史会重演的大趋势。

第二节 市场的特征

为什么技术分析的理论基础是三个假设？因为由市场行为包容一切就可以推知，不用费力再研究别的，只要研究市场价格就行了，一切都已经反映在价格的变动中；由价格以趋势的方式演变就可以知道，市场是有序的；由历史会重演，不但可进一步认定市场是有序的，更有可能通过历史去推知未来。

所以，技术分析的前提是市场必须是有序的，否则，一个完全随机的市场没有分析的必要。那么，市场到底是随机的还是有序的？我们简单回顾一下历史，就会得到清晰的结论。

1827 年，英国植物学家布朗在花粉颗粒的水溶液中观察到花粉不停顿地无规则运动，后来人们把这种微粒的运动称为布朗运动，这在当时被认为是随机运动。

时间来到 1877 年，德耳索首先指出布朗运动是由于颗粒受到液体分子碰撞的不平衡力作用而引起的。随后，1904 年，法国科学家潘卡雷作了进一步解释：大物体（如线度为 0.1 毫米）将从各个方面受到运动原子的冲击，打击非常频繁，概率定律使之互相补偿，故它们不移动；微小的粒子受到的打击太少，以至无法补偿，也就是说，布朗运动是液体分子处于不停顿无规则热运动的宏观表现。

1964 年，奥斯本以布朗运动原理为研究视角提出了随机漫步理论，认为股票价格的形成是市场对随机到来的事件信息做出的反应，其变动路径没有任何规律可循，因此，股价波动是不可预测的。

1970 年，尤金·法玛提出有效市场假说，他认为市场是一个无摩擦的、完备的竞争性的市场，参与市场的投资者有足够的理性，并且能够迅速对所有市场信息做出合理反应，证券的有关信息是充分地披露和均匀地分布的，价格能自由地根据有关信息而变动。根据这一假设，投资者在买卖股票时会迅速有效地利用可能的信息，所有已知的影响一种股票价格的因素都已经反映在股票的价格中，因此根据这一理论，股票的技术分析是无效的。

随机漫步理论的依据是布朗运动，然而奥斯本忽略了潘卡雷的解释：布朗运动只存在于微观状态，所以现在可以否定他的股价波动不可预测的结论，但他的理论也给了我们足够的警示：市场在短周期、小级别状态可能更趋向于布朗运动，交易者应尽量回避小级别交易。

有效市场假说的漏洞也较为明显，因为市场是有摩擦的，投资者是不够理性的，信息是有成本且分布不均匀的，因此有效市场假说的实际应用效果并不理想，即使像欧美等成熟的证券市场也远远没有达到有效市场的标准。所以技术分析无效论不成立。

1994 年，埃德加首次提出了分形市场假说。分形市场理论认为金融交易市场是一个具有分形、混沌等特性、非线性、开放的耗散结构的复杂系统，对信息的反应呈现非线性因果关系，具有自反馈效应，其波动是有序的。

所谓的非线性，就是历史不会简单重复；开放的，指不断有新的因素参与进来，因而影响未来的走向；耗散结构，是说当系统远离平衡态时，在一定外界条件下，由于系统的内部相互作用，可以经过突变而形成新的有序状态；这可以理解为市场在振荡之后走出趋势；分形，即具有自相似性，自相似性是市场的基本特征；复杂，就是说不是由单一因素决定，而是由多种因素共同作用的；自反馈，就是说市场会自我实现。混沌理论是一种兼具性质思考与量化分析的方法，用以探讨动态系统中无法用单一数据关系而必须用整体连续的数据关系才能解释和预测的行为。它有三个特征：第一，能量永远会遵循最小阻力路径；第二，始终存在着通常不可见的根本结构，这个结构决定最小阻力路径；第三，这种通常不可见的结构不仅可以被发现，而且可以被改变。混沌理论适用于气象变化、社会行为、化学反应等领域，特别是金融交易市场，它准确地概括了市场的特征。

经过这样的梳理，我们可以总结出市场的特征为：市场具有结构上的自相似性；它是一个不会简单重复的非线性系统，并且同时有多种因素作用于它从而导致难以预测；它会在一段时间的无序后重归于有序，也就是具有有序的一面；存在着一种结构决定着市场的最小阻力路径，这种结构可以被发现，也可以被改变；市场宏观倾向于有序，而微观倾向于无序。

第三节 技术分析的本质及目的

技术分析的本质是对历史数据的统计归纳。技术分析的目的在于找到一种概率稳定的有赔率优势的盈利模式。

一、技术分析的本质

市场具有有序的一面，也有难以预知的一面，这就决定了技术分析的任务是寻找市场的秩序，而市场秩序深藏于市场结构之中，所以，技术分析最终要的是研究市场结构。我们可以看到，所有的技术分析流派都是研究市场结构的，都是通过研究结构来发现秩序和节奏的。

研究结构的方法都采用了归纳法，无论K线理论、均线理论……各种指标分析下来，用的全是归纳法。归纳法有两个根本特性：一是不完全，二是使用历史数据，这两个特性决定了技术分析只具有统计学上的概率意义。而历史数据和现实信息对市场的非线性影响进一步降低了这个概率，这就是技术分析的本质特征。

二、技术分析的目的

市场不是孤立的线性系统，技术分析不是数理科学，承认技术分析的概率特征，这是很重要的。交易者的顽疾——频繁交易、重仓交易、逆势交易、不止损等都是由于对概率特征理解不深刻造成的。要根除这些顽疾，需手挥利剑，大刀阔斧把脑袋里乱麻一般的思路理清，这是一个漫长、反复、积少成多后再由增到减的过程。

认识到了概率特征，技术分析的目的就在于找到一个模式、一种结构或一种形态，或不管是用其他什么方法建立一套交易系统，这套系统需要具备以下三种要素：

1. 稳定的概率

由于技术分析的任务具有概率特性，不管使用什么样的分析方法都不能保证百分百正确，所以任何技术分析方法都要首先保证概率的稳定性。为了保证稳定的概率，必须要能识别市场的状态并且保持方法的一致。只有在相同的市场状态下、使用一致的方法才能获得稳定的概率。

在概率稳定的前提下，可以增加一些条件来提高胜率，这是以损失一些机会为代价的。

2. 有优势的赔率

赔率即盈亏比。既然胜率小于 1，那赔率就必须大于 1，否则无法盈利，所以技术分析只能选择胜率乘以盈亏比大于 1 的机会。盈亏比最高的是抄底摸顶，但胜率低；主升段的胜率稳定，盈亏比也颇为可观；单纯的小级别，赔率都不会高。小级别要想赔率高，除非它是大级别趋势的一部分，喜欢做短线的朋友，注意这个要点。

3. 足够的机会频次

理论上，在胜率和赔率乘积大于 1 的前提下，机会频次越高，盈利能力越强，这是一方面；另一方面，稳定的概率是建立在足够样本数量之上的，机会频次过少的话，概率也难以稳定下来。

技术分析的本质就是研究市场结构，通过市场结构识别市场状态并确定某种状态后续发展变化的概率。技术分析的目的就是选择一种市场形态，围绕这种形态建立一套交易系统。

第四节
利用技术分析构建交易系统的方法

技术分析的目的是找到一套具有稳定胜率和优势赔率的系统，而利用本书介绍的三段结构论，我建立了一套专做主升段的交易系统，这套系统就具有前面所要求的三种要素。

但是，也很有可能你对我的系统不感兴趣，或者我的系统并不适合你，如果是这样，你怎样才能建立起自己的系统呢?

现在存世的技术分析理论、技术指标、各种交易系统或方法相当多，让人无所适从，甚至造成思维上的混乱。经过必要的学习、积累和验证之后，要尽快找到一种自己相信的逻辑方法，只单一地使用这种方法构建起自己的交易系统，这是因为：

第一，任何方法和市场都具有契合性，即任何方法在市场中都能盈利，但是只有常年使用、长期观察总结和跟踪研究，你才能发现它们的契合点。

第二，只有经过足够长的时间的验证，你才会对它产生信心，才会相信它的有效性，而后才会慢慢放弃寻找别的方法，逐渐稳定下来。如果同时使用多种方法就难以做到这些，或者会消耗很多筛选的时间。

第三，长时间以一种方法为主之后，你才会熟悉它的相关要素、明晰其边界条件和使用范围。

第四，长期使用一种方法，你会成为这种方法的专家，熟能生巧。

第五，只有使用唯一的方法，你才能毫无疑惑地界定市场的状态，并以此作为对千变万化的市场的评判标准。符合这个标准的，就是你能把握的；不符合的，与你无关的，放弃就是了；

第六，最为重要的是，这样一个披沙沥金的过程，同时也是信心逐渐建立的过程。在这一过程中，人性中的急、贪、怕、妄、疑、惧、执逐渐减轻，直至不干扰交易的程度。

交易者所强调的那些心理因素，诸如心态、耐心、决心、纪律方面的改善，都是建立在构建这样一个系统的基础之上，这是实实在在的一个过程，看得见，摸得着，可知、可控、可操作。

有些人交易几年之后业绩就稳定下来了，就是因为找到了适合自己的方法；而有些人花了很多年仍处于不断寻找、筛选的过程中。寻找的过程是必须的，是谁也无法替代或绕开的。人生也一样，找到了目标，心就定了；实现了目标，心就安了。

第五节 技术分析流派

历史上产生过很多技术分析派别，这里只谈道氏理论、波浪理论和缠论。

一、道氏理论

道氏理论开创了技术分析的先河，是技术分析的基础理论，它的贡献如下：

第一，把市场走势分解为长期趋势、中期趋势和短期趋势。其中，市场整体的主要走势是长期趋势，次级折返是中期趋势，日间波动是短期趋势，这是最早的市场结构分类，后来者的研究范畴没有超过道氏的。

第二，对趋势作出了定义：两个依次抬高的高低点形成上升趋势，两个依次降低的高低点形成下降趋势，从此，市场波动就有了评价标准。很可惜，趋势的定义已经给出了一百年，人们还是经常用自己的妄想代替这个定义，如果认真地按照趋势的定义去分析市场，会减少很多困惑。

道氏理论更偏向于是一种哲学思想，适用于对市场进行定性分析。

二、波浪理论

波浪理论进行了更精细的市场结构研究。波浪理论建立了推动五浪、调整三浪的模型，引入级别的概念把浪型层层分解，并用黄金分割比率去规范各浪之间的数量关系，这一看上去完美的理论使得无数人沉迷于数浪和测量之中。可惜金融市场不是几何学，是无法用一个模型就可以概括的，具体地讲，波浪理论只适用于有明确方向的流畅走势，而市场走势在多数时间里是没有明确方向的，波浪理论自然就不好用了。

三、缠论

缠论是产生于中国本土的理论，它的核心思想是对市场走势进行完全分类，在缠论中的说法叫作“走势终完美”，意思是任何的“走势类型”最终都会结束。为了进行分类，缠论创造了“走势中枢”的概念，把市场分为中枢移动和盘整，亦即上涨、下跌和盘整，然后，缠论引入“背驰”的概念，用“离开中枢后是否背驰”来判断某“走势类型”是否结束，同时用“级别”对中枢进行层层嵌套。缠论把所有的买点分为一类买点、二类买点和三类买点，并给出了一套利用盘整背驰不停做差价的程序。为了精确定义中枢，缠论最后试图走向比波浪理论更精细的几何结构。对于暂时还未完成的走势，缠论借用了个“中阴段”的名字来形容。不约而同地，如同波浪理论的扩展浪，缠论也针对中枢移动失败的情形命名了“中枢扩展”的概念。

缠论有独创性，观点新颖，语言霸气，特别是缠论提倡不停地做差价吸引了很多人，但实战应用前还是建议认真研究一下其适用状态。

这里对三类买卖点试做分析。

第一类买卖点。它是在中枢背驰性移动后产生的，其思路是寻找下跌衰竭点，是抄底。抄底不是不可以，但是要明白下面四点：一是抄底胜率不高，自己的资金够抄几次？二是抄到了底，可能还有漫长的低位振荡，交易者的耐心是否足够？三是抄底成功的品种未必是未来的牛股，交易者是否不在乎？四是若抄到了绩差股或处于衰退期的公司怎么办？由此我们可以得出一个结论：第一类买点只适合不太敏感的投资者分批买些指数基金。

第二类买卖点。它其实是次低点，是向下的一个运动背驰后形成的，这与盘整背驰做差价的思路是一样的。我认为，盘整背驰做差价仅适合极个别艺高胆大者使用，盘整阶段其实就是前面所说的无序阶段，在这一阶段，胜率既不高，赔率也不够，正是技术分析者要想方设法回避的阶段。缠论是不是太高看交易者的能力了？我对第二类买卖点的修正是：在走势向上的前提下，若回调产生背驰后出现了次低点，是可以考虑适量买入的。结论：第二类买卖点要修正使用。

第三类买卖点。它是有一段强烈的走势直接穿越中枢、回抽停留于中枢之上形成的，这个买卖点可操作的前提依然是总体趋势要向上，否则，这一突破走势会与前方的下跌中枢合并，扩展成另一个更大的中枢振荡，从而消失于无形。结论：第三类买卖点是突破类买卖点，必须顺势的突破才可以操作。

所谓的完全分类就是识别市场状态，对市场可能的运行做出完全的列举，对此，三派都是一样的。事实上，所有技术分析都是一样的，道氏理论用高低点是否渐次抬高来识别市场；波浪理论用推动五浪、调整三浪来识别市场；缠论用中枢来识别市场。

综上所述，道氏理论长于定性分析，波浪理论不适用于振荡，缠论使用应先确定趋势，修正引以自傲的差价模式，慎用抄底模式。

四、我的解决方案

那么，我的解决方案是什么呢？

我的根本观点是：交易者只有在明确的趋势中盈利的可能性才高，而在振荡市中亏损的概率高，所以要回避振荡市，参与明确的趋势。

那么问题转化为如何判断市场是在走趋势还是在走振荡，这是三段结构论的任务。

首先，根据道氏理论关于趋势的定义和长期趋势的描述确定市场的方向，这是三段论，它研究的是事物发展的阶段。

其次，确定这一趋势的级别及预期目标，这是结构论，它的雏形是精炼为二浪法则的波浪理论，其中主要提取了主升浪和黄金分割率的思路。

最后，通过级别间关系的推演锁定操作区域，这是级别论，其中吸收了缠论有关背驰的思想。

判断方向是为了保证稳定的概率，确定级别是为了明确预期目标，级别推演是为了有赔率优势。

第六节 技术分析的定义

一、相信图表

技术分析需要对历史数据进行归纳和总结。历史数据的载体是图表，所以一旦选择了技术分析，就必须相信图表，但在实践中，交易者对图表心存疑虑是常态，这是主观想操纵客观，是思维混乱的表现，也是失败的根源。这个“疑”源于无明，即无知。

相信图表有以下含义：

第一，既然市场行为包容一切，那么在图表上反映出来的都是真实发生过的，每一个所谓噪音或杂波或脉冲都是真金白银留下的轨迹，都代表了某种判断或意图，都对市场产生了真实的影响；

第二，依据技术分析所做出的判断，在市场证明错误、判断依据消失或走势明显不符合预期以前，都应被认为是正确的；

第三，当市场已经证明预判错误时，要相信错误已经真实发生，必须认错，必须退出市场，不能因不想承担损失而改变止损，不止损相当于临时变换交易系统，这是妄念；

第四，当市场向着预期方向运动时，要相信它是真的，除非系统指示可以退出，否则应当一直持有仓位，不应因疑虑或担心等情绪影响而不按计划临时随意地处置；

第五，相信图表就要相信技术分析的概率特征，要事先设定证明判断错误的具体位置，相信图表的同时也要相信自己的分析，要预先设定达成目标退场的位置。

技术派唯一可依赖的就是图表。对图表都不相信，那将立于何地？

二、技术分析的定义

能对事物作定义是全面掌握它的标志。现在我们可以对技术分析作一个定义了。

技术分析就是用统计方法对市场历史数据进行分析，以期发现市场内在的运行结构，并以此为根据建立一套具有稳定概率和有赔率优势的系统来进行交易的方法的总称。

深刻理解了这个定义，交易者就不但知道该做什么事，也知道自己处于什么状态。

本章小结

（1）市场是一个具有耗散结构的非线性复杂系统。

（2）技术分析的任务是建立一套规则体系来评价市场。当市场满足体系的条件时就入场交易，不满足时就退场休息。

（3）这套体系需要有以下要素：稳定的概率、有优势的赔率、足够的机会频次和明晰的进退边界条件。

第二章 三段论

此三段论不是逻辑学上大前提、小前提、结论的那个三段论，而是指事物发展的阶段。辩证唯物主义认为事物的发展有肯定阶段、否定阶段、否定之否定阶段；行业生命周期理论认为行业的发展主要包括四个阶段：幼稚期、成长期、成熟期、衰退期；人有童年、少年、青年、中年、老年五个阶段；马克思认为人类社会的发展有六个阶段：原始社会、奴隶社会、封建社会、资本主义社会、社会主义社会、共产主义社会。

为什么要研究事物的发展阶段？

世事纷繁复杂，表象千变万化，但帕累托法则（二八定律）告诉我们，世上绝大多数事物是不重要的，重要的只是少数。如在所有行业中，80%处于成熟或衰退期，只有20%处于发展期；在20%处于发展期的行业中，80%的公司表现一般，只有20%的公司业绩优良；在20%业绩优良的公司中，80%的时间发展速度一般，只有20%的时间快速发展。

为了把握重要事物，发现重要事物的重要历史机遇，我们必须研究事物的发展阶段。事物在不同阶段呈现不同的特征，不研究阶段，不掌握特征，就难以把握事物。

第一节
三段论

事物的发展一般分为潜伏期、萌芽期、发生期、发展期、成熟期和衰退期六个阶段。我们学习事物的发展阶段是为了分析解决实际问题的。在投资者进入金融交易市场后，有两个问题是无法回避的，一个是对市场运行状态的认识，另一个是对自己专业能力的评价。本节就运用阶段分析法来分析一下市场的发展变化阶段和投资者专业能力的进阶过程。

一、股市三段论

经多年观察，我总结出股市上涨和下跌过程中呈现出来的典型的三个阶段。

在上涨过程中，先是止跌回稳，然后是振荡上扬，再后是加速主升浪。在下跌过程中，一般先快速下跌，然后缓慢下跌，再后是绵绵的阴跌。我们描述一下具体的过程。

1. 上涨三段论

止跌回稳阶段：在一轮跌势的时间和空间都基本到位之后，股市某轮上涨的高点越过了上一轮高点，而回调未破上轮低点。在这一阶段，市场人气仍然低迷，无人谈论股票。但是经过这一轮的止跌回稳，短期均线系统已经由向下发散转为横向缠绕，60 日均线下降趋缓，且有一部分股票早已先于指数走出了明显的上涨行情。这一阶段涨跌都快，追涨容易被套，此时最好还是不要买股，应该选出目前的活跃股，关注它回落整理的形态和下一阶段开始时的表现。此时市场多半处于半年线之下。

振荡上扬阶段：短期均线系统向上发散，但仍受中长期均线的压制，股评认为只是反弹，但赚钱效应开始显现。此时只关注上阶段选出的、首先向上攻击的股票，特别是以长阳或涨停向上攻击的为首选，大胆买入。这一阶段只是恢复，人气尚未充分聚集，上面压力重重，在重要压力区或上档密集成交区要果断卖出股票，回落一段缩量企稳后，再以同样的方法选股买进和卖出，这就是标准的波段操作。熊市的套牢者将在几次坐电梯后决定卖出，从而为下一阶段市场突破压力区打下基础。此时市场多半处于年线之下。

加速主升浪阶段：此时市场已经越过年线，牛市言论再起，人气鼎沸，成交量持续放大，调整时间一般不超过一周，幅度也不大，又一茬新股民入市，远离市场者又重新杀回股市。此时正是一轮行情中最易赚钱的时候，不要轻言顶部，最好的策略就是持股不动，直到市场整体走软再清仓离场。市场走软的标志有：本轮领涨板块已先于指数明显下跌、技术上出现（甚至多次出现）背离等。

2. 下跌三段论

急跌阶段：会有反弹。要特别提醒没有离场的投资者在市场第一次反弹时一定要果断清仓，切勿心存幻想。在急跌段虽然跌起来凶，但反弹幅度也可观，一定要利用这种机会逃命，不要搞反了想利用这种机会赚钱。

缓跌阶段：最诱惑人。看似有不少机会，其实非常难盈利，此时牛市情结还在，大多数人在这一阶段逢跌就买又被套进去，上涨的成果马上就会消失于无形。

阴跌阶段：最为难熬。成交量萎缩，活跃度降低，股评说要稳了，但风一吹就会破位，强势股将在这一段补跌，给人气造成极大杀伤，最硬的多头也开始崩溃，不敢言底。

二、股民三段论

根据我的了解和自身的经历，股民的成长也有三个阶段。

学习摸索阶段：这一阶段的股民对股市认识尚浅，处于学习状态，学习各种指标、形态和技术分析方法，特点是爱听股评，人云亦云，靠人推荐买股，一卖出马上就要找股买进，不知空仓，不知牛熊，喜欢同时持有多只股票。

积累验证阶段：这一阶段的股民喜欢谈论技术和政策，不停地交易，知道牛熊，强调要空仓，但是却经常做不到。自以为对股市相当了解，每时每刻都紧盯盘面，熊市也想赚钱，幻想暴富，一年十倍。他们经常发现绝招，但却一用就错，原因就在于对股市的理解仍然片面，知识、经验、技术还是一个个孤岛，不知应用环境，经常把在牛市学到的经验应用在熊市，把在熊市得到的教训应用在牛市，交易规则也变换不定。这一阶段的股民亏损可能会比较厉害，是市场交易量的主要贡献者。

知变守定阶段：经过多年痛苦的积累，鬓边霜渐露，顶上发稀疏，他们终于发现市场运动有迹可循，知道了市场的变化，也知道了自己的能力范围，常因谨小慎微而被新手嘲笑。他们慢慢把多年的妄想逐一剔除，只留下适合自己的偏向性并固化下来，从而建立了适合于自己的一套交易系统，并逐渐明白了系统的适用范围，开始理解股市的很多钱不要妄想去赚。他们不再幻想暴富，只想慢慢地、稳定地赚钱。一言以概之，想明白了，也做到位了。

第二节
主升段

研究事物有三个层次：是什么，为什么，怎么办。为了便于研究这个问题，我们把事物发展的六个阶段简化为萌芽期、发展期和衰退期三个阶段，这样做方便我们识别发展期，因为发展期对应的就是我们要寻找的主升段。本节将专门介绍主升段。

一、什么是主升段

主升段的定义：经过充分积蓄能量，以流畅有力的推动浪方式有效改变原有趋势并形成了新的方向，在稍后的次级折返休整中回落幅度有限，并且随着时间的推移，20 均线也转而向上移动，当价格在 20 均线附近稳住并有迹象向上强势运动时，再度向上的这一段称为主升段。

这一定义有三个要素：一是先有一段强烈的趋势改变原有趋势，形成了新的运动方向；二是进行了幅度适当的次级折返（关于“适当”，后文结构论中会详细介绍）；三是有再度向上的迹象（这一迹象见后文级别论）。

我的具体操作是用布林轨来指示主升段。当一段有力度的趋势进行次级折返，回落到布林中轨附近稳定下来时，我就认为后面可能的再度上行是主升段。布林中轨就是 20 均线。

之所以这样定义，一是因为这就是波浪理论定义的主升浪，二是我自己从大量的实践中验证了这确实就是很多股票主升段的起点。

这一认识对我来说是至关重要的。正是因为相信并观察到了事物发展的阶段性，市场也印证了行情走势的发展变化阶段，我的交易才开始围绕如何识别和抓到主升段进行系统化设计，我才从茫然摸索的黑暗中看到曙光。这个时候，我才算是入门了。

随着交易系统逐渐构建完善，市场也在不断地验证主升段这一定义的适用性，具体图例见下文“A 股历史上的主升段”。

二、为什么要做主升段

主升段是行情运行的主要规律，也是决定交易者能否盈利的要点。

在事物的萌芽期、发展期、衰退期三个主要阶段，哪个最有价值？当然是处于发展期的事物最有价值。原因如下：

（1）动量强劲，结构稳固，有了相当的风险抵能力，确定性最高；

（2）各要素功能发挥充分，协同良好，配合严密，系统功能完善，运行稳健快速，状态持续正常；

（3）预期收益风险比最高；

（4）运动速度快，惯性大，变量少，易于识别和把握；

处于发展期即为股市中的主升浪，下文我们就称主升段。

三、A 股历史上的主升段

主升浪相当有价值，每轮中级行情都能发现走主升浪的品种。事实上，每轮行情都是在一些龙头品种的引导下走起来的，如果没有品种能走出主升浪，可以反证行情发展空间不够，不具备操作价值。下面我们来梳理一下从 1999 年“5·19”行情以来的具体情况，就会对什么叫主升段有具体的认识。

1. 1999 年 5 月到 2001 年 6 月的“5·19”行情

图 2-1 是上证指数月线图。从图中可以看到，上证指数自点 1 所示的 1996 年 1 月至点 2 所示的 1997 年 5 月走出了一段明显的上升趋势，然后一直回落到点 3 所示的 1999 年 5 月，完成了次级折返，已经满足

主升段定义的前两条，之后再度向上的这一段就是主升段，指数从1043涨到2245，幅度为一倍。点3就是著名的1999年“5·19”行情的起点。点3回踩的是20季线，是季线级别的主升段。

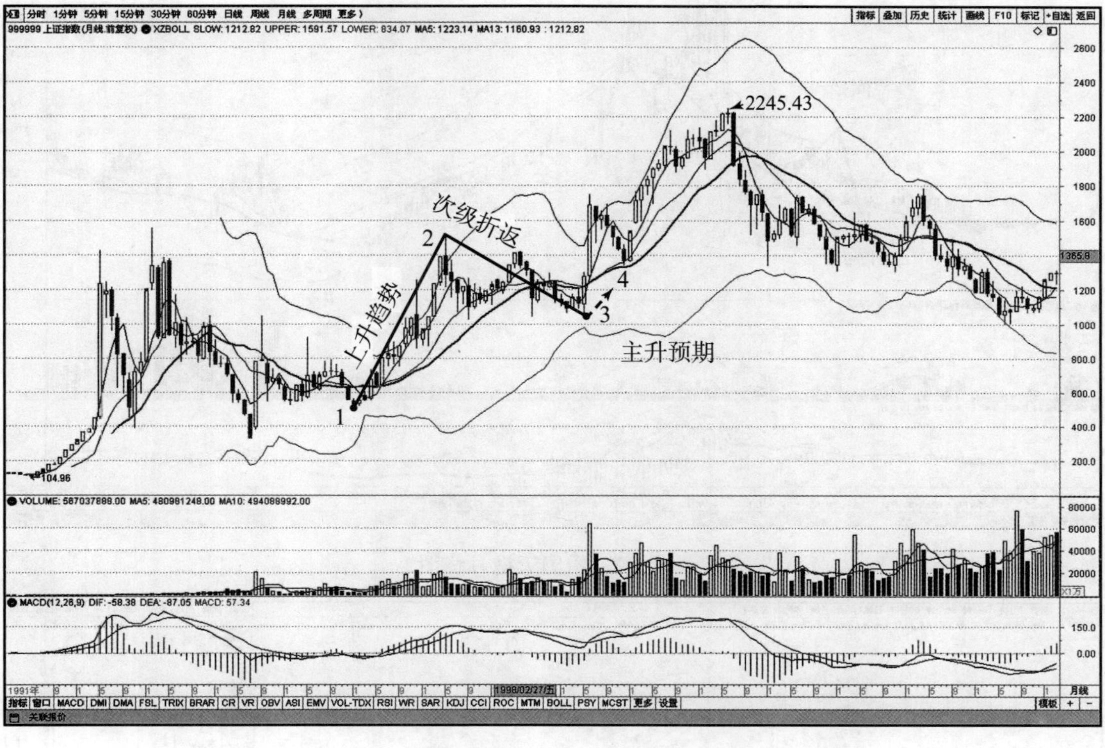

图2-1 上证指数1999年“5·19”行情月线图

在指数走主升段时，一定有一批股票会依次走出主升段。当时的热门股是两市本地股和网络股，其中最具代表性的有中国天楹、广电网络和上海梅林。

图2-2是中国天楹月线图。图中点1至点2走出上升趋势，点2至点3回落至20月线，点3之后的上涨为主升段，由2.8元/股涨到6元/股，这就是主升浪定义的典型图例。点1对应的是1998年初，点3对应的是1999年3月。点1至点2间上证指数还在回调，行情拉动后适度回落于点3启动主升浪走势。这是个股领先于指数启动的例子。

图2-3是广电网络月线图。图中点1至点2走了一段上升趋势，点2到点3回落至20月线，再度向上运动这一段就是定义中的主升段，从1.5元/股涨到4.2元/股，涨幅为1.8倍。其中点1对应是1999年2月，

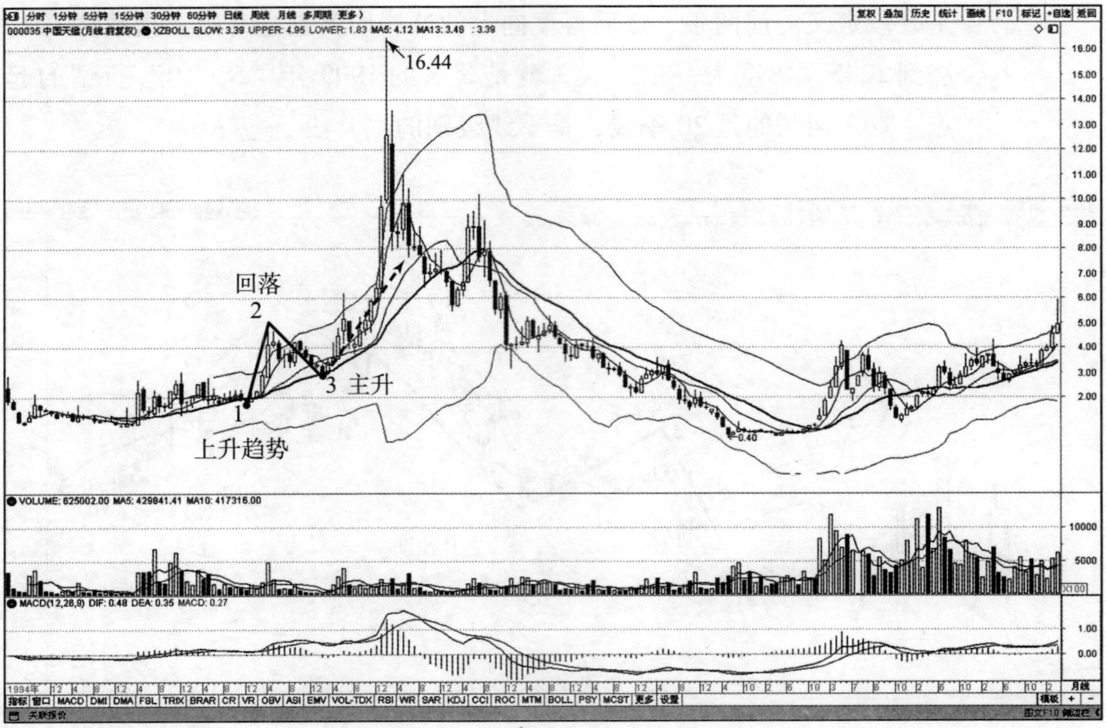

图 2－2　中国天楹月线图

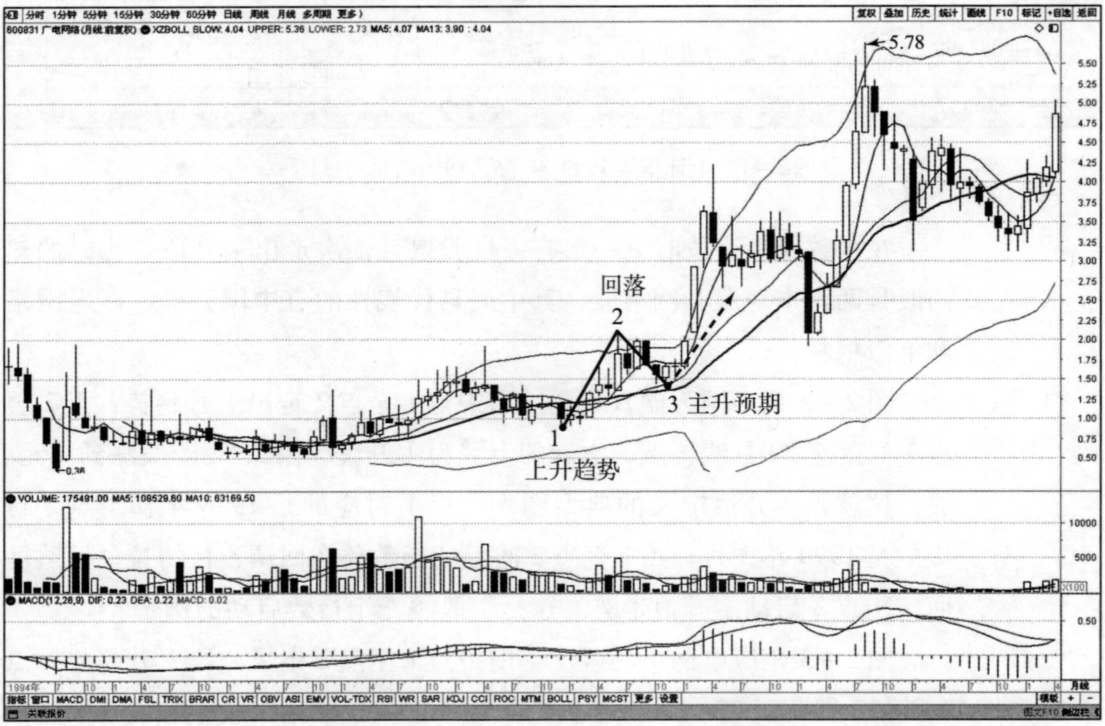

图 2－3　广电网络月线图

点3对应是1999年11月，在上证指数月线图2-1中对应的是点4的时间，比指数晚了半年，这说明一轮行情的运行是有先后次第的。

图2-4是上海梅林月线图。图中点1到点2走出上升趋势，点2到点3回落至20月线，点3开始的上涨是主升段，从2元/股涨到13元/股，涨幅为5倍多。点1对应的时间是1999年5月，是上证指数月线图2-1中的点3，点3的时间是1999年11月，对应的是上证指数月线图2-1中的点4，比指数晚了半年。

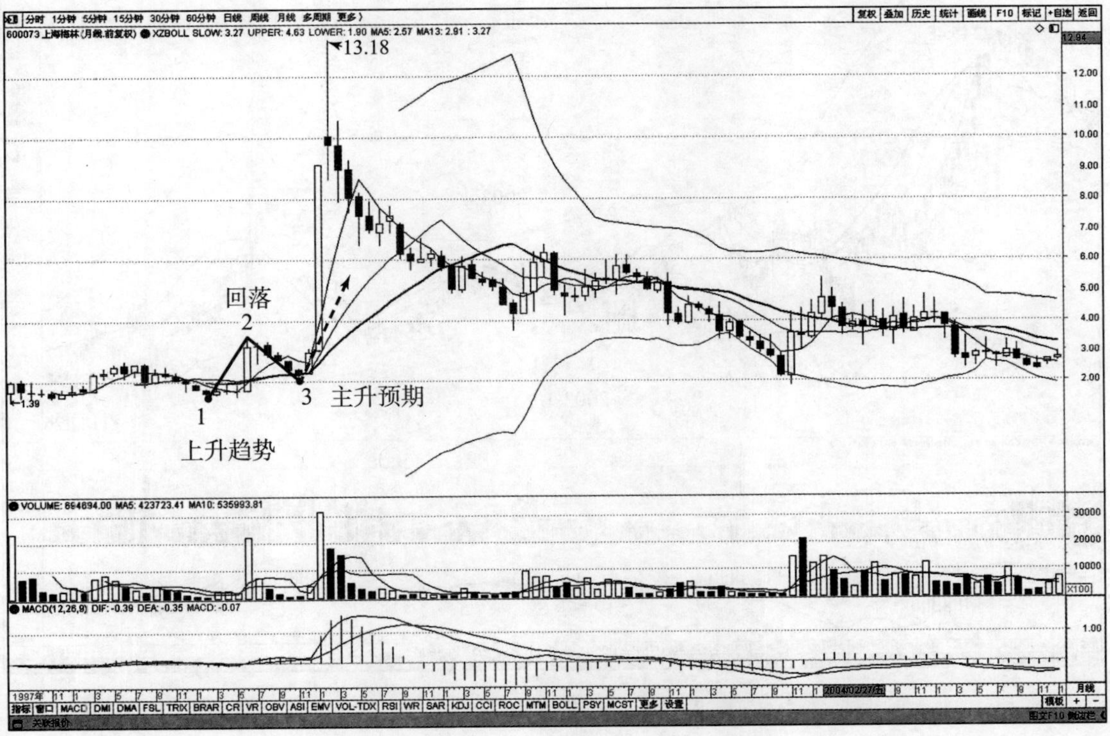

图2-4　上海梅林月线图

上海梅林的涨幅较大，不但说明行情的运行有次第，而且还提示我们，在一轮行情中错过第一批次后不用沮丧，要沉着、耐心、等待战机，也许更好的机会还在后面。

由此可以总结出以下几点：第一，一轮牛市，股票会分批启动，也正是不断有股票分批启动进一步延续了牛市；第二，股票启动的时机会和指数的运行节奏存在某种程度的对应关系；第三，在牛市中错过了第一轮行情并不要紧，还可以抓住其他波次的行情。以上结论直到2020

年的阶段性行情中仍然适用。

2. 2003 年 1 月到 2003 年 4 月的中级反弹行情

图 2－5 是上证指数 2003 年周线图。2003 年 1 月到 2003 年 4 月，上证指数产生了一次熊市中途的反弹，指数从点 1 的 1311 点涨到点 2 的 1649 点，幅度为 25%，时间持续了 4 个月，是典型的中级反弹。即使这样一段中级行情，依然有领涨股走出了主升段。

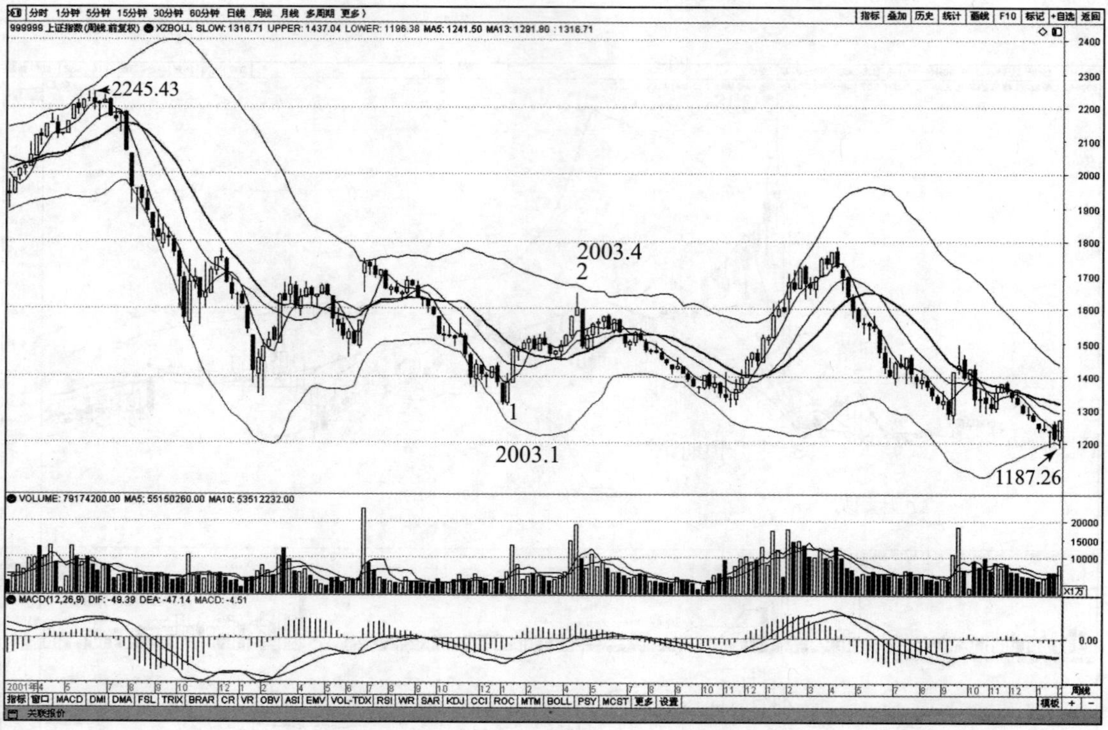

图 2－5　上证指数 2003 年周线图

图 2－6 是长安汽车周线图。图中点 1 对应的是 2002 年 11 月，点 3 对应的是 2003 年 1 月。由图可见，在上证指数尚未止跌时，长安汽车不但已经提前止跌，而且走出上升趋势并回踩结束，已经做好了主升浪的准备，在上证指数于 2003 年 1 月止跌上涨时，长安汽车已经跟随指数的节奏走主升段了。也可以说，正是长安汽车这一类股票的上涨导致了指数的止跌。请注意，长安汽车代表的是整个汽车板块，不仅仅只是其本身。长安汽车主升段从点 3 的 6. 5 元/股涨到 19. 8 元/股，涨幅 2 倍多。点 3 开始的上涨就是主升段。

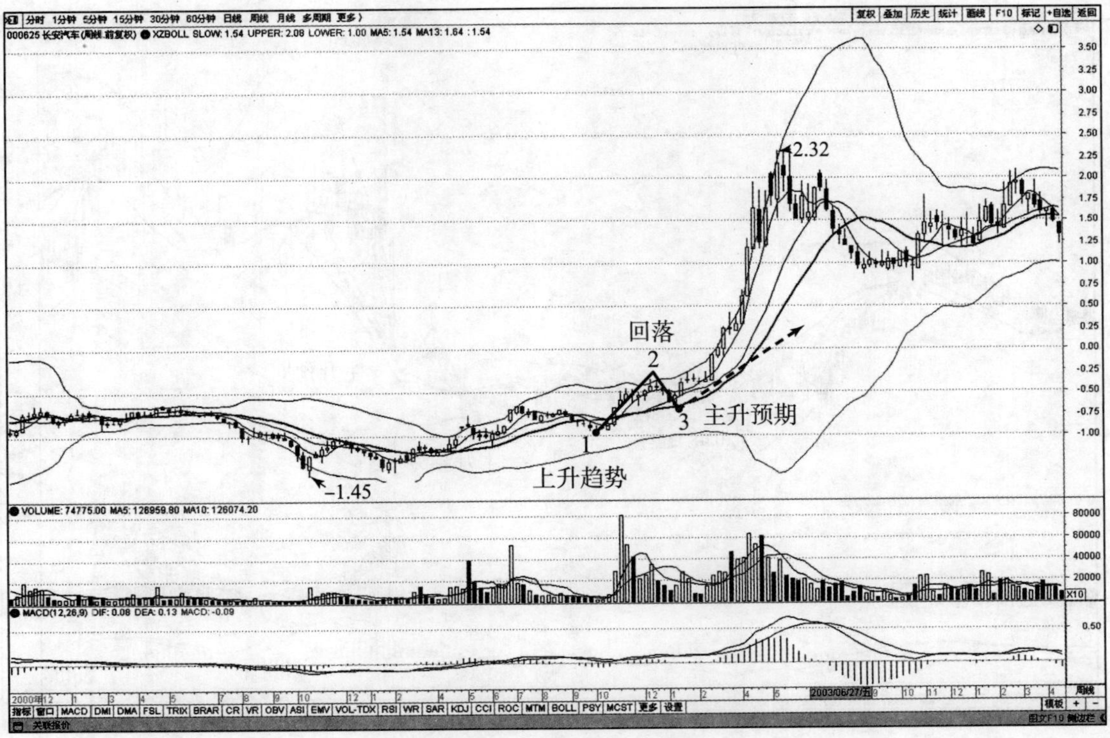

图 2－6　长安汽车 2003 年周线图

图 2－7 是凌钢股份 2003 年周线图。图中点 1 对应的是 2003 年 1 月，点 3 对应的是 2003 年 3 月，点 2 到点 3 回落幅度 50%；点 3 开始的主升段从 0.9 元/股涨到 2.2 元/股，上涨约幅度 1.4 倍多。凌钢股份的运行节奏与大盘基本一致。

3. 2003 年 11 月到 2004 年 4 月的结构性牛市

图 2－8 是上证指数 2003 年日线图。图中上证指数从点 1 到点 2 历时半年，涨幅 30%，是熊市中典型的中级反弹行情，股评家称之为“结构性牛市”。我对中级行情的定义是指数涨幅 10% 以上，时间持续三个月以上。只要是这样的行情，领涨的龙头股都能实现翻番的涨幅。

2003 年，中国石化刚上市不久，上证指数就是在以它为首的蓝筹股及山西焦化等的轮番推动下开始上涨的。

图 2－9 是中国石化 2003 年月线图。图中点 1 对应的是 2003 年 1 月，可知提前大盘 10 个月其就开始上涨了。点 3 对应的是 2003 年 10 月，与大盘基本同步，也就是说在中国石化走主升段的时候，大盘才刚刚止跌转而开始上涨，在中国石化见顶两个月之后，大盘才开始下跌，

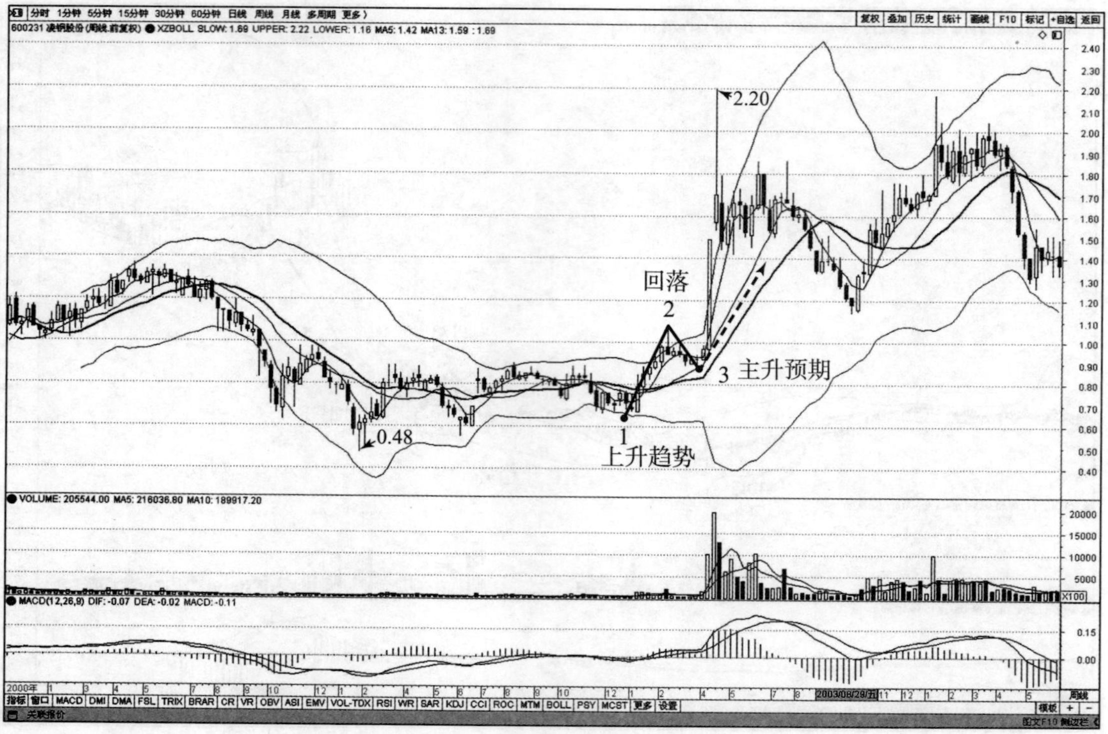

图 2－7　凌钢股份 2003 年周线图

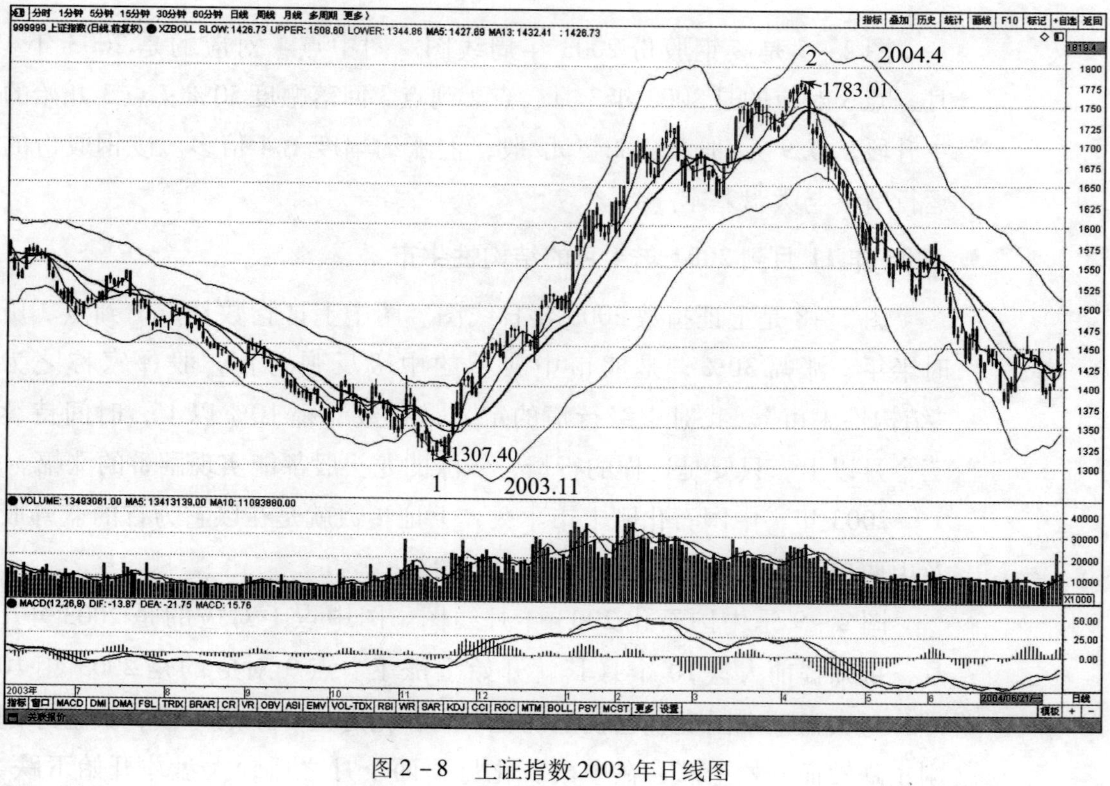

图 2－8　上证指数 2003 年日线图

股价从3.4元/股涨到6元/股，涨幅近80%。点3开始的上涨就是主升段。

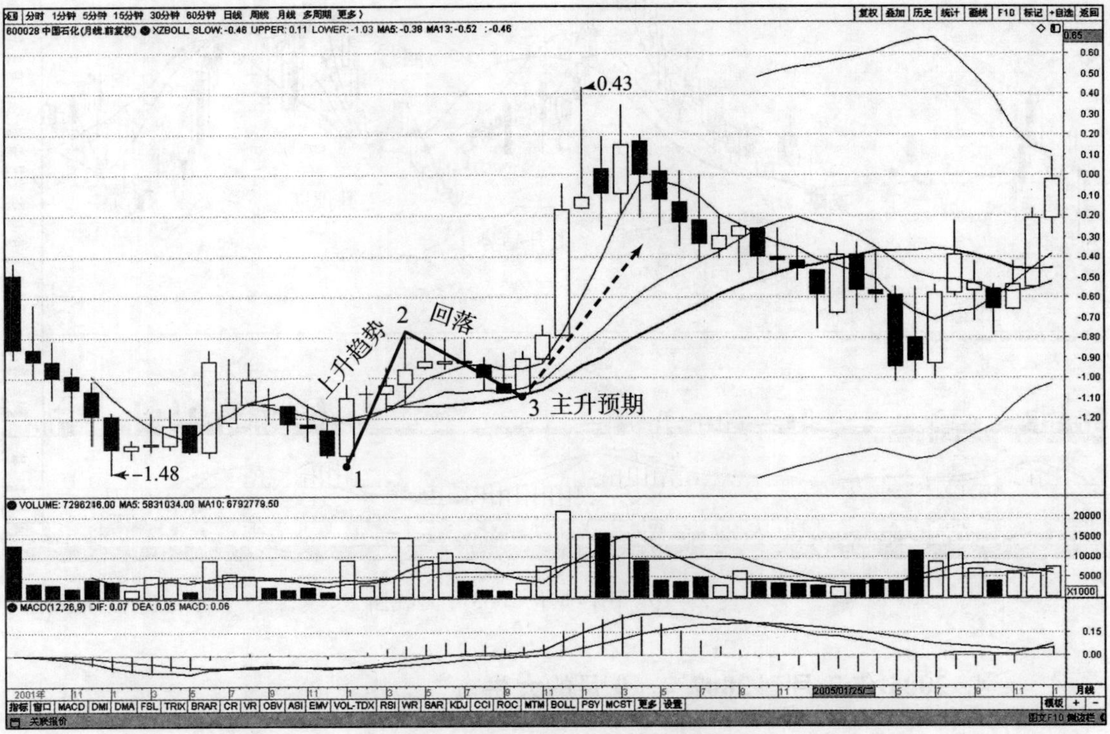

图2-9 中国石化2003年月线图

图2-10是山西焦化月线图。图中点1对应的是2003年1月，点3对应的是2003年10月。山西焦化从点3处的3元/股涨到6元/股，涨了一倍，点3开始的上涨就是主升段。

我们可以看到，以上几只强势股均于2003年1月间止跌并开始上涨，从而带动大盘展开一个中级反弹，而后大盘再创新低，这些强势股却只是进行了一个某级别的回踩，回落到2003年10月左右时，这些股票展开主升段，从而带动大盘开始了股评所称的“结构性牛市”，这就是活生生的行情演变的过程。当然这些股票都是有市场影响力的蓝筹股。

图 2－10　山西焦化 2003 年月线图

4. 2005 年 7 月到 2007 年 10 月的大牛市

图 2－11 是上证指数 2005—2007 年周线图，如图所示，2005 年 12 月正式形成上涨趋势，2006 年 9 月回踩 20 周线，2007 年 2 月强势振荡后继续上行，2007 年“5·30 暴跌”后到 7 月再度上涨，每一次回调后的上涨都对应着走主升段的股票。

图 2－12 是山东黄金 2005 年周线图。图中点 3 对应的时间是 2005 年 11 月，当时上证指数刚开始形成上涨趋势，山东黄金已经回踩结束，开始了第一波次的主升段运动。点 3 开始的上涨就是主升段，可那时还不知道牛市已开始了。图中点 3 对应的是上证指数的起涨点 1。

图 2－13 是中金黄金 2005 年周线图。图中点 3 对应的时间是 2006 年 3 月。从同期的指数走势图可以看到这时指数对 20 周线进行了一次回踩，之后指数再度上行，中金黄金则跟随指数的节奏走出了一个主升段，点 3 开始的上涨就是主升段。图中点 3 对应的是上证指数的首次回踩 20 周线，在指数图中的点 2 之前。

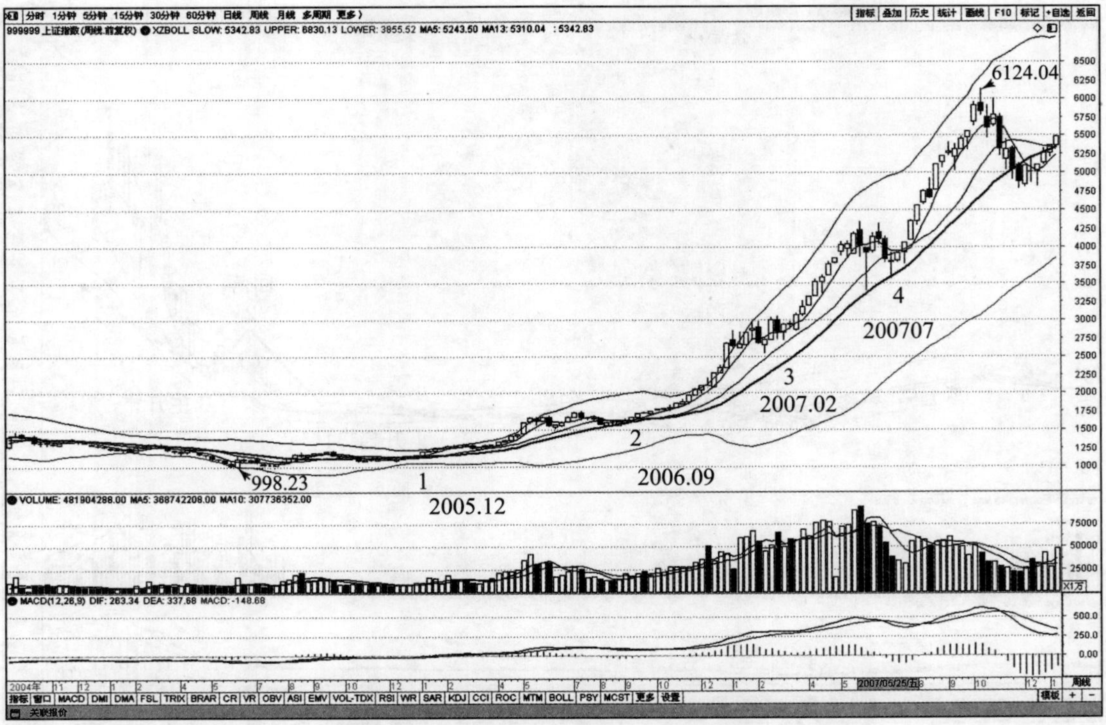

图 2－11　上证指数 2005 年至 2007 年牛市周线图

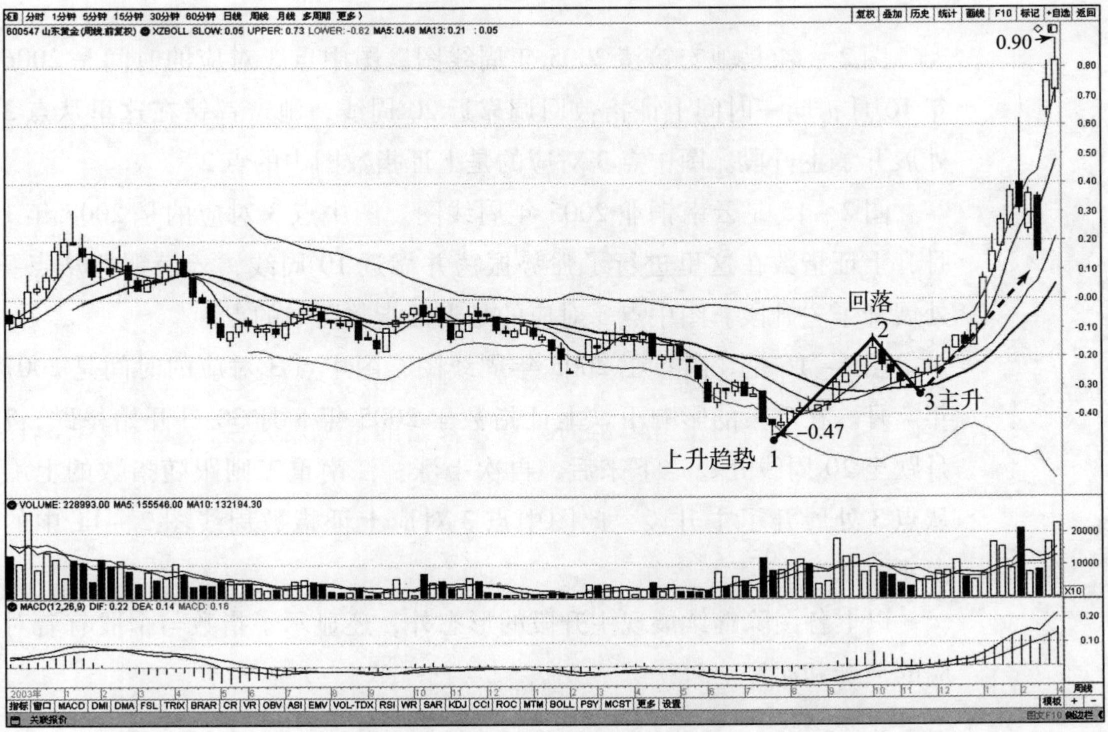

图 2－12　山东黄金 2005 年周线图

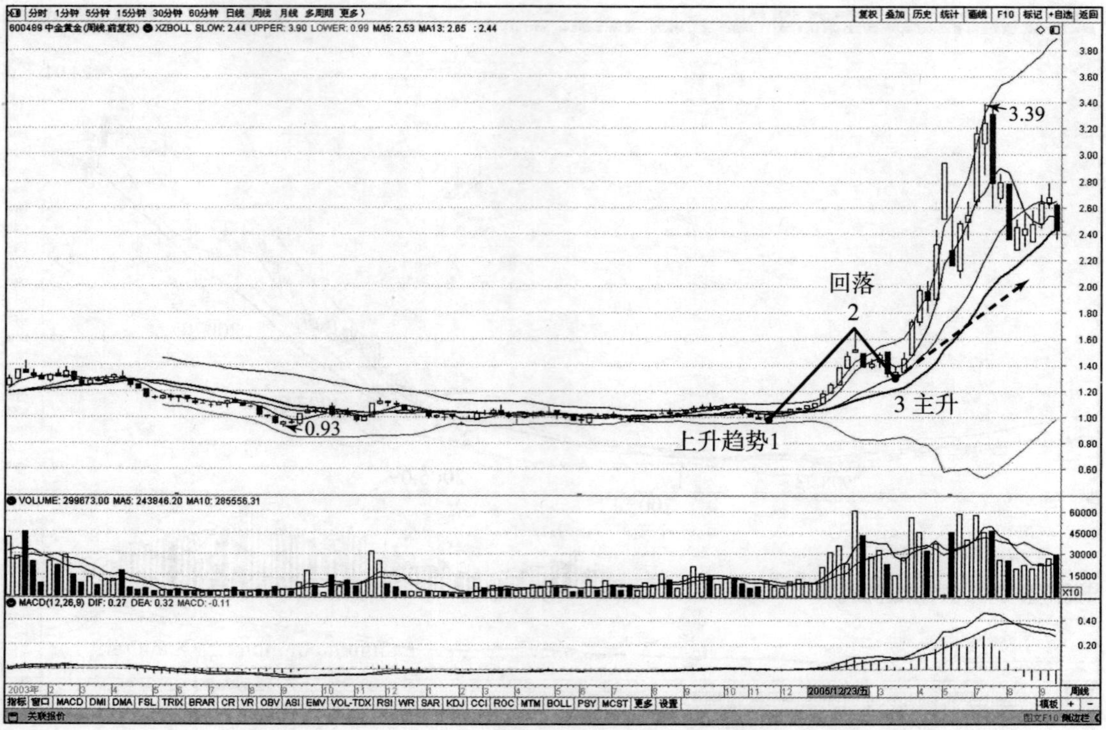

图 2－13 中金黄金 2005 年周线图

图 2－14 是驰宏锌锗 2005 年周线图。图中点 3 对应的时间是 2006 年 10 月，同一时间上证指数回调靠近 20 周线，驰宏锌锗在这里从点 3 处展开了主升段。图中点 3 对应的是上证指数图中的点 2。

图 2－15 是云南铜业 2005 年周线图。图中点 3 对应的是 2007 年 1 月，上证指数在这里进行了强势振荡并靠近 10 周线，云南铜业从点 3 处展开了主升段。图中点 3 对应的是上证指数图中的点 3。

图 2－16 是江南重工 2005 年周线图，图中点 3 对应的时间是 2007 年 7 月。在政策的影响下，上证指数于 2005 年 5 月 30 日开始暴跌，7 月跌至 20 周线处稳定下来后，再次上涨。江南重工则跟随指数的上涨从点 3 处展开了主升段。此图中点 3 对应上证指数周线图 2－11 中的点 4。

以上各图除继续展现主升段的形态外，还显示了指数与个股有着对应的节奏和次序。

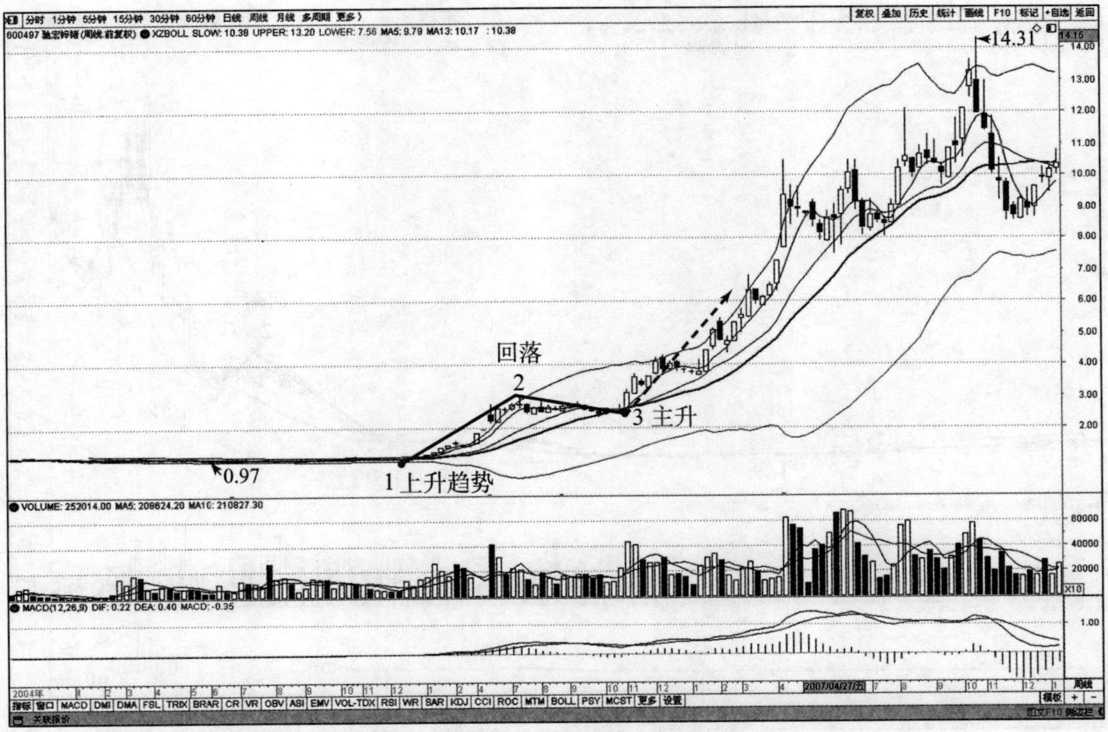

图 2－14 驰宏锌锗 2005 年周线图

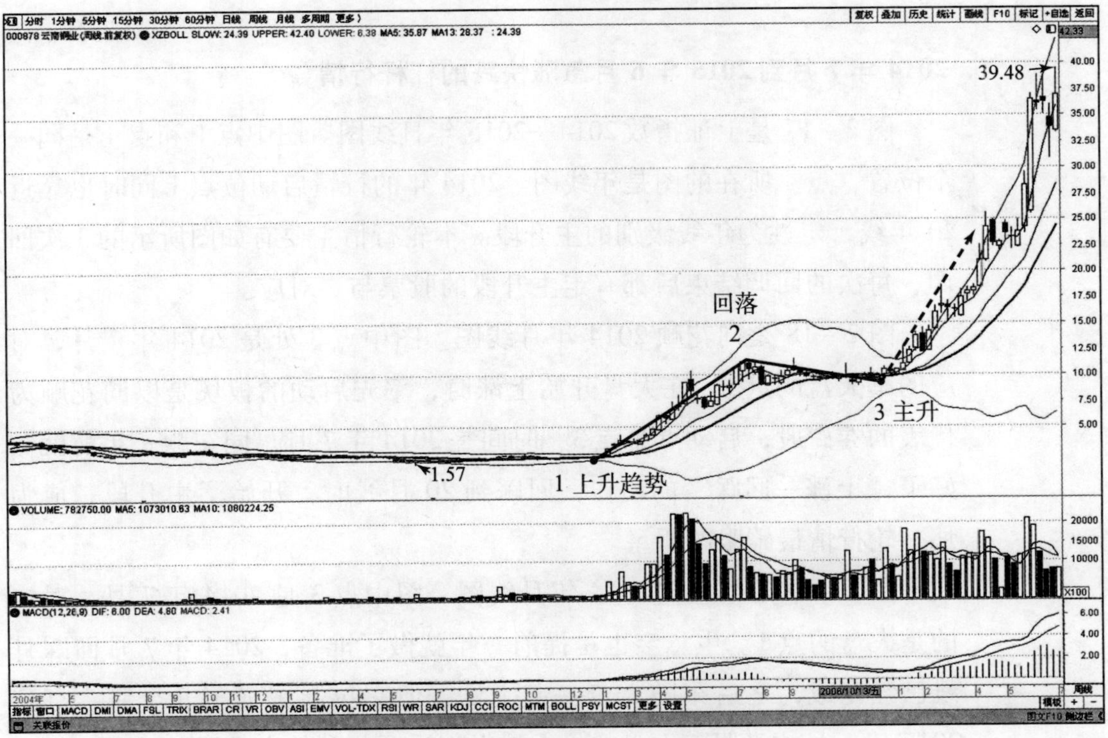

图 2－15 云南铜业 2005 年周线图

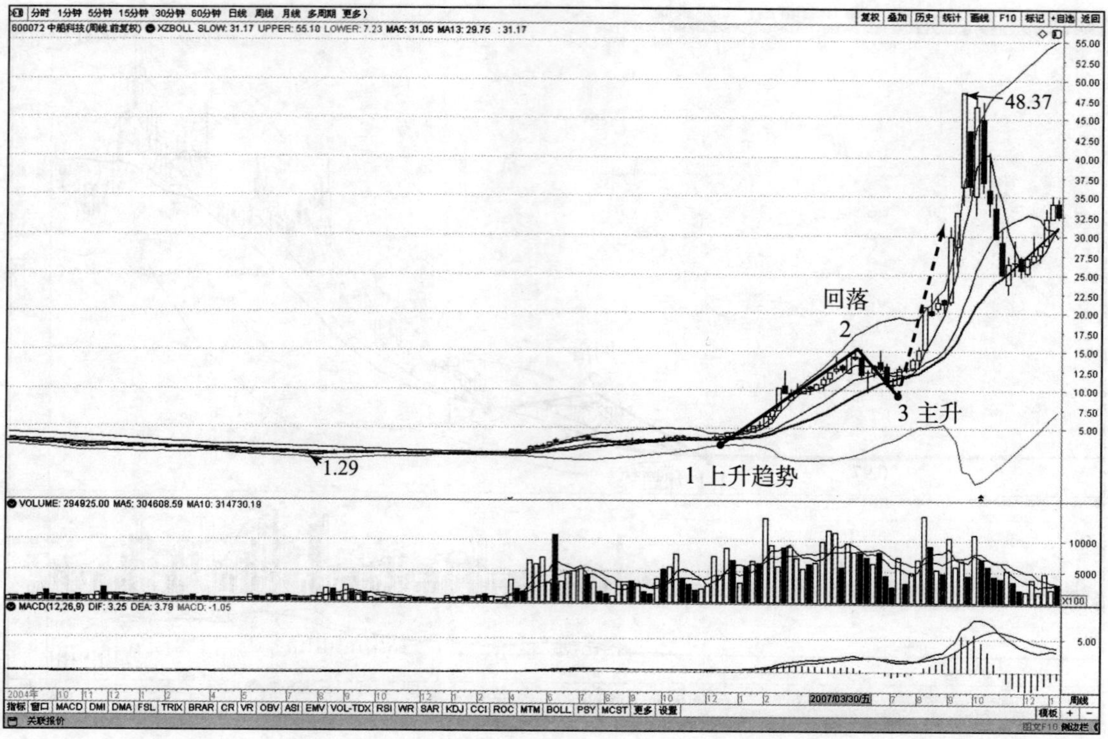

图 2－16　江南重工 2005 年周线图

5. 2014 年 7 月到 2015 年 6 月急涨快跌的杠杆行情

图 2－17 是上证指数 2014—2015 年日线图。图中点 1 和点 4 是同一个位置，点 4 所在的图是年线图。2014 年的行情启动位点 1 同时也靠近 20 年线，定性为年线级别的主升段。本轮行情主要有如图所示的 3 次回调，每次的回调结束后都有走主升段的股票与之对应。

图 2－18 是同花顺 2014 年月线图。图中点 3 处是 2014 年 7 月，对应的是大盘的点 1。在大盘开始上涨时，率先启动的板块是以同花顺为代表的券商股，启动点是点 3，时间是 2014 年 7 月。同花顺一年前就做好了“上涨—回踩”的动作，回踩到 20 月线时，开始了主升段，成为那一轮行情最耀眼的明星。

图 2－19 是生意宝 2014 年月线图。图中点 3 是 2014 年 7 月，对应的是大盘的点 1。生意宝也是提前一年就做了准备，2014 年 7 月回踩月线已经完成，之后跟随大盘一起上涨，但它拉起来横了几个月，直到 2015 年 1 月才又跟随大盘的另一波上涨展开猛烈的主升段。

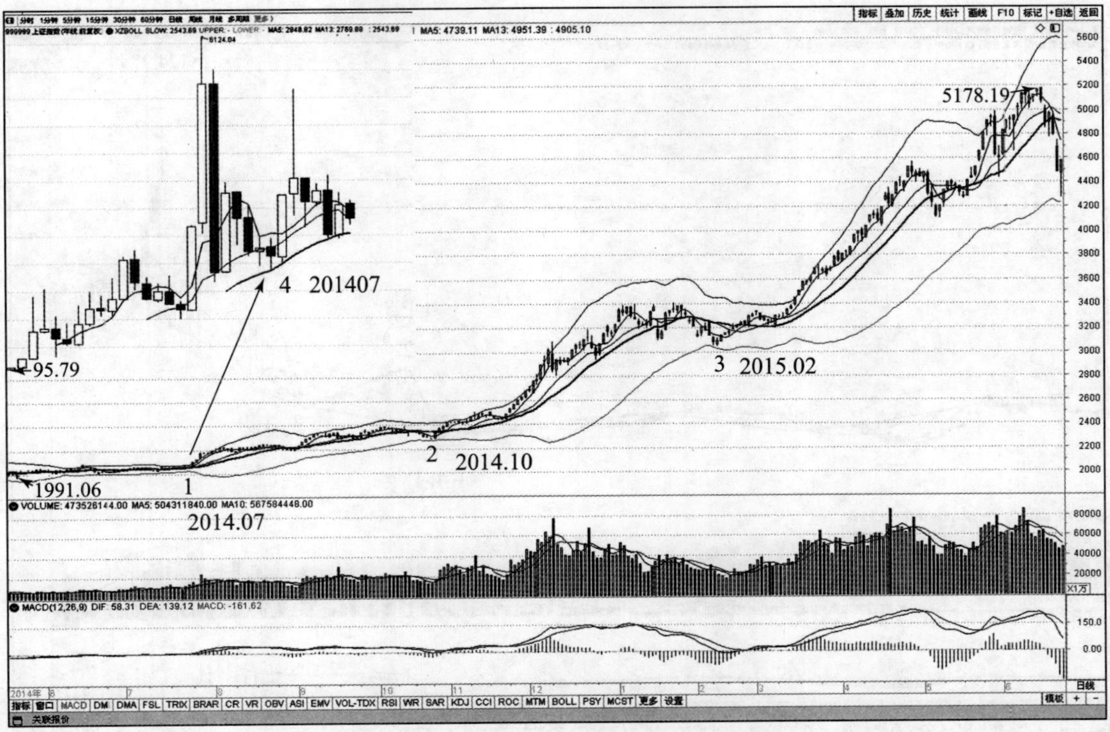

图 2－17 上证指数 2014－2015 行情日线图

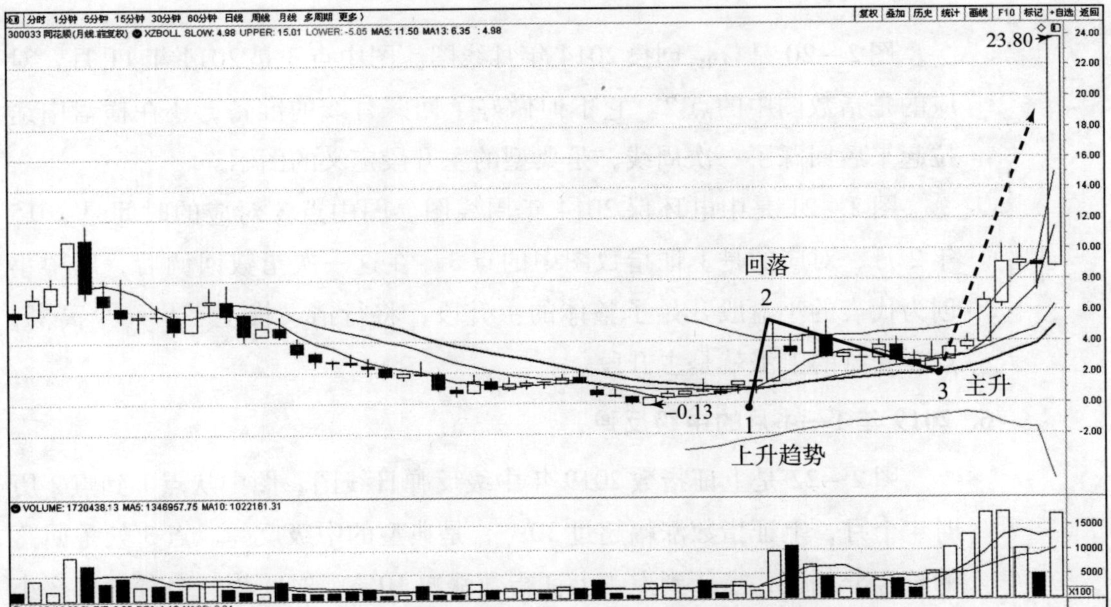

图 2－18 同花顺 2014 年月线图

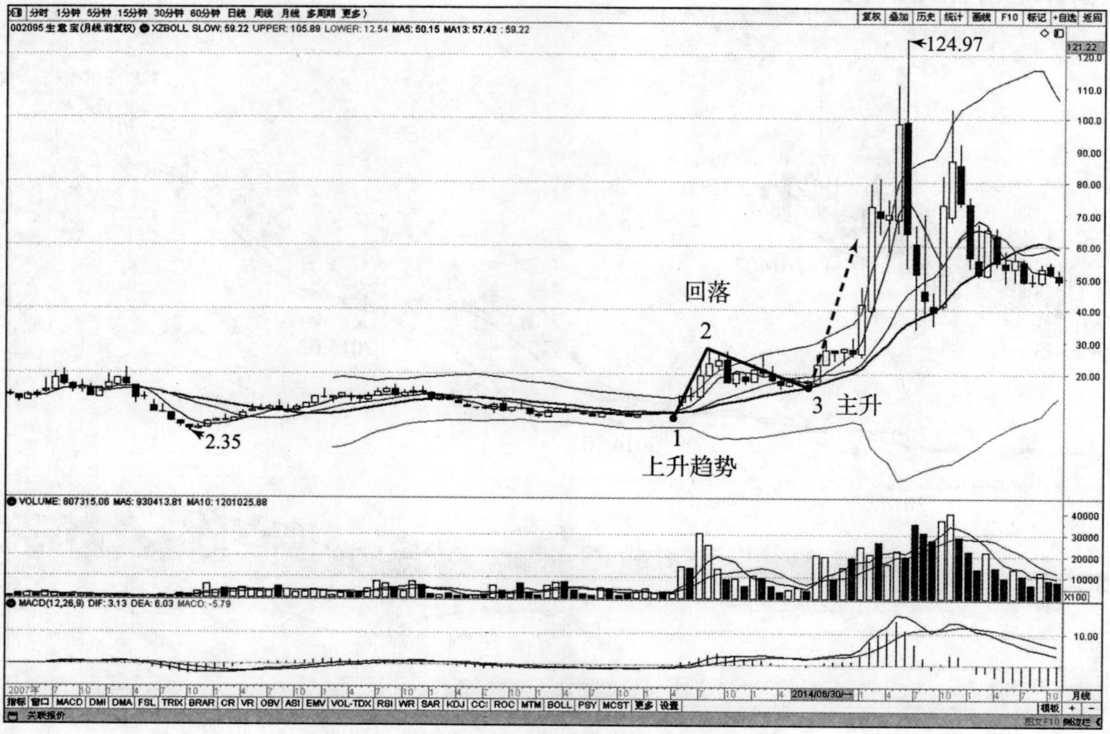

图 2－19　生意宝 2014 年月线图

图 2－20 是鲁信创投 2014 年月线图。图中点 3 是 2014 年 11 月，对应的是指数图中的点 2。它不但做好了回踩月线的准备，还在横盘中途拉起来后回踩了一次周线，是典型的主升段定义的图示。

图 2－21 是中电环保 2014 年周线图。图中点 3 对应的时间是 2015 年 2 月，对应的是上证指数图中的点 3。在这一次指数回调后，以中小创为代表的小盘股开始了整体的主升段，将行情又推上了另一个高潮，点 3 开始的上涨就是主升段。

6. 2019 年 1—4 月的中级反弹

图 2－22 是上证指数 2019 年中级反弹日线图。图中从点 1 到点 2 历时 4 个月，上证指数涨幅超过 30%，是典型的中级反弹。点 3 处是回落的黄金分割位，点 3 到点 4 上证指数涨幅 10%，时间为一个月，这么小的行情同样也有走出主升段的股票。

图 2－23 是沪电股份周线图。图中点 1 对应的是 2018 年 7 月，点 3 对应的是 2018 年 12 月，对照上证指数图，当时指数还在创新低，而沪

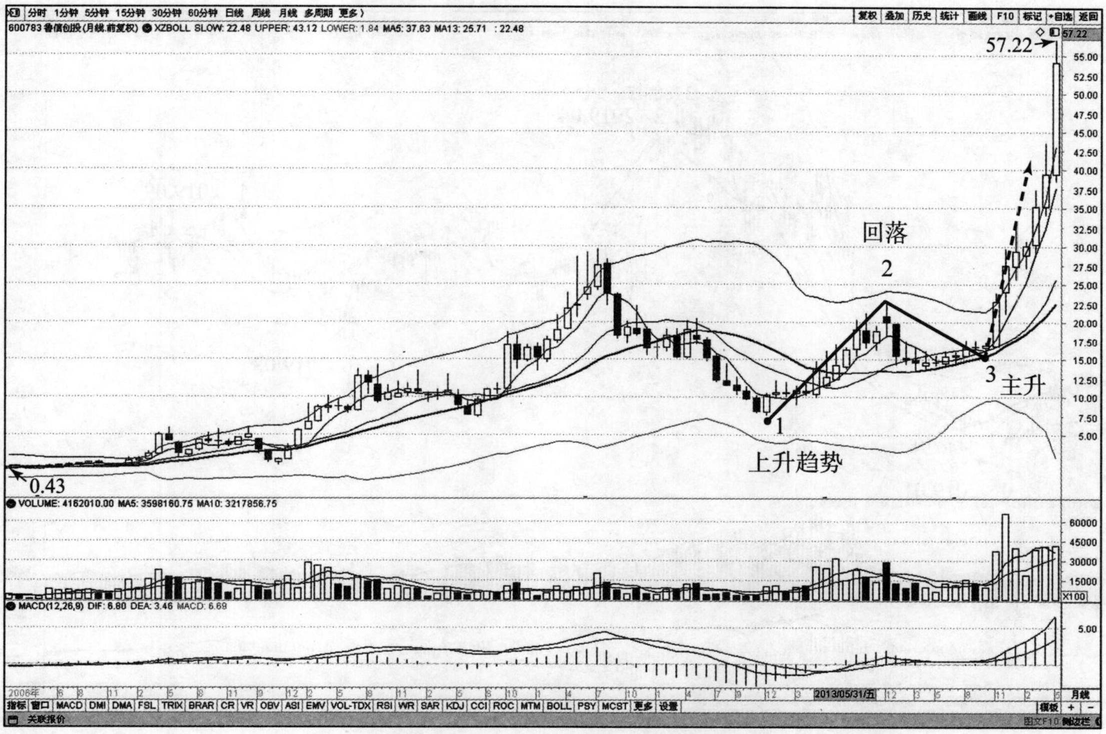

图 2－20　鲁信创投 2014 年月线图

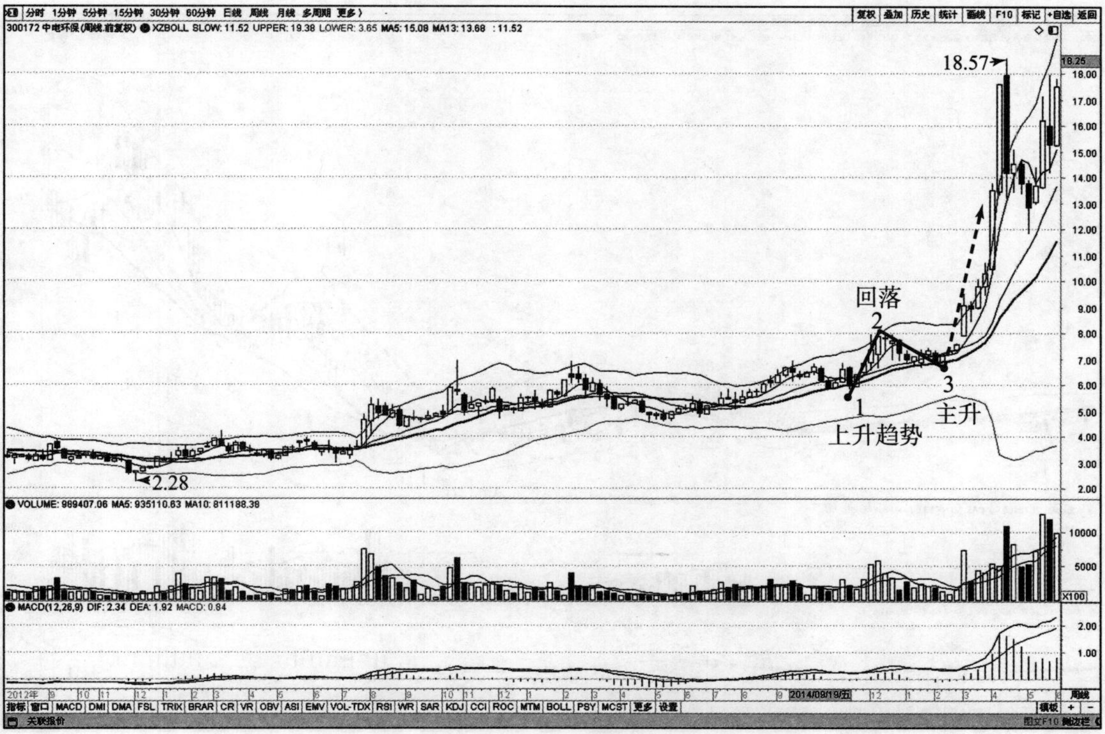

图 2－21　中电环保 2014 年周线图

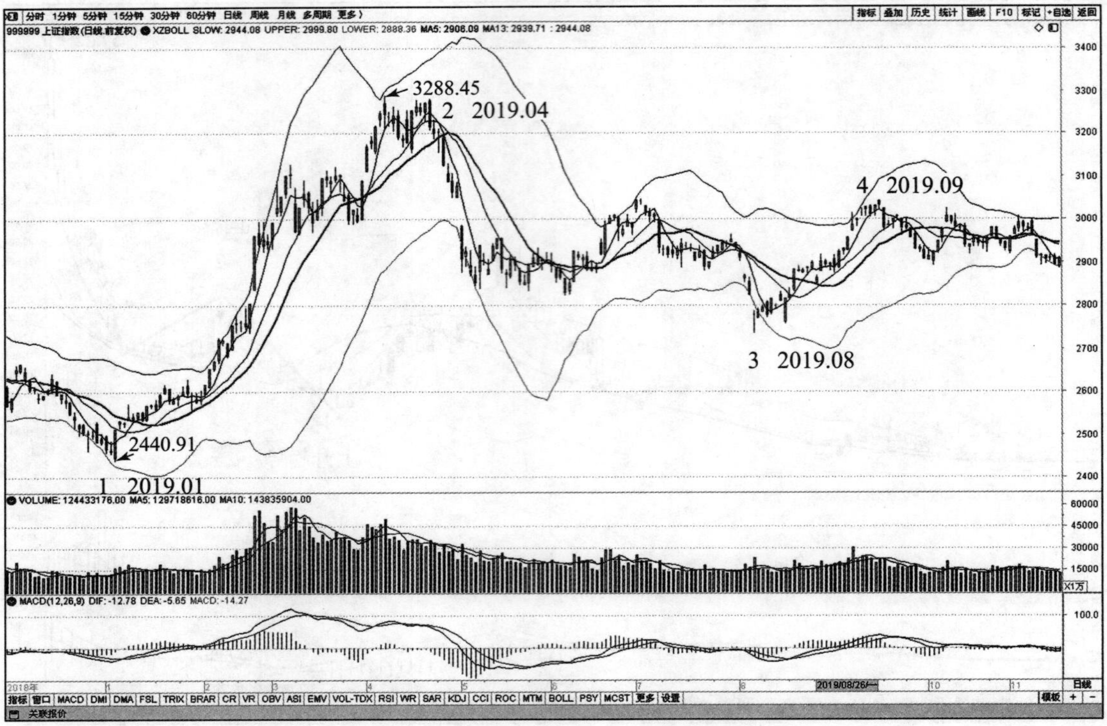

图 2－22　上证指数 2019 年中级反弹日线图

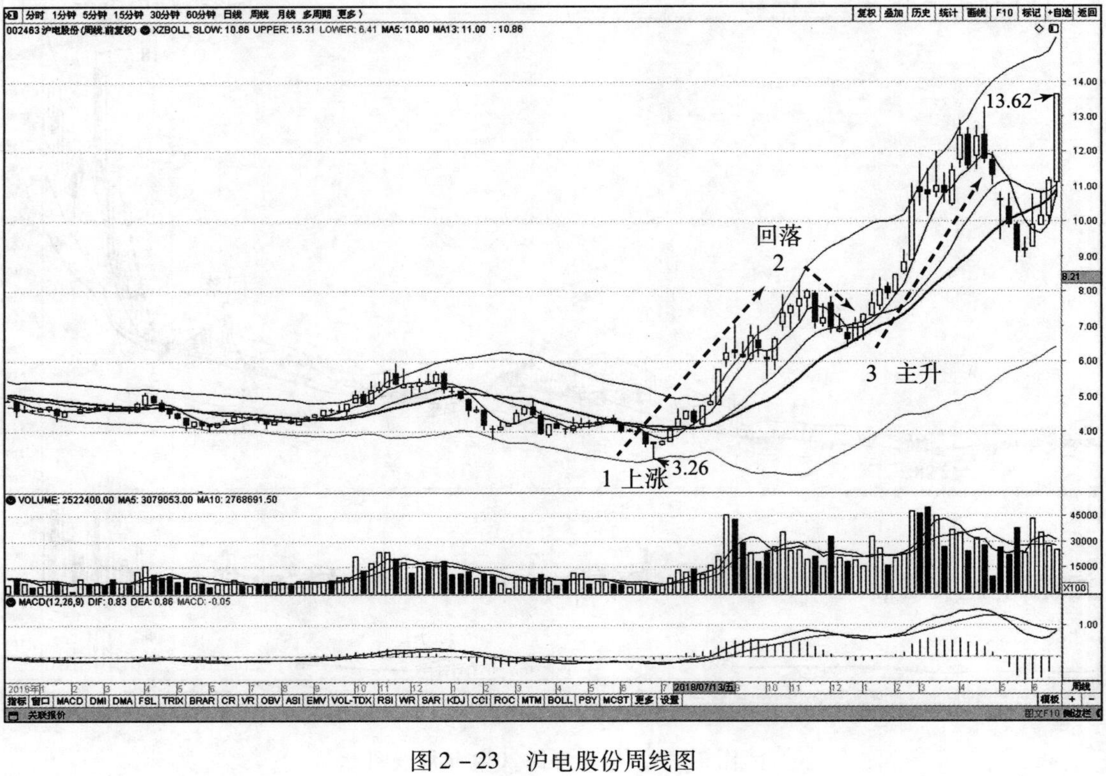

图 2－23　沪电股份周线图

电股份不但走出一段强烈的上涨趋势，而且已经完成了对 20 周线的回踩。当 2019 年 1 月指数开始上涨时，该股走出一段主升浪行情，点 3 处上涨的这一段从 6 元/股涨到 13 元/股，涨幅一倍多。图中点 3 对应上证指数图中的点 1。

图 2－24 是中国软件月线图。图中点 1 对应的是 2018 年 2 月，点 3 对应的是 2019 年 1 月。在 2019 年 1 月指数开始止跌上涨时，中国软件已经完成回踩 20 月线，并跟随指数展开了月线级别的主升段，从点 3 开始的这一段主升浪从 20 元/股涨到 60 元/股，涨幅 2 倍。图中点 3 对应上证指数图中的点 1。

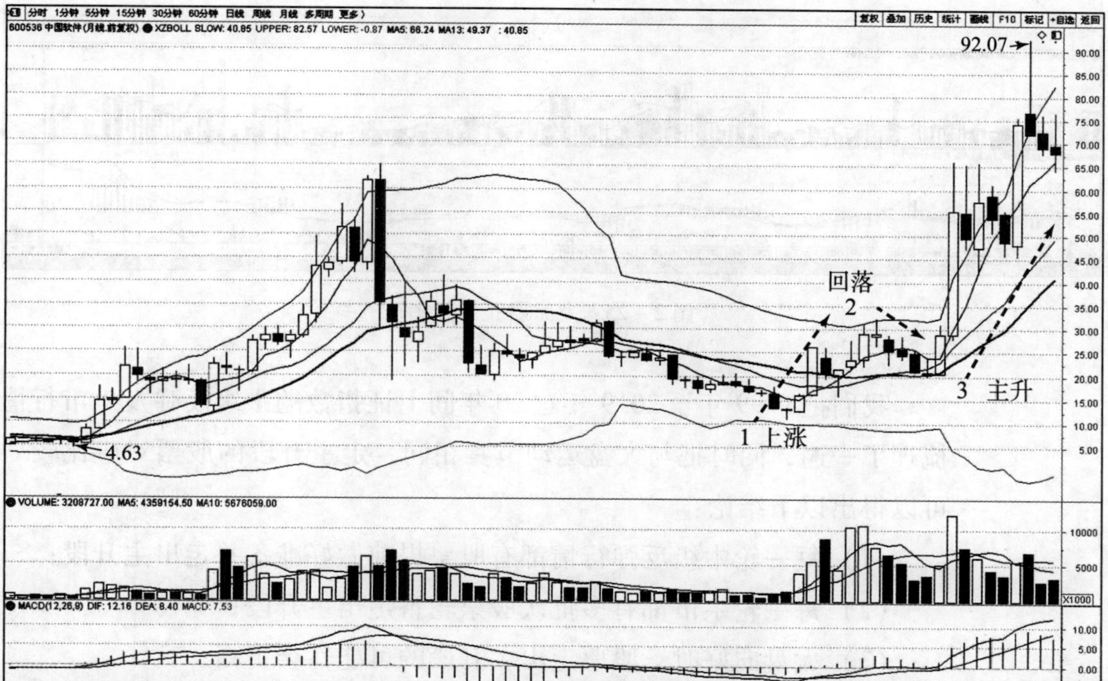

图 2－24 中国软件月线图

图 2－25 是北京君正周线图。图中点 1 对应的是 2019 年 1 月，点 3 对应的是 2019 年 7 月。2019 年 7 月上证指数进行了深幅回调，刚刚止跌，北京君正则完成了对 20 周线的回踩，然后跟随指数的上涨开始了一段周线级别的主升段行情，点 3 从 28 元/股涨到 60 元/股，涨幅一倍多。

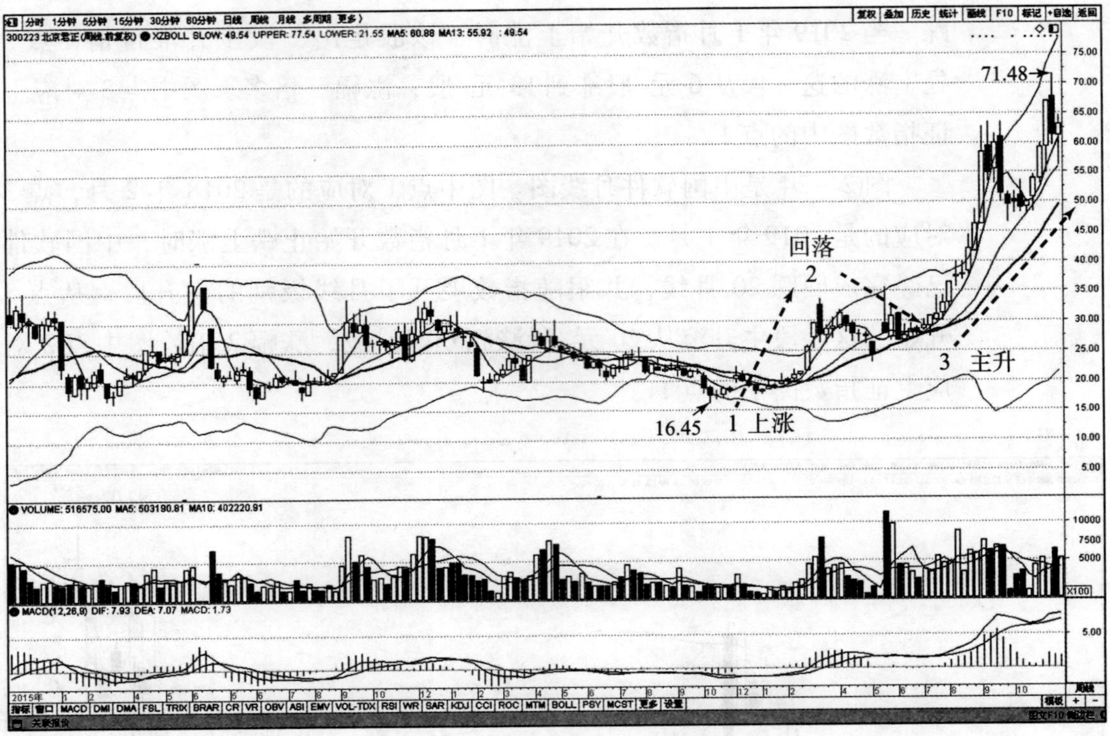

图 2-25　北京君正周线图

我们把 1999 年至 2019 年这 20 年间上证指数的中级反弹及牛市行情梳理了一遍，同时把与大盘运动节奏相同、走主升段的股票对应比较后可以得出以下结论：

（1）每一轮中级反弹行情都有股票提前做好准备并走出主升段；

（2）每一轮牛市都有多批次股票轮番走出主升段；

（3）大盘向好时，股票走出主升段的可能性会更高；

（4）相比其他机会，主升段的机会参与价值更大。

我们定义了主升段，也见证了市场中的主升段，接下来的问题就是如何抓到主升段——这个任务就交给下文要介绍的结构论和级别论来解决。

本 章 小 结

（1）事物发展一般可分为三个阶段；

（2）事物处于发展期的稳定性和确定性更高；

（3）要识别并参与到正处于主升段的行情中去。

第三章
结构论

事物呈现出来的是现象或者状态，而隐藏着的则是结构。认知事物就要从研究事物的结构开始。

结构是指事物自身各种要素之间的相互关联和相互作用的方式，它是因构成事物要素的数量比例、排列次序、组合方式的不同造成事物性质相互区别的根本要素。

结构是组成事物的因素，也是事物的存在形式。事物不同，其结构也不同。

结构决定事物的性质。结构是微观的，性质是宏观的。

第一节
交易图表的逻辑与本质

第二章的主升段是根据交易图表来定义的。市场处于哪个阶段，现在趋势如何，未来会在哪里发生变化……所有这些都要通过交易图表来分析界定。如果图表不科学，那么做交易就是镜花水月了，所以我们先要研究清楚交易图表背后的逻辑，其本质如下：

（1）图表是人构建的。有大量市场参与者根据图表交易，他们正是这些图表的构建者。

（2）图表是市场参与者最真实意愿的体现。K 线记录的是人的情绪，其本质不是价值本身，而是人对价值的看法和反应。

（3）图表是可以被认知的。

（4）图表一旦被构建，就有了生命力，具有独立性，不但有独立的运行方式，还会反过来对构建者产生影响，任何个人或组织都无法长期干预，因为其代表的是全体市场参与者的力量。图表的独立性正是它可以被有效认知的原因。

（5）在决定价格方面，心理因素和基本价值判断同样重要，甚至更为重要。基本价值由公司或商品的基本面决定，是客观存在，是物质；而图表反映的是人们对基本价值的看法和评价，是主观性的，是意识；图表就是意识对物质进行能动作用而创造出来的，代表的不再是价值本身，而是人对价值的看法，在此过程中，心理因素更为重要。

认清了图表的本质及属性，研究结构才有意义。

第二节
市场价格走势的结构

经过长年观察，我认为在交易图表中价格走势最基本的结构就是N形。

一、N形结构

价格走势的结构是N形，在市场中普遍存在，它的不同组合，形成了千变万化的走势。

这个N形结构内部有三段：一上，一下，再上，其组合形成如下可能的变化：

（1）若一上不强，没有改变当前方向，一下再创新低，则市场维持下跌走势；

（2）若一上不强，没有改变当前方向，一下也没有创新低，则市场止跌；

（3）若一上很强，改变了当前方向，一下回落很深，就形成了振荡走势；

（4）若一上很强，改变了当前方向，一下回落不深，再上又创了新高，则市场形成了上涨走势。

在上述四种变化中，（1）是下跌，（2）和（3）是振荡，（4）是上涨。我们称（1）为上涨N形，（2）和（3）为振荡N形，（4）为下跌N形，它们是三种性质不同的N形结构，这就是N形结构的分类；如

图 3-1 所示。

图 3-1　三种 N 形结构

二、N 形结构的量变关系

一上、一下、再上三种运动的节奏是固定不变的，变化的只是相对的幅度。幅度变化将导致结构形态变化，结构形态变化将导致性质变化。

这充分体现了辩证唯物主义三大规律之一的量变质变规律。由量变质变规律可知，质是一事物成为自身并区别于它事物的规定性。量是事物存在和发展的规模、程度、速度以及它的构成成分在空间上排列组合等可以用数量表示的规定性。

任何事物都是质和量的统一体，因而事物的变化表现为量变和质变两种运动状态。量变是事物数量的增减，是一种渐进的、不显著的变化。质变是事物根本性质的变化，是一种质态向另一种质态的飞跃，是渐进过程的中断。

区分量变和质变的根本标志是事物的变化是否超出度，在度的范围内的变化是量变，超出度的变化是质变。

认识事物的量是认识的深化和精确化，只有精确地认识量，才能更深刻地把握质。

由于 N 形结构的性质是由内部的变化幅度决定的，我们就可以从定量入手来对 N 形结构进行定性。

波浪理论提供了一种有效的定量分析方法，这就是黄金分割。黄金分割与费波那契数列有着密切关系，黄金比 0.618 和 0.382 这两个数字在自然界中随处可见。

不仅仅是自然界，在金融交易市场中黄金分割也随处可见，归纳市场的历史走势，我们可以得到一个结论：市场运动的 N 形结构的折返点经常落在 0.618、0.382 黄金分割点和 0.5 半分位上。

我们来看一下上证指数 2018—2019 年呈现出的黄金分割点位图示，如图 3－2 所示：

（1）图中点 3 位于点 1 到点 2 间垂直高度的近 61.8%；

（2）图中点 6 位于点 4 到点 5 间垂直高度的近 50%；

（3）图中点 7 位于点 5 到点 6 间垂直高度的 50%；

（4）图中点 8 位于点 6 到点 7 间垂直高度的 38.2%；

（5）图中点 9 位于点 7 到点 8 间垂直高度的 50%；

（6）图中点 10 位于点 4 到点 5 间垂直高度的 50%；

（7）图中点 11 位于点 5 到点 10 间垂直高度的近 50%；

（8）图中点 12 位于点 10 到点 11 间垂直高度的 50%。

再看一下商品期货棉花的黄金分割点位图示，如图 3－3 所示：

（1）图中点 3 位于点 1 到点 2 间垂直高度的 50%；

（2）图中点 5 位于点 3 到点 4 间垂直高度的 50%；

（3）图中点 7 位于点 5 到点 6 间垂直高度的 50%；

（4）图中点 9 位于点 7 到点 8 间垂直高度的 50%；

（5）图中点 11 位于点 9 到点 10 间垂直高度的 50%。

以上两图充分说明，黄金分割在市场价格走势中是普遍存在的，而且决定着市场走势的性质。

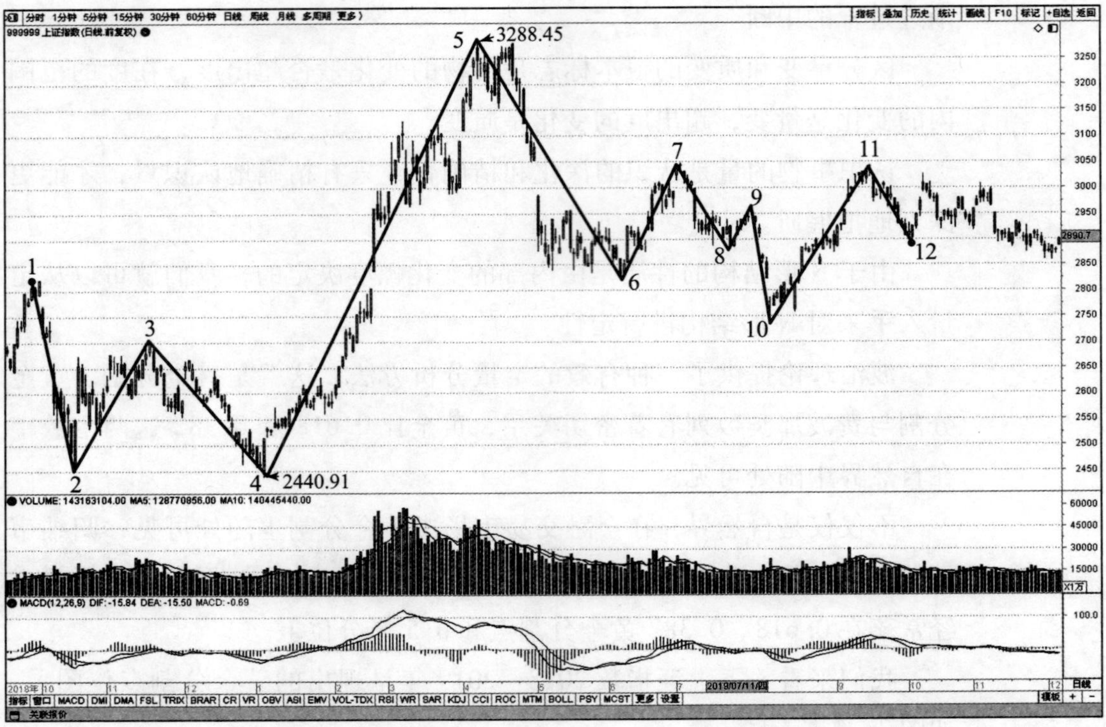

图 3－2　上证指数的黄金分割

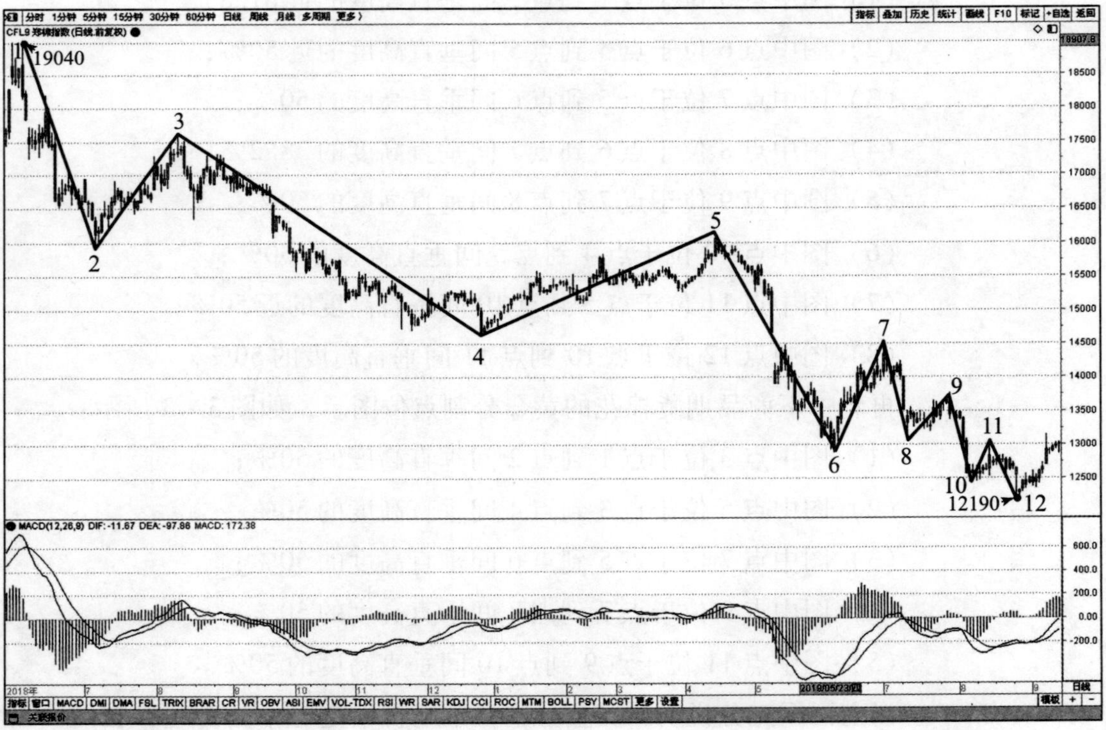

图 3－3　商品期货棉花的黄金分割

第三节
应用 N 形结构定义行情性质

N 形结构有三种，市场走势的性质也有三种，它们之间是一一对应的。

一、市场走势的 N 形结构组合

市场只有三种性质的走势：上涨、振荡、下跌。这三种走势是由三种 N 形结构组合形成的，这里按顺序展开来看它们的组合情况：

上涨 N 形和上涨 N 形组合形成上涨；
上涨 N 形与振荡 N 形组合形成振荡；
上涨 N 形与下跌 N 形组合形成振荡。

振荡 N 形与上涨 N 形组合形成上涨；
振荡 N 形与振荡 N 形组合形成振荡；
振荡 N 形与下跌 N 形组合形成下跌。

下跌 N 形与上涨 N 形组合形成振荡；
下跌 N 形与振荡 N 形组合形成振荡；
下跌 N 形与下跌 N 形组合形成下跌。

在以上九种组合中，两种是上涨，五种是振荡，两种是下跌。在一个时间段内，一般只做一个方向，有操作价值的机会只有九分之二，因此我们就可以明白为什么市场真正的机会这么少了。

多个 N 形结构可以组合形成一个更大的 N 形结构，更大的 N 形结构一样地满足 N 形结构的所有特性。

大N形结构和小N形结构的关系就是不同级别之间的关系，在后文级别论中会详细介绍。

二、应用N形结构分析走势性质

下面来实际分析一下上证指数月、周、日各级别的走势性质。

先从月线级别的N形结构来看上证指数的走势性质。图3-4是上证指数月线N形图。如图所示：

（1）图中点1、点2、点3、点4构成一个N形结构，由于点3回落过多，点4未能高于点2，所以形成了一个振荡N形；

（2）图中点4、点5、点6、点7构成一个N形结构，点6虽高于点4，但点7回落过多，还是一个振荡N形；

（3）图中点7、点8、点9、点10形成一个N形结构，点9低于点7，点10低于点8，也是一个明显的振荡N形；

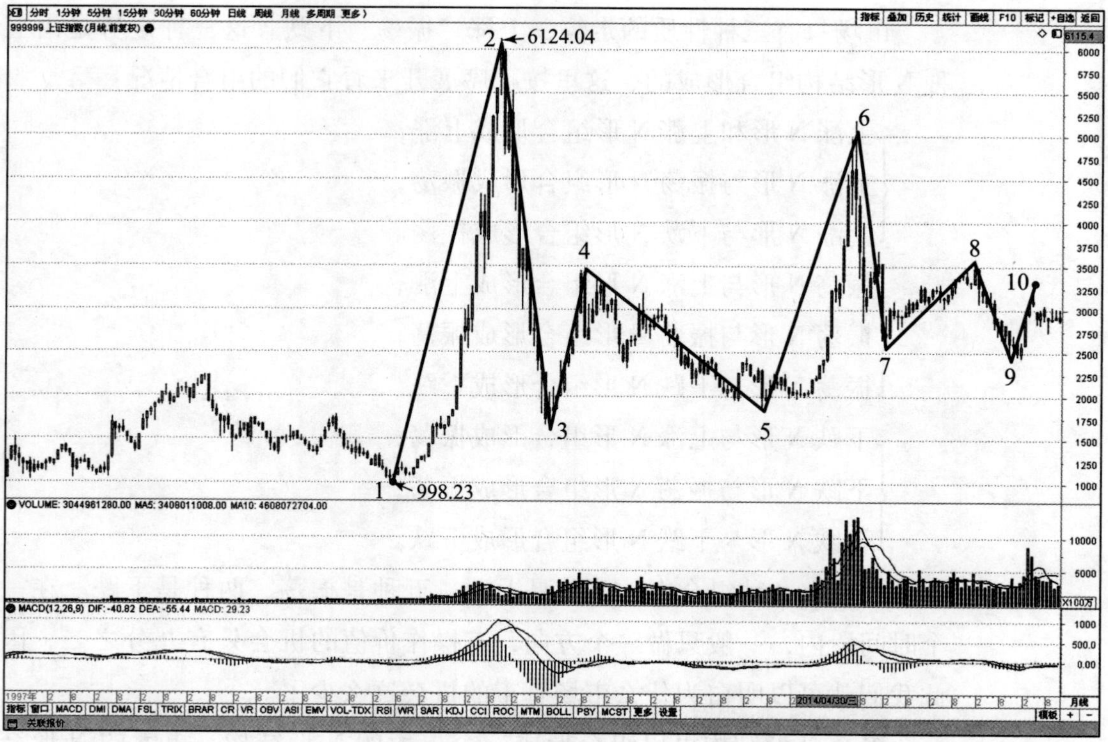

图3-4　上证指数月线N形图

（4）三个振荡N形组合成一个高低点渐次收敛的大型收敛三角形，依然处于振荡之中，所以目前上证指数在月线级别处于振荡状态。

再从周线级别的N形结构来看上证指数的走势性质，图3－5是上证指数周线N形图，如图所示：

（1）图中点1、点2、点3、点4构成了一个下跌N形结构；

（2）图中点4、点5、点6、点7构成了一个上涨N形结构；

（3）图中点7、点8、点9、点10，因点10未能创点8的新低，是一个振荡N形；

（4）以上的下跌N形和上涨N形组合成一个振荡N形，再与后面的振荡N形组合，仍然形成一个振荡N形，所以目前上证指数在周线级别处于振荡状态。

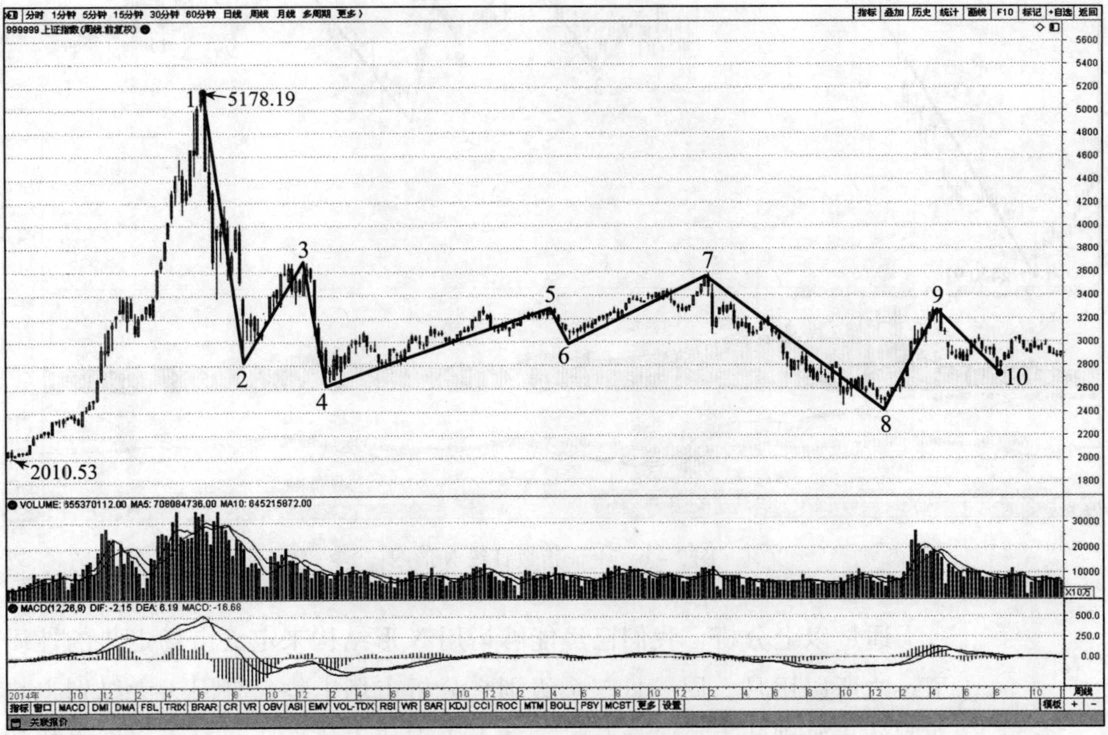

图3－5　上证指数周线N形图

最后从日线级别的N形结构来看上证指数的走势性质，图3－6是上证指数日线N形图，如图所示：

（1）图中点1、点2、点3、点4构成了一个振荡N形结构；

（2）图中点4、点5、点6、点7构成了一个下跌N形结构；

（3）图中点7、点8、点9、点10，因点10未能创点8的新高，是一个振荡N形；

（4）图中点10、点11、点12、点13构成了一个下跌N形；

（5）以上一个振荡N形和一个下跌N形组合，形成了一个下跌N形，再与振荡N形组合形成振荡N形，随后与最后一个下跌N形组合形成下跌N形，所以目前上证指数在日线级别处于下跌状态。

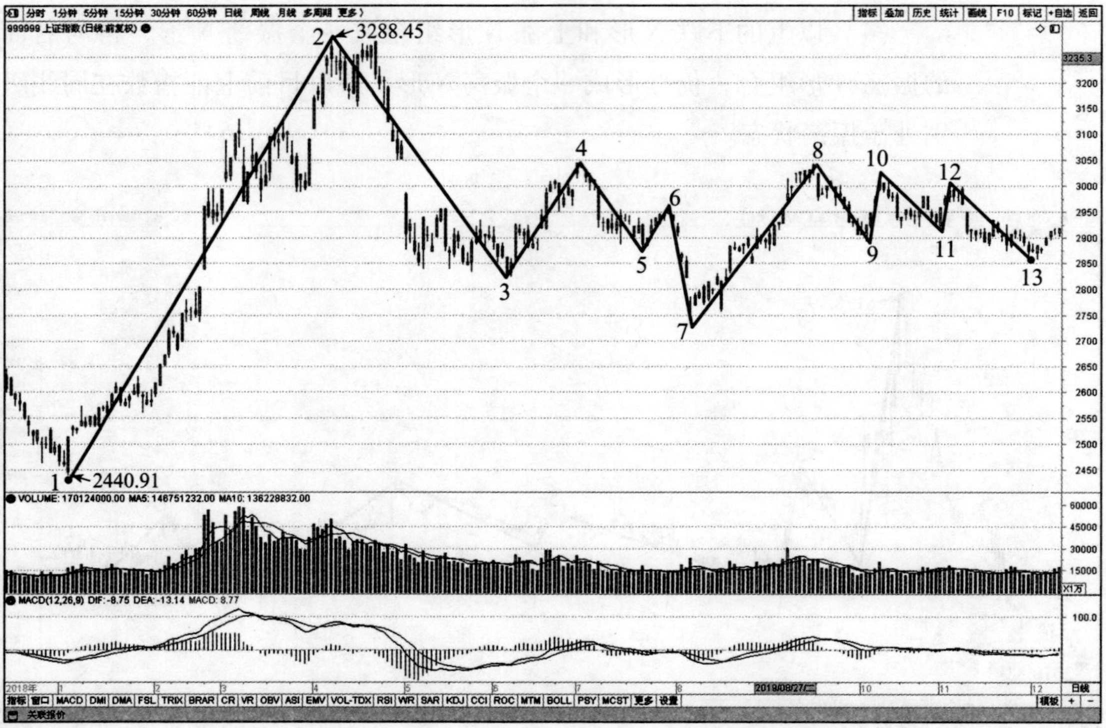

图3－6　上证指数日线N形图

通过以上分析，我们已经能够运用N形结构来定义市场走势的性质了。之所以用月、周、日三个级别来分析市场走势，是因为大级别走势会制约小级别的走势，先分析清楚大级别的走势性质，对小级别走势的未来变化才会有更大的视野，这部分内容在下一章“级别论”中将会进行更详细的论述。

下面我们将运用N形结构的量变关系来定义市场走势的强弱。

第四节
应用N形结构定义市场走势的强弱

市场的强弱由N形结构内部的量比关系确定。

一、市场走势强弱的分类

N形结构不是静止的，而是运动的，一直都在经历形成、发展、变化、终结的过程，已经结束的N形结构仅供我们分析，我们要交易的永远都是处于未完成状态的N形结构。为了更有效地识别主升段，我们有必要定义N形结构的强弱，以下是根据N形结构内部的量变程度给出的几种走势强弱的定义：

（1）单边势。N形结构一上之后，一下的回落幅度不大于38.2%，仅仅是做了一个停顿就再度向上运行，定义为单边势。单边势一般沿5日线运动，MACD指标一般不会死叉。

（2）强趋势。N形结构一上之后，一下的回落幅度不大于50%，最低点仍高于前一个N形的最高点，然后再度向上运行，定义为强趋势。强趋势一般沿20日线运动，MACD指标死叉后会迅速再度金叉。

（3）弱趋势。N形结构一上之后，正常回落，幅度不超过61.8%，最低点低于前一个N形的最高点，然后再度向上运行，定义为弱趋势。弱趋势一般会跌穿20日线，MACD指标死叉后会回落至零轴附近。

（4）振荡势。N形结构一上之后，一下的回落幅度超过66.7%，则认为市场发生了质变，定义为振荡。振荡会跌穿20日均线，MACD

指标会跌破零轴。

二、为什么要定义市场走势的强弱

定义市场的强弱是很有必要的，这是因为：

（1）市场的强弱直接关系到盈亏比是否足够。在强趋势或单边势，即使是小级别，有时盈亏比也是足够的；若是弱趋势，即使是大级别，有时盈亏比也不够。盈亏比是入场的必要条件，盈亏比不够就不能入场交易。

（2）市场的强弱决定了应该持股还是了结。若是强趋势，应该持股；若是弱趋势，应该主动了结；若变为振荡，应该出场观望。

（3）市场的强弱决定了是否应该等待级别的切换，以博取超预期收益。在级别论会论述到，我们进入市场交易时，是有明确的级别预期的，达到目标就应该退出。但若市场的强度明显超出预期，那么，在一定条件下，也可以等待市场切换到大级别，以博取大级别的超预期收益。

三、几个走势强弱的示例图

为了对走势的强弱变化有具体的认识，我们提供了几个强弱示例图。

图 3 - 7 是鲁亿通 60 分钟单边图，该图在日线上是非常流畅的单边走势，我们从 60 分钟的视角来观察它的走势特征。

（1）如图所示，点 3、点 5、点 7、点 9 基本上没有明显回落，仅仅是横向振荡修复一下指标后就向上运行。

（2）图中点 3 和点 7 的 MACD 指标做了一个空中加油，点 5 回踩了 20 日均线，点 9 处的 MACD 指标死叉后迅速金叉，这是调整结束的标志，这种形态命名为风洞。

（3）所谓空中加油就是 MACD 指标在零轴上时，DIF 和 DEA 稍稍靠近后，随即迅速分开的形态。所谓的风洞就是 MACD 指标在零轴上运行，DIF 死叉 DEA 后，在短时间内再度金叉的形态。

（4）由图 3 - 7 可知，鲁亿通的 60 分钟走势符合强趋势的定义，如果切换到日线级别，则是单边走势。单边走势很少调整，即使调整一般也不会超过 3 天，5 日线靠上来就会再度上涨。我们可以放大或缩小级别来观察走势的特征，从而更好地理解市场的运动。

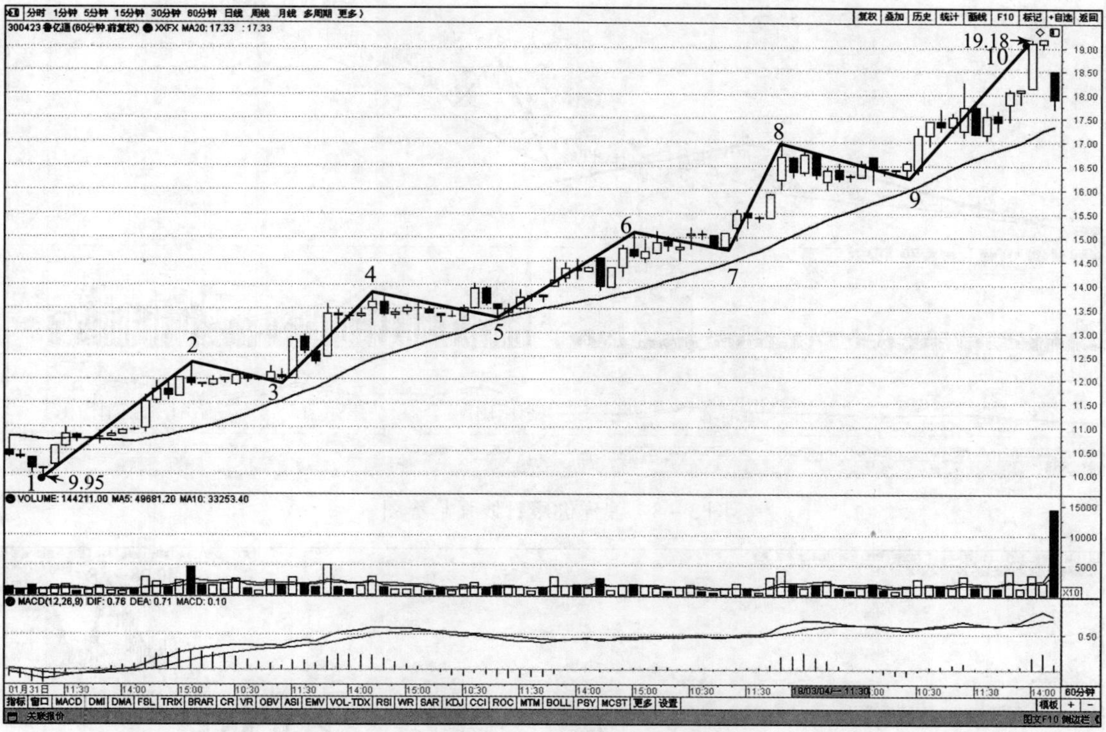

图 3 - 7 鲁亿通 60 分钟单边图

图 3 - 8 是澳洋健康日线强趋势图，由图中可以观察到以下特征：

（1）图中点 5、点 7 分别高于点 2、点 4；

（2）图中点 3、点 5、点 7 回踩 20 日线后，再度上行；

（3）图中点 3 位于点 1 到点 2 间垂直高度的 38.2%；

（4）图中点 5 位于点 3 到点 4 间垂直高度的 38.2%；

（5）图中点 7 位于点 5 到点 6 间垂直高度的 50%。

以上特征满足强趋势的条件，定义为强趋势。强趋势调整时间一般小于 13 天，20 日线靠上来就会再度上涨，强趋势一般走得比较流畅。

图 3 - 9 是美亚光电日线弱趋势图，该图有以下特征：

（1）图中点 3、点 5、点 7 分别低于点 2、点 4、点 6；

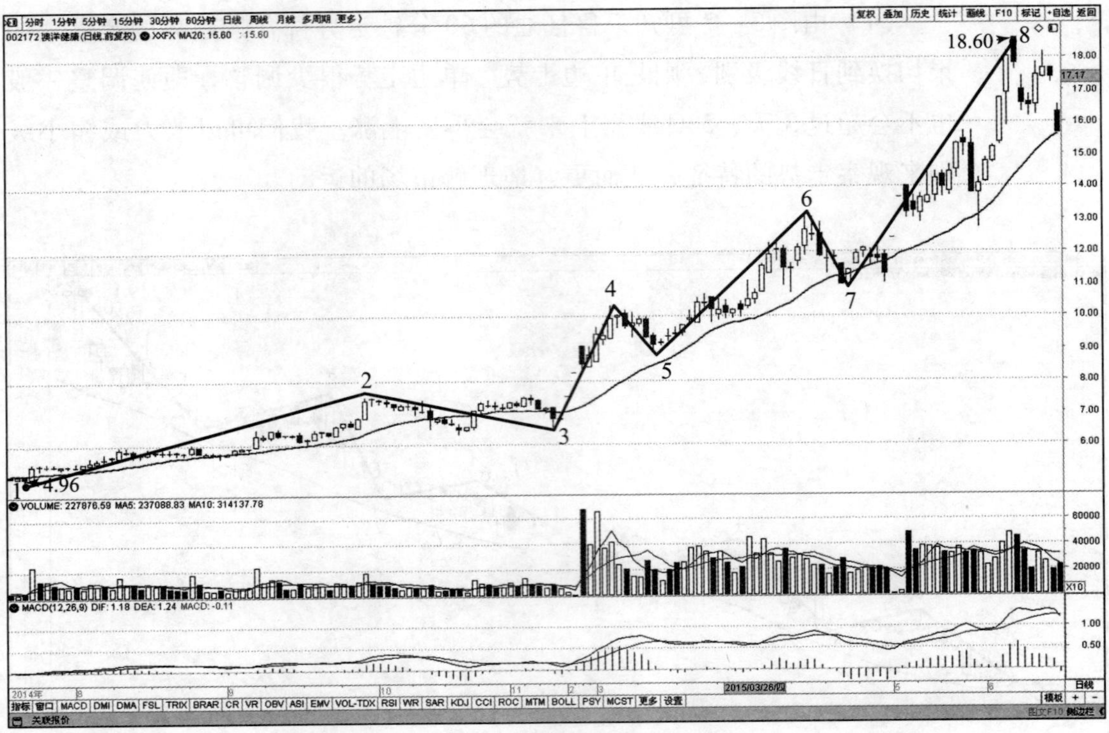

图 3－8　澳洋健康日线强趋势图

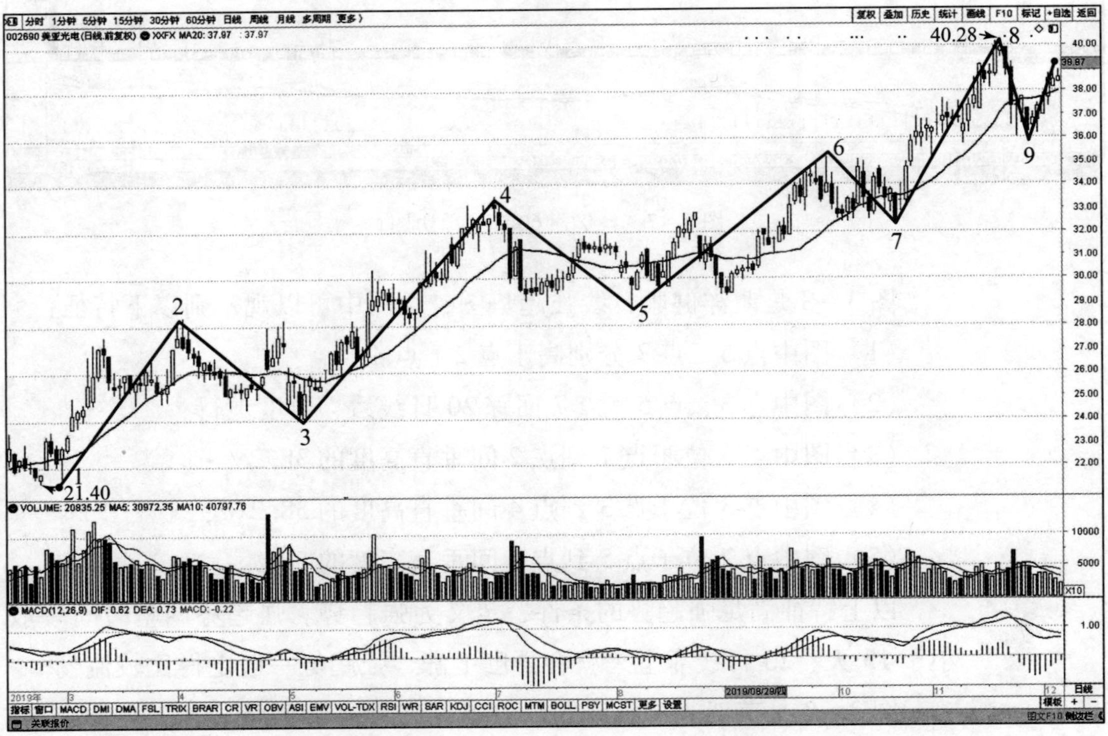

图 3－9　美亚光电日线弱趋势图

（2）图中点3、点5、点7回调跌破了20日线；

（3）图中点3位于点1到点2间垂直高度的50%；

（4）图中点5位于点3到点4间垂直高度的50%；

（5）图中点7位于点5到点6间垂直高度的50%。

从图中可以看到，点3、点5处跌穿了20日线，MACD指标回落到零轴附近，调整时间超过20天。点7处跌穿了20日线，MACD指标死叉，调整时间超过10天，美亚光电虽然回调幅度不大，但时间却较长，走势明显比强趋势差了许多。

图3－10是伟明环保日线振荡图，该图有以下特征：

（1）图中点3是点1到点2之间的61.8%；

（2）图中点5是针对点3到点4的回调，回调幅度远远超过了66.7%；

（3）图中点6未能创出点4的新高；

（4）图中点3、点5、点7回调跌破了20日线；

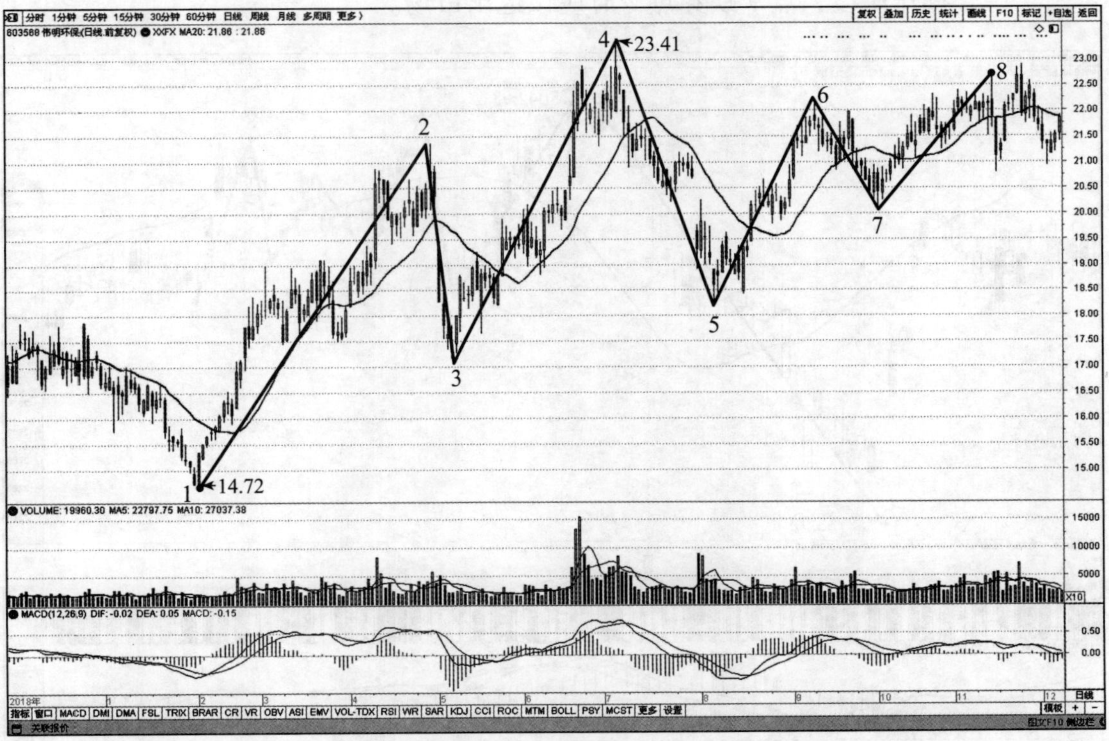

图3－10 伟明环保日线振荡图

(5) 从N形结构来分析，点1、点2、点3、点4形成了上涨N形，点4、点5、点6、点7形成了振荡N形，组合起来是振荡趋势。点3、点5回调跌破了20日线，MACD跌穿零轴，走势已经很弱了。点5回调过深，点6未能创新高，致使弱趋势演变为振荡。点8虽然创出点6的新高，但仍低于点4，走势仍处于振荡之中。

以上是个股的强弱示例图，接着我们来看一下2019年上证指数的强弱变化。图3-11是上证指数2019年11月日线变化图，如图所示：

(1) 由图中可以看到，点1到点2走势很强劲，点3是点1到点2之间的50%，调整很正常，市场有继续上涨的可能性；

(2) 但是点4没能创出新高，没有形成上涨N形，变化为振荡N形，之后点5的回落超过了66.7%，市场走势就必须定性为振荡了；

(3) 接下来点6不能创新高，点7略创了新低，市场越来越弱了。实际交易中，点5、点6出现后就应该降低仓位；

(4) 点8、点9这一段连20周均线都跌穿了，市场进入了中期不可操作阶段，点9跌穿点7时应该退出市场。

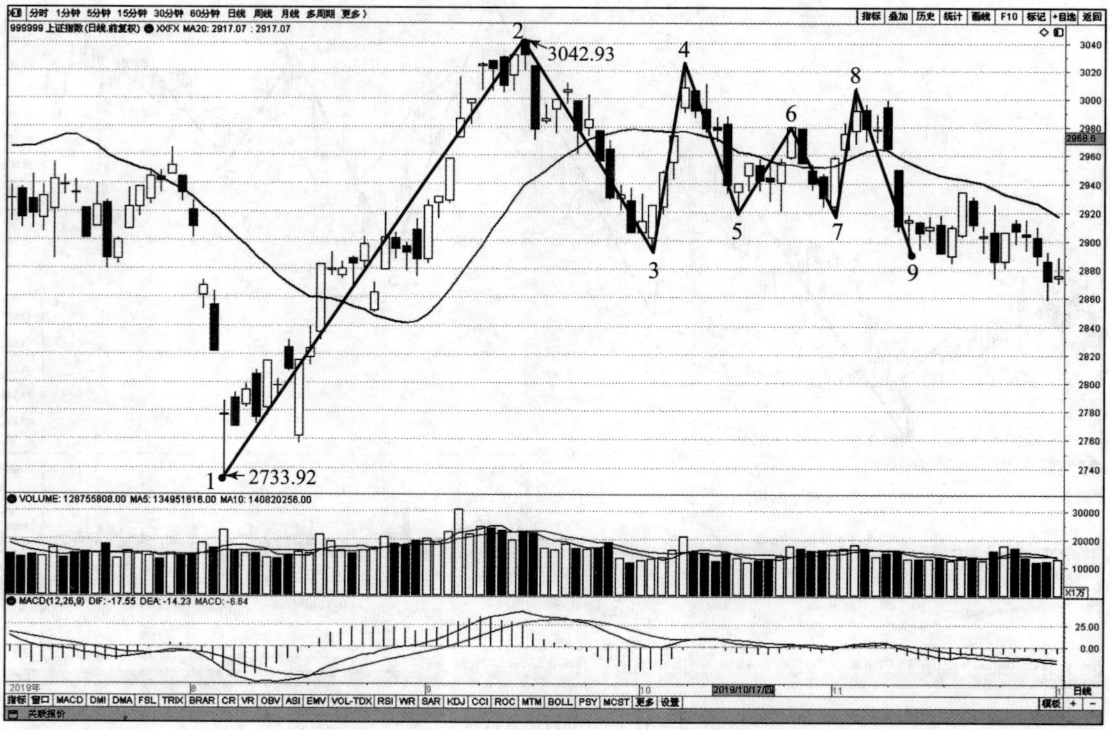

图3-11 上证指数2019年11月日线变化图

由图 3 – 11 我们可以看到，市场的强弱是随时变化着的，我们不可拘泥于固有的认知，对变化视而不见，当然也不能对每一点变化都做出反应，那会变成频繁交易，而是应当在给定的范围内允许适当的变化。

“给定的范围”就是保持主升段成立的范围，“适当的变化”就是相应级别趋势不能发生转折（转折将在级别论中论述）。

第五节 N 形结构的兼容性

N 形结构是价格走势的基本结构，各种技术分析流派只是对 N 形结构的不同应用，各种技术分析理论都可以用 N 形结构简明地进行解释。与其他技术指标比较而言，N 形结构更具结构简洁、数量关系明确、易学易用的优点。下面用 N 形结构简单地解释一下各家理论。

一、N 形结构与道氏理论

道氏理论是对市场进行结构分析的鼻祖，它形象地用波浪的一往一返来形容市场的运行特点，这一往一返就是一个 N 形结构。市场走势的高低点渐次抬高定义为上涨趋势。道氏理论上涨趋势的定义与上涨 N 形的定义是一样的，所以 N 形结构与道氏理论是一体的。

二、N 形结构与波浪理论

波浪理论把市场的走势区分为推动五浪、调整三浪的结构。

用 N 形结构来解释，推动五浪相当于两个上涨 N 形的组合，调整三浪就是一个下跌 N 形。一个上涨 N 形出现才能定义市场为上涨，后面再出现的上涨 N 形才是有效的盈利空间，这就是推动五浪的本质特征。

波浪理论中四浪低点不能低于二浪顶点的规定其实就是要求市场必须是一个强趋势。

事实上，标准的推动五浪并不常见，要提升盈利空间，就必须在三浪起点（就是主升段起点）介入市场，但此时市场还不能定义为上涨趋势。

为了保证胜率，需要用级别推演来寻找共振区间，在小级别已经出现上涨N形时入场，这是级别论要重点讨论的内容。

三、N形结构与缠论

缠论的核心概念——中枢就是一个N形结构。缠论的中枢移动就是强趋势，缠论的中枢扩展就是弱趋势，缠论的中枢振荡就是振荡N形的组合。缠论中枢振荡结束的标志就是后一个N形结构的低点高于前一个N形结构的高点（即单边势）。

四、N形结构与形态理论

形态理论中有M头、W底、头肩顶、头肩底、旗形、三角形、楔形等各种复杂的形态，我们用N形结构将其一一来分解一下。

M头是一个振荡N形与下跌N形的组合；

W底是一个振荡N形与上涨N形的组合；

头肩顶是一个上涨N形与下跌N形的组合；

头肩底是一个下跌N形与上涨N形的组合；

上升旗形是两个弱趋势的上涨N形的组合；

下降旗形是两个弱趋势的下跌N形的组合；

三角形是两个振幅渐小的振荡N形的组合；

楔形是一个振幅扩大的振荡N形与一个振幅缩小的振荡N形的组合。

这些形态本质上就是上涨N形、下跌N形和振荡N形的不同组合。

不同的组合意味着不同的市场定性，用N形结构来解释更具一致性。不同的N形结构是由内部的量比关系确定的，这样我们就能更深刻地理解市场的走势不是先验的，而是由此时此刻正在运行中的某个N形结构决定的，此时此刻正在运行中的某个N形结构总是在某一个可知的范围内运动，这样的理解有助于去除心中的妄念。

下列图示显示了N形结构与经典形态的关系。

图3－12展示的是2005年上证指数W底形态，图中可以看到：

（1）点4没创新低，所以点1、点2、点3、点4形成一个振荡N形；

（2）点4、点5、点6、点7形成一个上涨N形；

（3）振荡N形和上涨N形组合形成了由点1、点2、点3、点4、点5组成的W底；

（4）若点4创了新低，就变形为头肩底；

（5）若点6深度回落，就变形为三重底；

（6）从波浪理论来看，两个N形结构都只是调整浪而不是推动浪；

（7）从缠论来看，两个N形结构形成了中枢扩展。

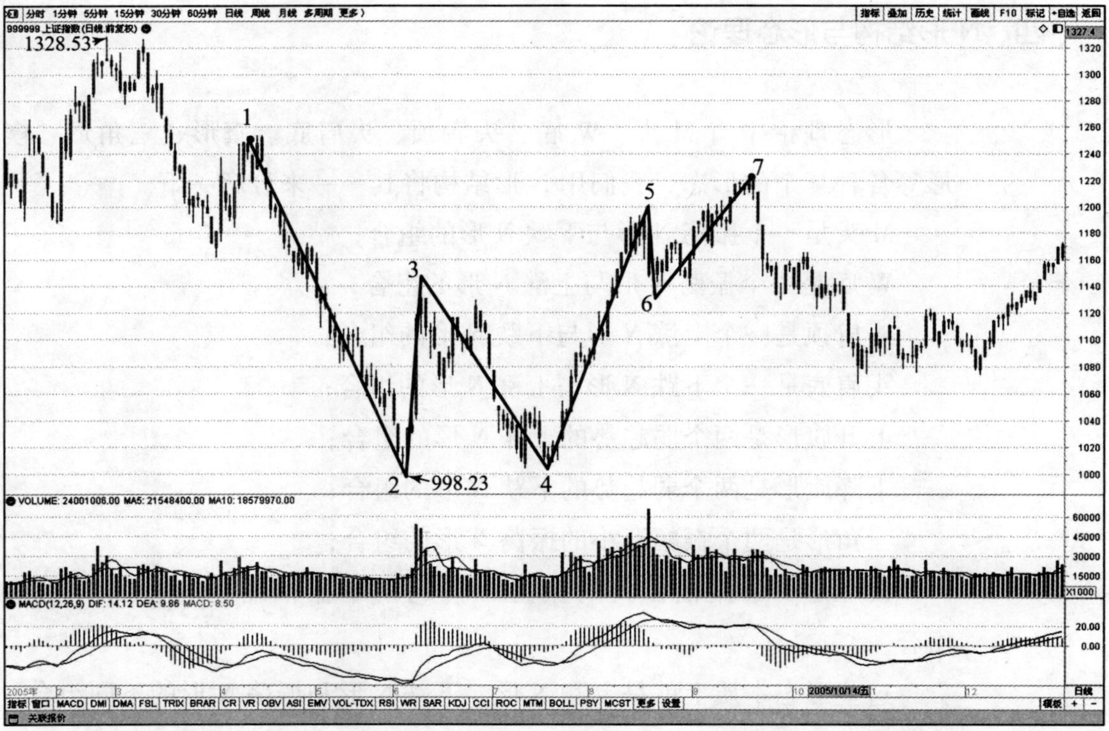

图3－12　2005年上证指数W底

图3－13展示的是2007年上证指数M头形态，图中可以看到：

（1）点4没创新高，所以点1、点2、点3、点4形成一个振荡

N形；

（2）点4、点5、点6、点7形成一个下跌N形；

（3）振荡N形和下跌N形组合成M头；

（4）点6与点3几乎持平，标准的回抽颈线，确认了M头；

（5）点3与点6形成密集区，限制了后市的反弹空间；

（6）从波浪理论来看，下跌N形形成了推动浪；

（7）从缠论来看，下跌N形产生了中枢移动。

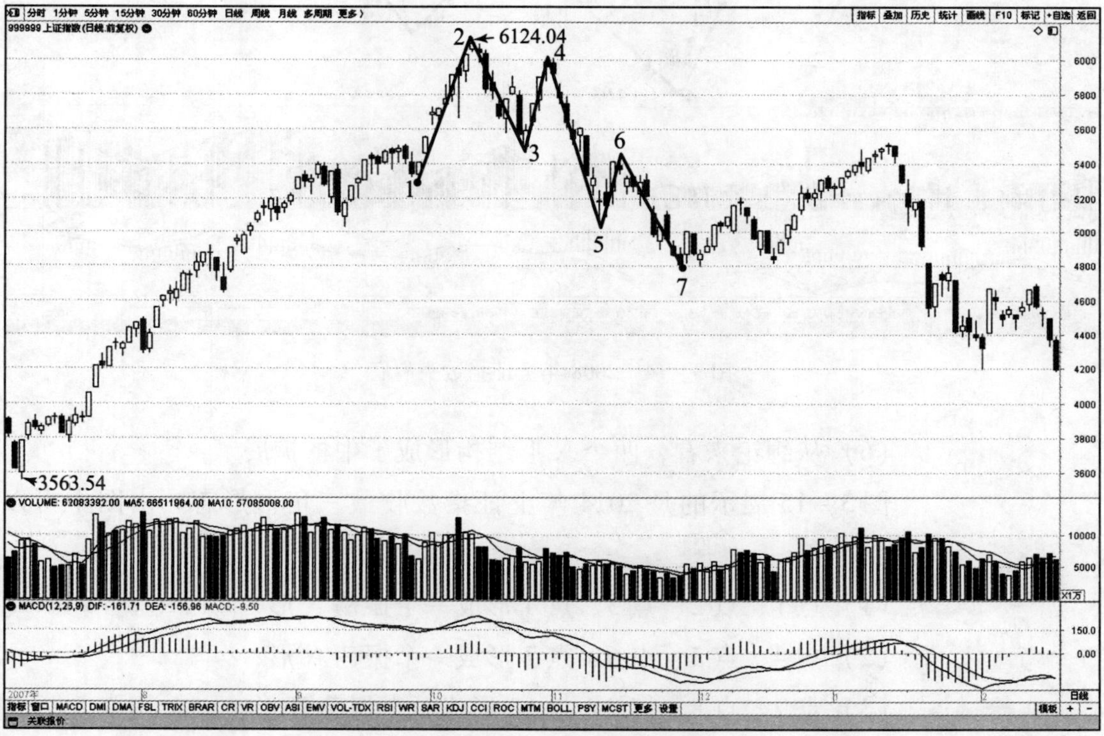

图3－13　2007年上证指数M头

图3－14展示的是2008年上证指数头肩底形态，图中可以看到：

（1）点1、点2、点3、点4形成一个下跌N形；

（2）点4、点5、点6、点7形成一个上涨N形；

（3）下跌N形和上涨N形组合形成了由点1、点2、点3、点4、点5、点6、点7组成的头肩底；

（4）若点4没创新低，就变形为三重底；

（5）从波浪理论来看，两个N形结构都只是调整浪而不是推动浪；

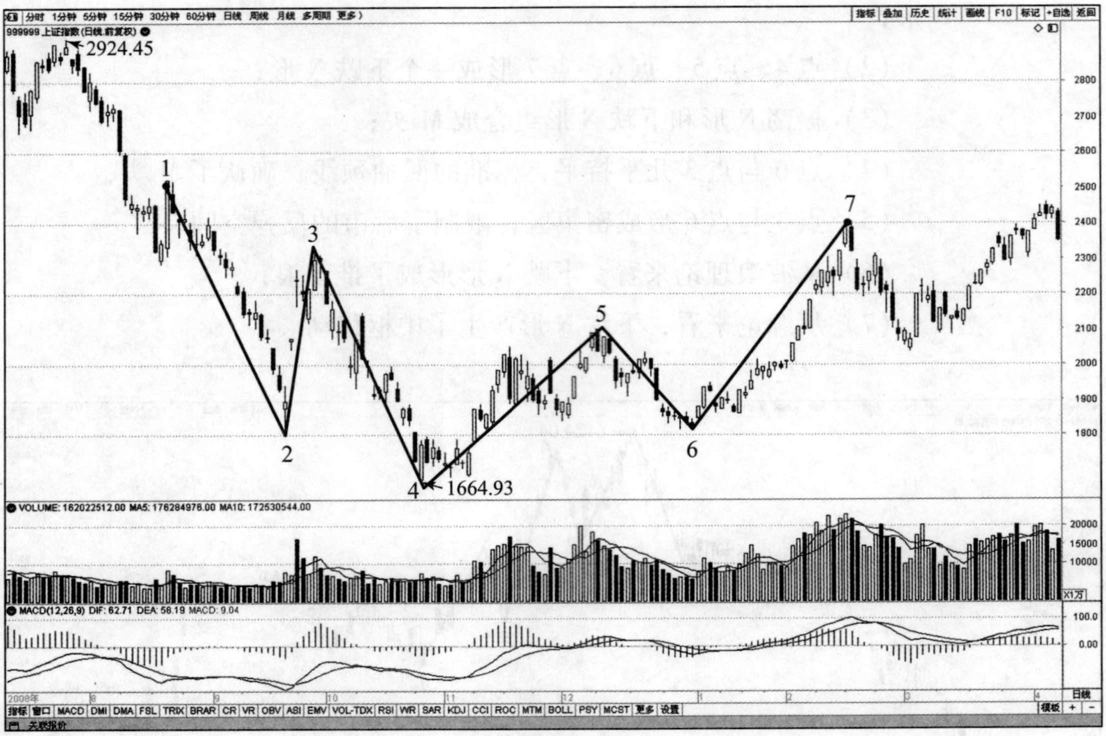

图 3-14　2008 年上证指数头肩底

（6）从缠论来看，两个 N 形结构形成了中枢扩展。

图 3-15 展示的是 2014 年上证指数收敛三角形形态，由图中可以看到：

（1）点 1、点 2、点 3、点 4 形成一个振荡 N 形；

（2）点 4、点 5、点 6、点 7 形成一个振荡 N 形；

（3）点 7、点 8、点 9、点 10 形成一个振荡 N 形；

（4）三个振荡 N 形组合成一个大型收敛三角形，这样的一个大三角形靠近了 20 年线，这是 2014 年 7 月的快速上涨行情技术方面的原因所致；

（5）从波浪理论来看，三个 N 形结构都只是调整浪而不是推动浪；

（6）从缠论来看，三个 N 形结构形成了中枢扩展。

图 3-16 展示的是 2015 年上证指数头肩顶形态，由图中可以看到：

（1）点 1、点 2、点 3、点 4 形成一个上涨 N 形；

（2）点 4、点 5、点 6、点 7 形成一个下跌 N 形；

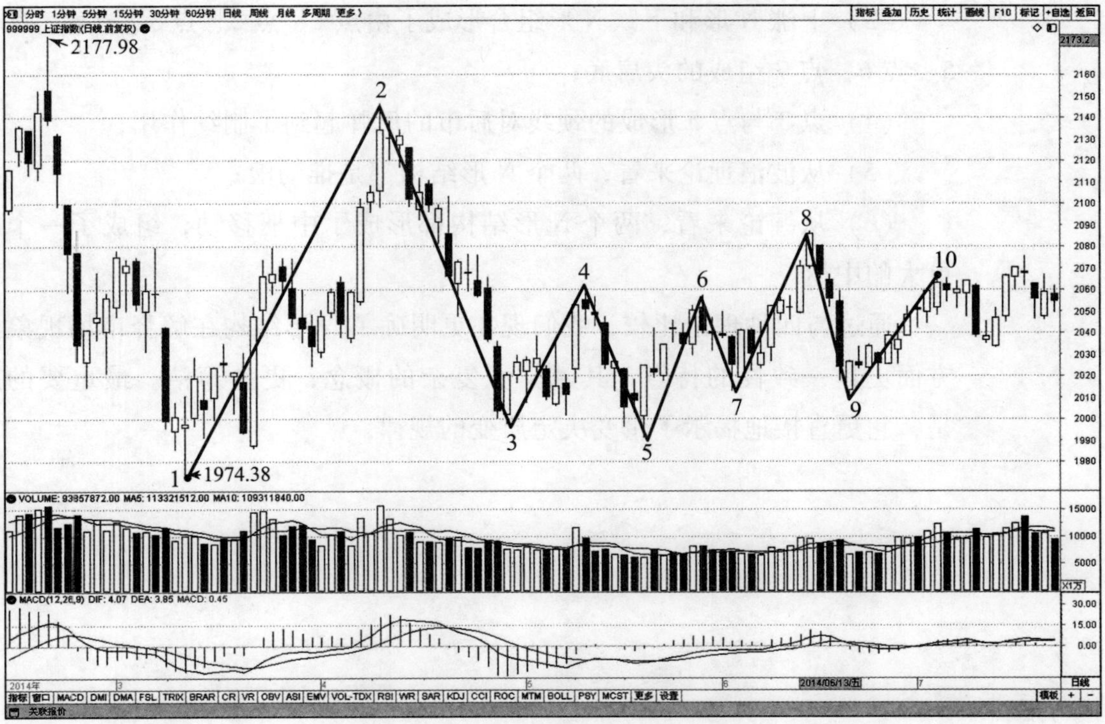

图 3－15 2014 年上证指数收敛三角形

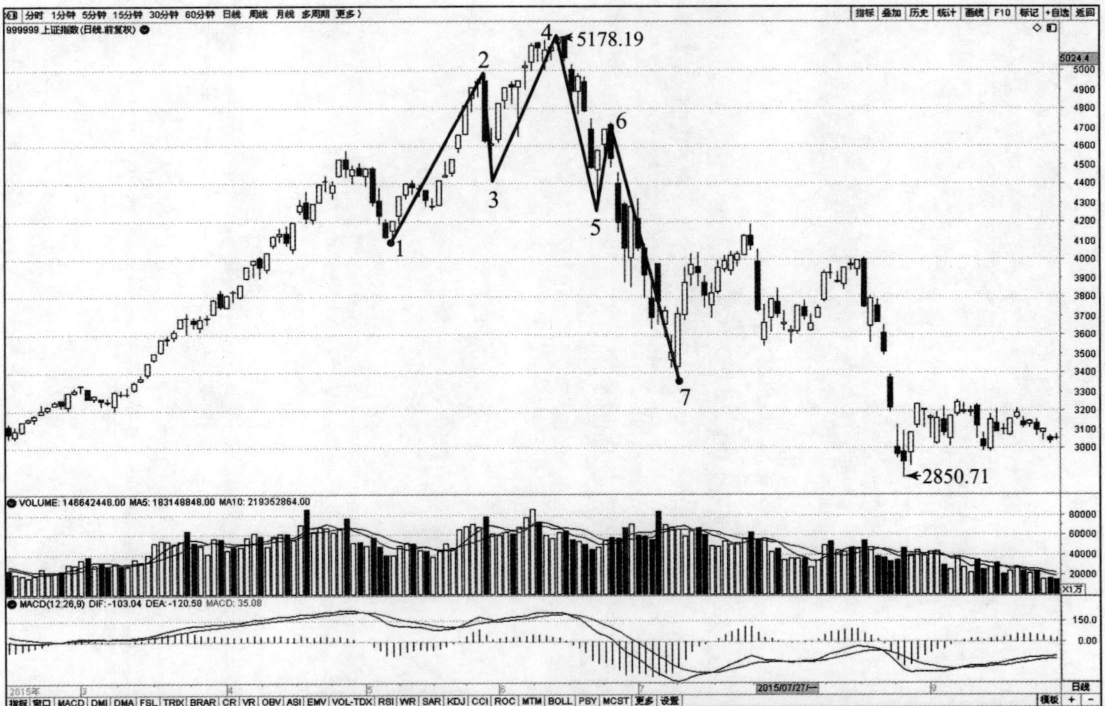

图 3－16 2015 年上证指数头肩顶

（3）上涨N形和下跌N形组合形成了由点1、点2、点3、点4、点5、点6、点7组成的头肩底；

（4）点3与点5形成的颈线对后市的反弹起到了制约作用；

（5）从波浪理论来看，两个N形结构都是推动浪；

（6）从缠论来看，两个N形结构都形成了中枢移动，组成了一个更大的中枢。

通过与四种理论比较，我们现在更明确了N形结构在解释市场现象方面更具一致性的特点，其减少了复杂的概念，更为简洁。最重要的是，它更直接地揭示了量变决定质变的规律。

第六节
主升段是满足强趋势条件的N形结构

我们所有的论述都是围绕识别和抓到主升段展开的，在了解N形结构之后，我们把主升段和N形结构的关系列举如下：

（1）主升段的首要功能是描述事物的发展阶段，但是，当发展过程没有结束时，就不能确定是不是主升段；

（2）因为事物始终处于发展变化之中，所以我们只能对可能的主升段做出判断，这一判别标准就是主升段的定义；

（3）我们交易的依据就是我们对主升段的定义；

（4）根据主升段的定义，主升段就是一种特殊类型的N形结构，需要满足三个条件：第一，N形结构的“一上”有效改变原有趋势并形成向上的运动方向；第二，N形结构的“一下”回落幅度不超过61.8%，并且靠近某级别20均线；第三，有再度向上的迹象；

这里，主升段定义中“幅度适当的次级折返”中的“适当”指的就是次级折返的幅度不超过61.8%。

由此可以得出结论：主升段就是满足强趋势条件的N形结构。

主升段图例见第二章“A股历史上的主升段”一节。

由图例可以看出，有周线级别的主升段，也有月线级别的主升段，可见主升段是有级别的。

并不是所有级别的主升段都有交易价值，不同级别的主升段价值差异巨大。级别的确定将在级别论中论述。

第七节
2016—2019年商品期货的主升段N形结构

主升段N形结构普遍适用于金融交易市场。不但A股中普遍存在主升段N形结构，在商品期货中也普遍存在主升段N形结构。本节我们列举中国商品期货中的主升段N形结构。

2016年以来，在供给侧结构性改革的背景下，大多数商品期货走出了一轮上涨行情，虽然这些上涨有强有弱、有先有后，但是它们的走势节奏都是符合N形结构的特点的，都在验证着N形结构是市场走势的根本结构，给我们的启示是：如果交易者相信N形结构的话，可以放弃其他模式，只做这种模式就可以了，因为它简洁明快，容易辨认。

商品期货的上涨行情叫牛市不太确切，本质上只是大的箱体波动，但和股票市场类似，商品期货也有轮动的效应，这是由资本逐利的本质决定的。

下面按时间顺序标示出各品种实际走势中的N形结构，各品种因历史走势的差异，回踩的级别也不尽相同。

图3-17是焦炭周线图，图中满足主升段定义的几个要素：

（1）点1到点2的上涨有效改变了原趋势并形成了新的运动方向；

（2）点3回落幅度为61.8%，回踩20周线，时间是2016年6月；

（3）点3之后走了N形结构的主升段。

图3-18是焦煤月线图，图中满足主升段定义的几个要素：

（1）点1到点2的上涨有效改变了原趋势并形成了新的运动方向；

（2）点3回落幅度为61.8%，回踩20月线，时间是2017年6月；

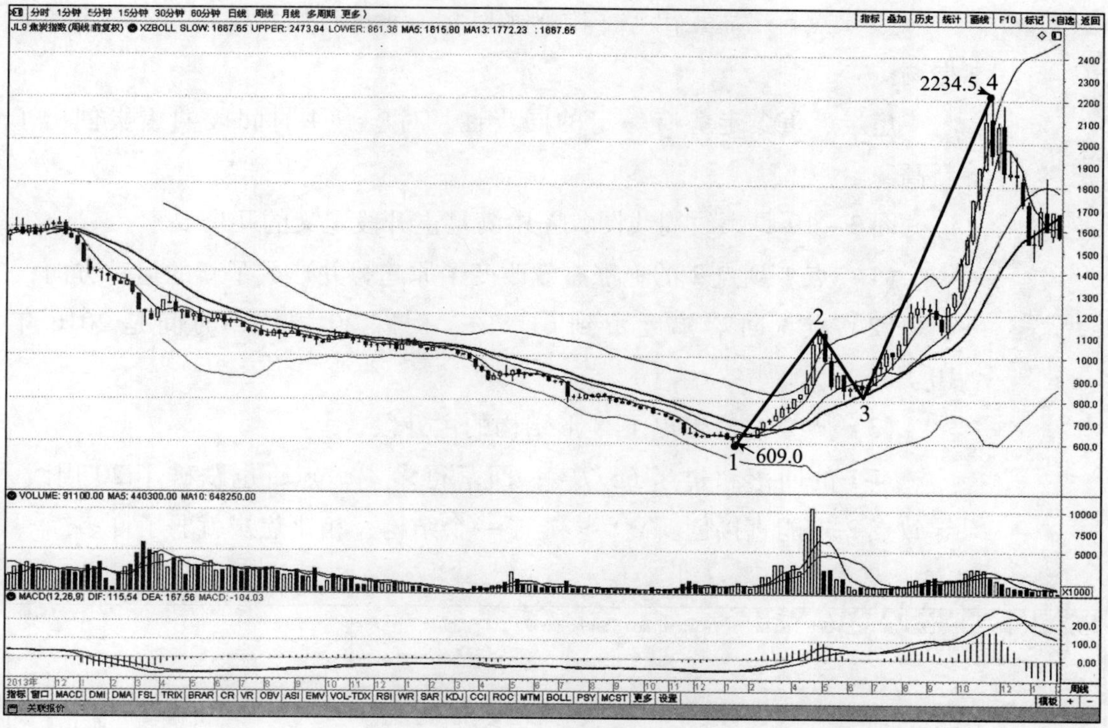

图 3－17 焦炭周线图

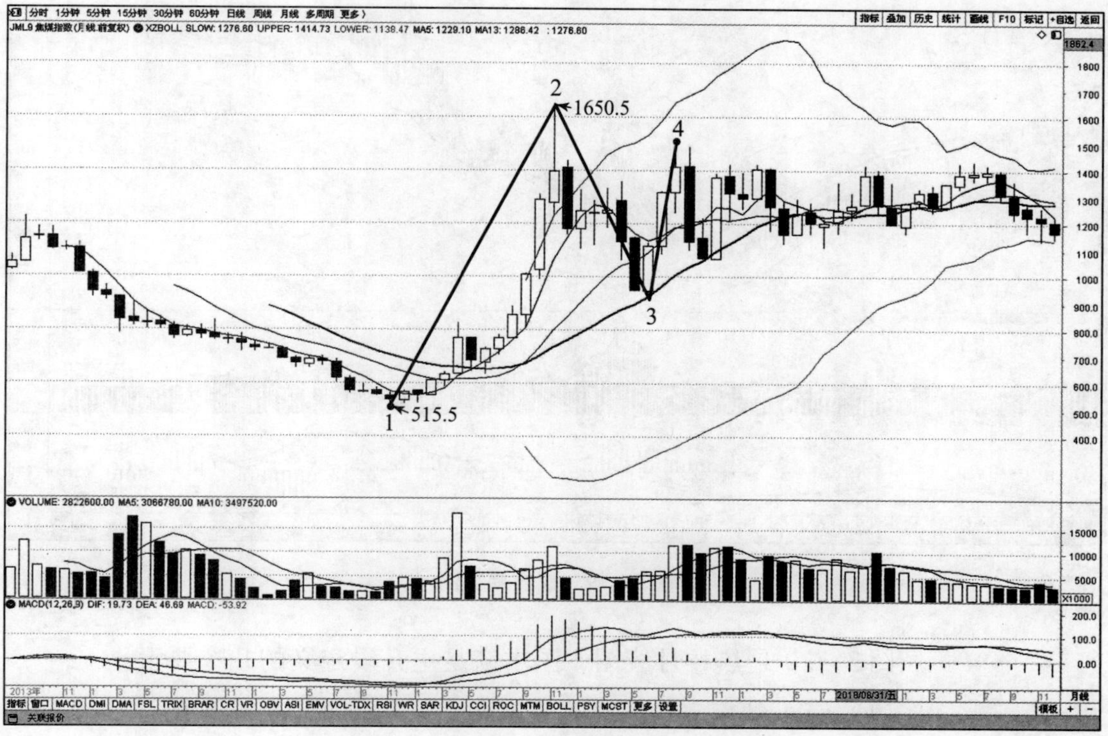

图 3－18 焦煤月线图

（3）点3之后走出了一段N形结构，未能创出点2新高，后市形成振荡。

焦炭、焦煤走势有一定的同步性，对应点4时间段的焦炭创出了新高。

图3－19是螺纹周线图，图中满足主升段定义的几个要素：

（1）点1到点2的上涨有效改变了原趋势并形成了新的运动方向；

（2）点3回落幅度不到61.8%，回踩20周线，时间是2016年10月；

（3）点3之后走出了N形结构的主升段。

点1的回落超过了66.7%，回落得多了一点，也跌破了20周线，导致点2未能直接创新高，多走了一个结构，相比焦炭就弱了许多。

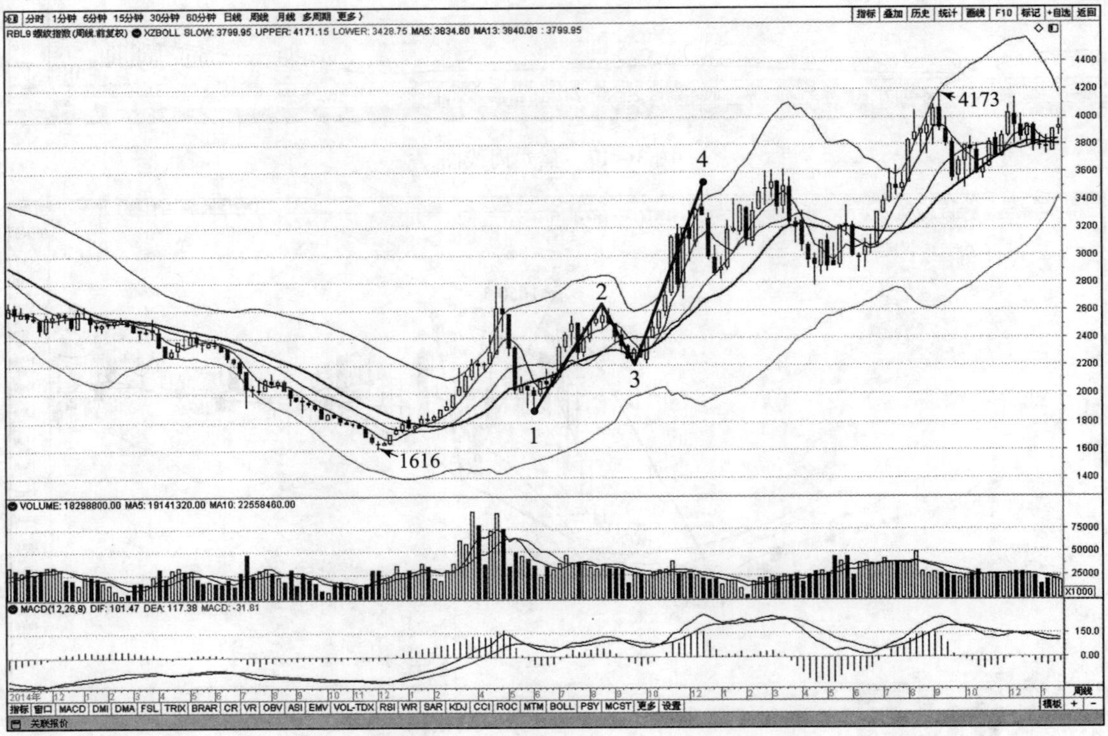

图3－19 螺纹周线图

图3－20是热卷月线图，图中满足主升段定义的几个要素：

（1）点1到点2的上涨有效改变了原趋势并形成了新的运动方向；

（2）点3回落幅度为50%，回踩20月线，时间是2017年6月；

（3）点 3 之后走出了 N 形结构的主升段。

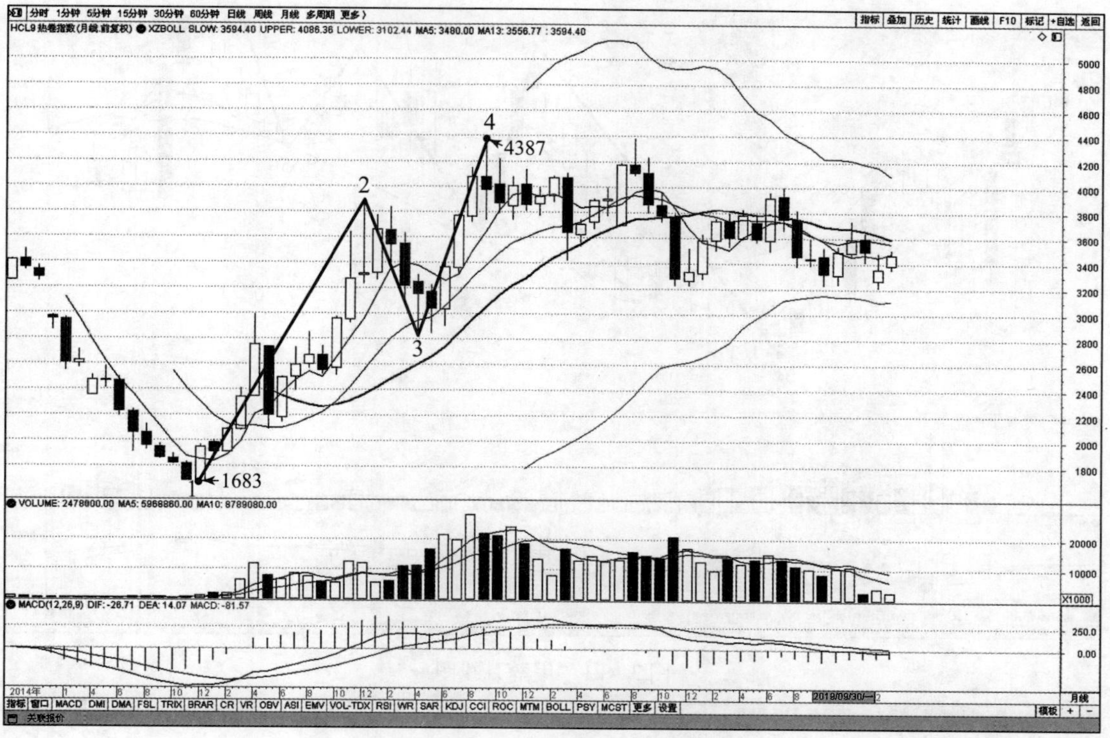

图 3－20 热卷月线图

图 3－21 是甲醇月线图，图中满足主升段定义的几个要素：

（1）点 1 到点 2 的上涨有效改变了原趋势并形成了新的运动方向；

（2）点 3 回落幅度为 61.8%，回踩 20 月线，时间是 2017 年 6 月；

（3）点 3 之后到点 4 走出了一段 N 形结构，但未能创新高；

（4）点 5 回落幅度为 50%，再度回踩 20 月线，又走出了一个 N 形结构。

图 3－22 是甲醇日线图。在甲醇月线图中，点 1 到点 2 那一段行情是错过了的，要想把握它也不难，降低级别就行了，本图就是用作这样的示例的。这样的示例具有重要意义：一段大级别的强趋势，可以在小级别分解为主升段 N 形结构参与其中。图中满足主升段定义的几个要素：

（1）点 1 到点 2 的上涨有效改变了原趋势并形成了新的运动方向；

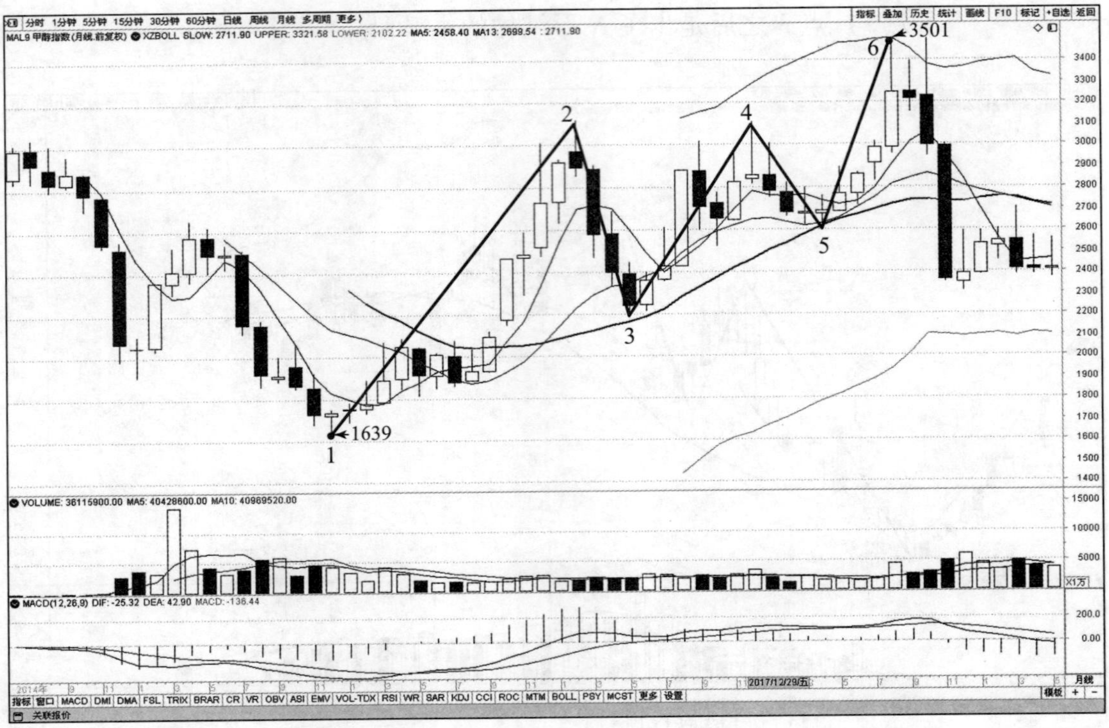

图3－21 甲醇月线图

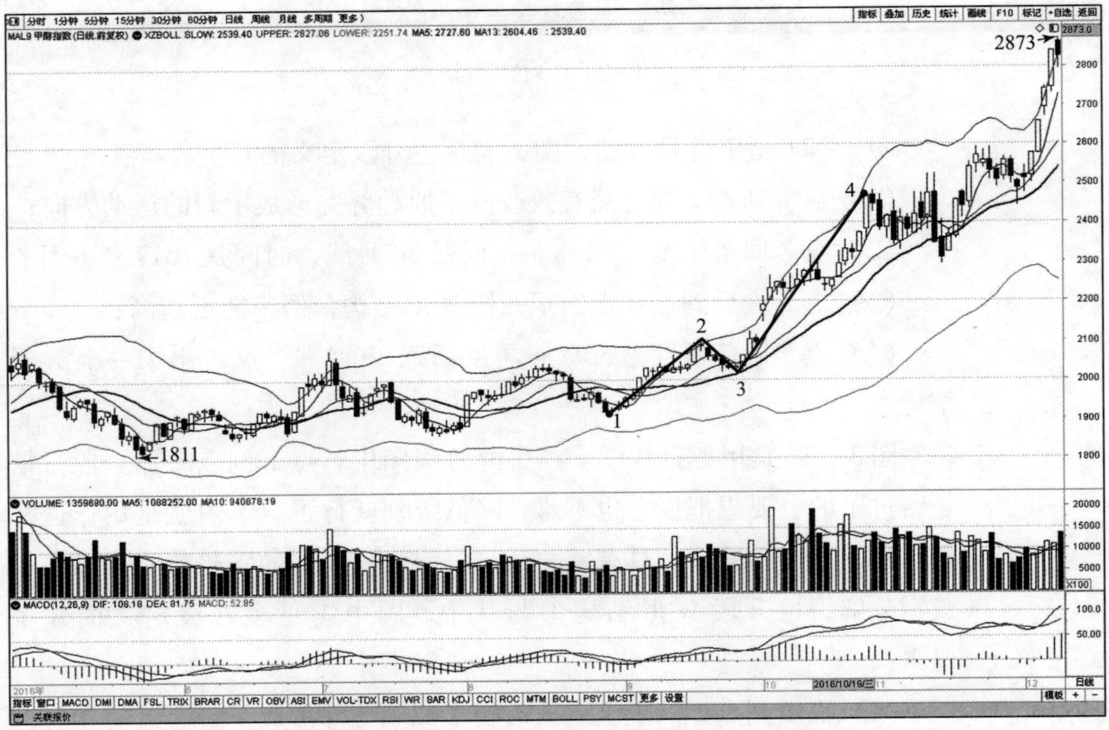

图3－22 甲醇日线图

（2）点 3 回落幅度为不到 50%，回踩 20 日线，时间是 2016 年 9 月；

（3）点 3 之后走出了 N 形结构的主升段。

图 3－23 是棉花月线图。从 2017 年 9 月以焦炭和螺纹为代表的商品见到高点后，多数品种都呈振荡状态，之后近一年时间都没有什么较大级别的行情。可见，有行情时一定要把握好，否则没了行情再想补回来面临的可能就是亏损了。棉花相比焦炭在时间上延后一年多才迎来了一段急匆匆的行情。图中满足主升段定义的几个要素：

（1）点 1 到点 2 的上涨有效改变了原趋势并形成了新的运动方向；

（2）点 3 回落幅度为 33%，回踩 20 月线，时间是 2018 年 4 月；

（3）点 3 之后走出了 N 形结构的主升段。

因为属于补涨性质，所以棉花主升浪走势显得很急促，急涨急跌，很快就结束了。

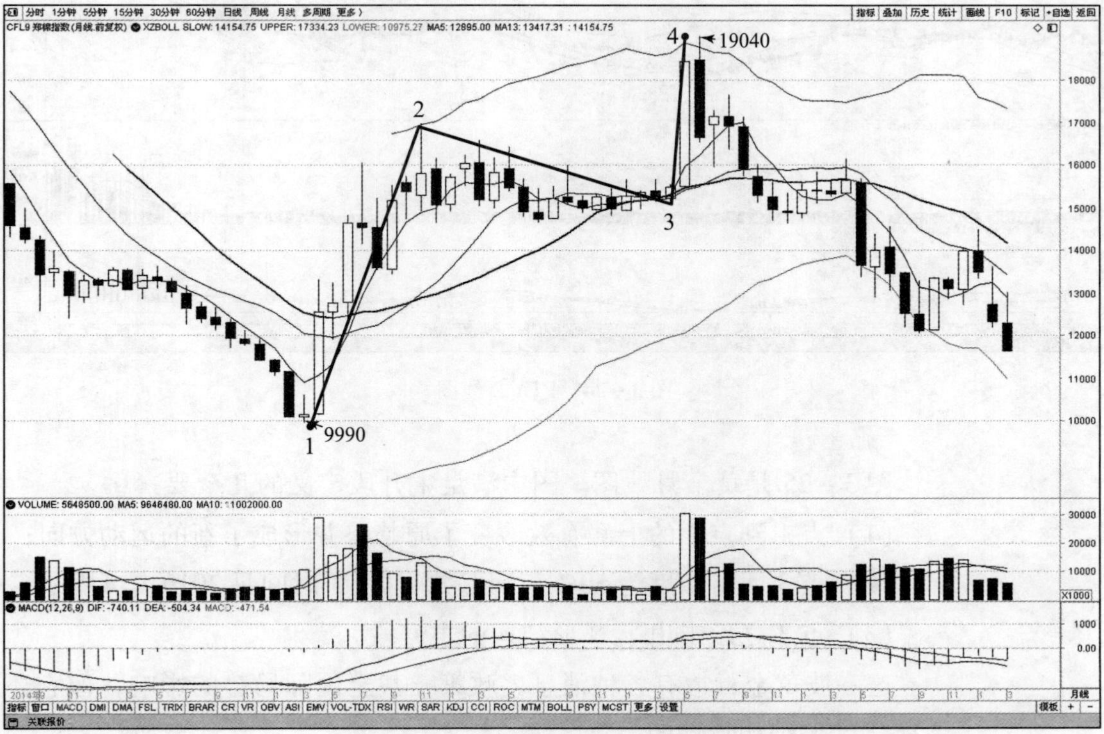

图 3－23 棉花月线图

图 3-24 是 PTA 日线图。棉花的短暂行情结束后，过了两个月，PTA 终于在高位区蓄势完成，并在日线级别向上突破，走出了一段主升浪行情。图中满足主升段定义的几个要素：

（1）点 1 到点 2 的上涨有效改变了原趋势并形成了新的运动方向；

（2）点 3 回落幅度为 33%，回踩 20 日线，时间是 2018 年 7 月；

（3）点 3 之后走出了 N 形结构的主升段。

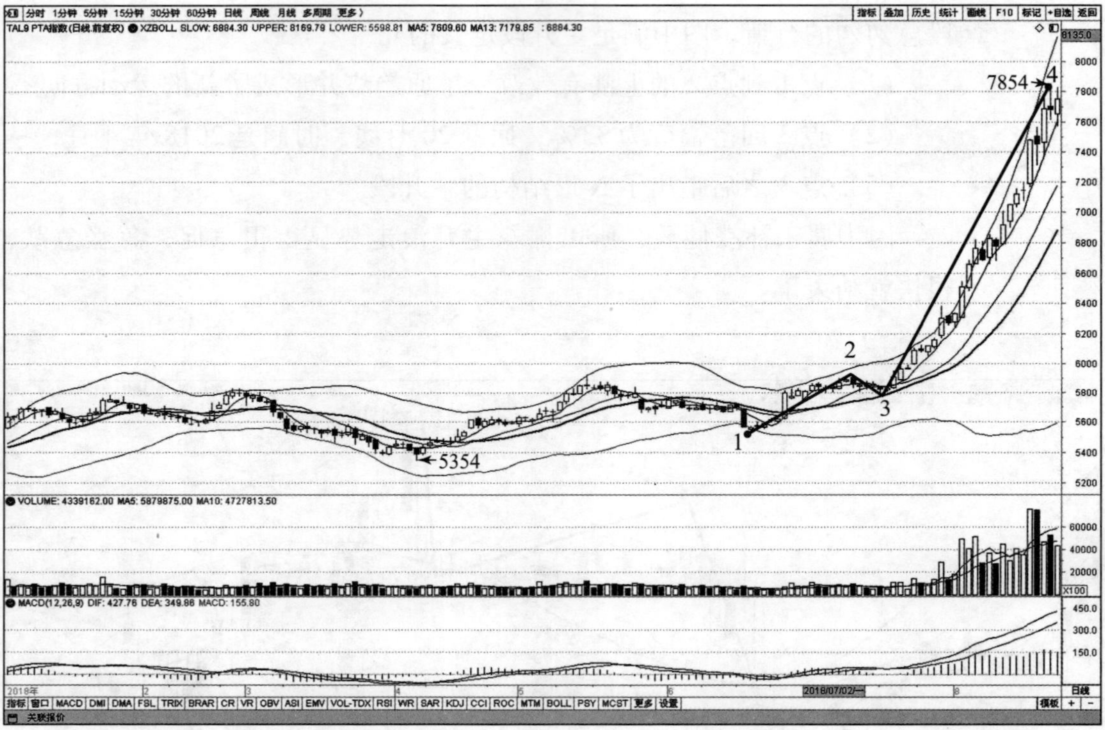

图 3-24　PTA 日线图

图 3-25 是黄金月线图。图中满足主升段定义的几个要素：

（1）点 1 到点 2 的上涨有效改变了原趋势并形成了新的运动方向；

（2）点 3 回落幅度为 50%，回踩 20 月线，时间是 2019 年 4 月；

（3）点 3 之后走出了 N 形结构的主升段。

这一波黄金行情有各种消息、政策、甚至国际局势的影响，但它还是符合 N 形结构特性的。

图 3-26 是白银日线图，白银的行情在时间上比黄金滞后了三个月。图中满足主升段定义的几个要素：

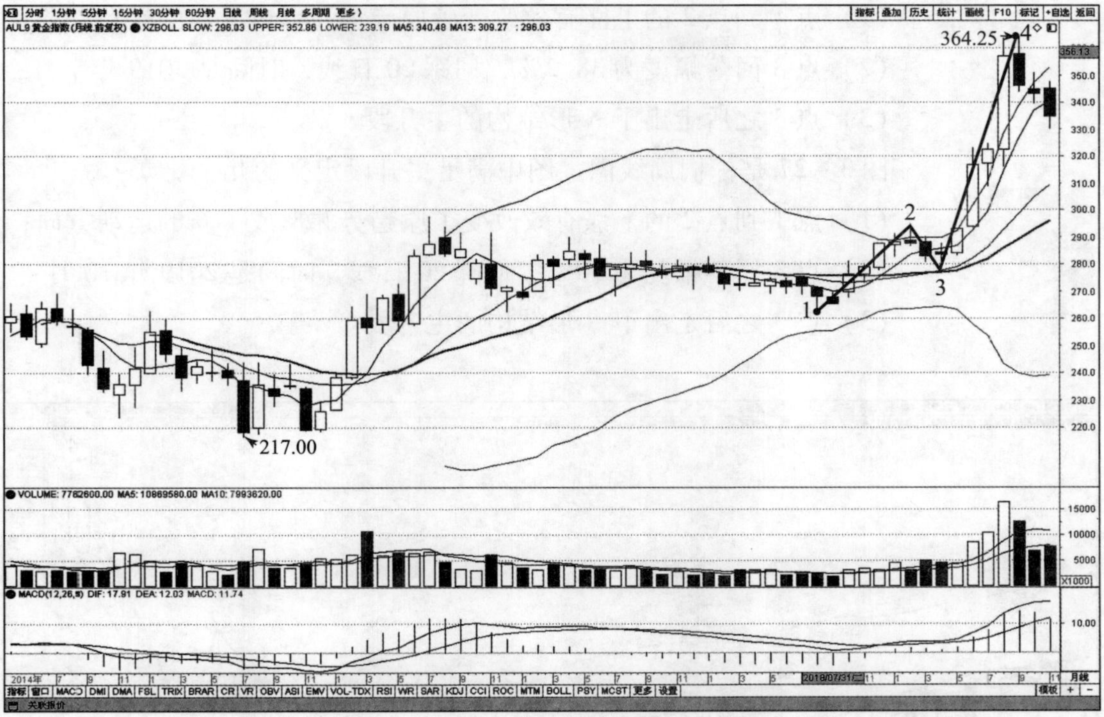

图 3－25　黄金月线图

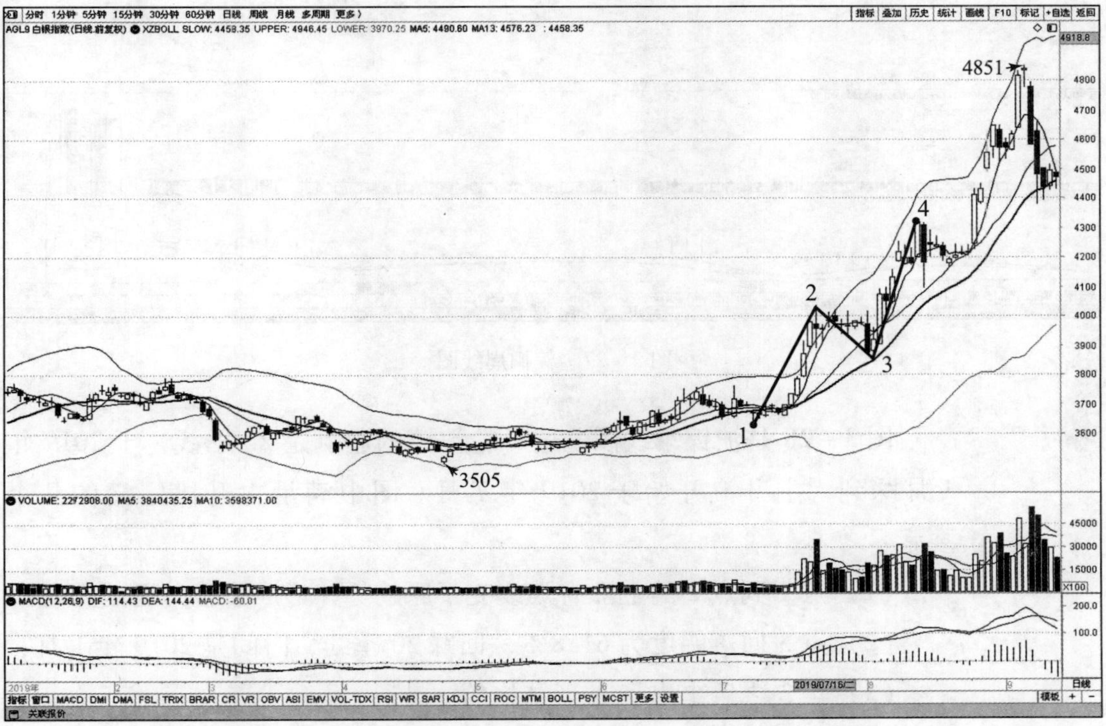

图 3－26　白银日线图

（1）点 1 到点 2 的上涨有效改变了原趋势并形成了新的运动方向；

（2）点 3 回落幅度为 38.2%，回踩 20 日线，时间是 2019 年 7 月；

（3）点 3 之后走出了 N 形结构的主升段。

图 3－27 是棕榈周线图。图中满足主升段定义的几个要素：

（1）点 1 到点 2 的上涨有效改变了原趋势并形成了新的运动方向；

（2）点 3 回落幅度为 50%，回踩 20 日线，时间是 2019 年 10 月；

（3）点 3 之后走出了 N 形结构的主升段。

图 3－27　棕榈周线图

图 3－28 是沪镍季线图。这一轮沪镍的起点是 20 季线，于 2019 年 1 月踩到，主升浪开始于 2019 年 7 月。图中满足主升段定义的几个要素：

（1）点 1 到点 2 的上涨有效改变了原趋势并形成了新的运动方向；

（2）点 3 回落幅度为 61.8%，回踩 20 季线，时间是 2019 年 1 月；

（3）点 3 之后走出了 N 形结构的主升段。

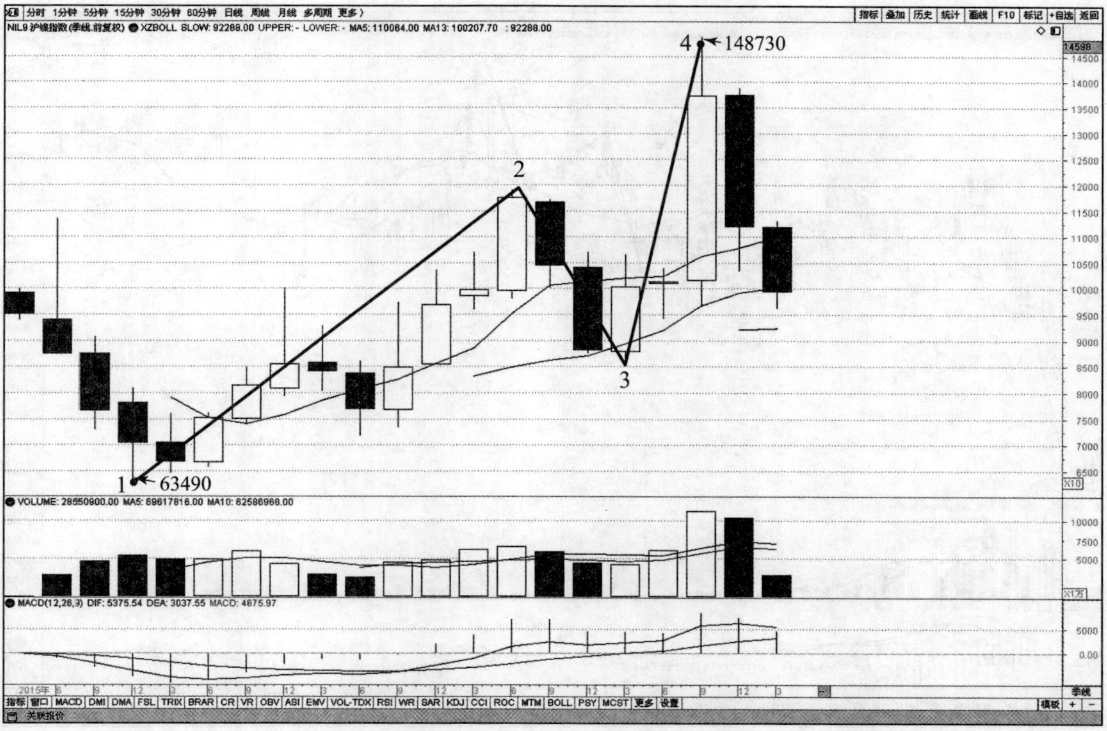

图 3－28 沪臬季线图

图 3－29 是红枣日线图。在上涨行情结束后的高位振荡期间，行情越来越少，级别越来越小，持续时间也越来越短了。图中满足主升段定义的几个要素：

（1）点 1 到点 2 的上涨有效改变了原趋势并形成了新的运动方向；

（2）点 3 回落幅度为 50%，回踩 20 日线，时间是 2019 年 9 月；

（3）点 3 之后走出了 N 形结构的主升段。

以上列举了 2016—2019 年四年间部分商品期货的主升段 N 形结构，从中可以总结出以下结论：

（1）级别越大，行情越大，持续时间越长；

（2）大级别的行情可以在小级别上找到对应的启动点；

（3）行情的运行是有节奏的，一段流畅的趋势过后，就是一段趋势不明朗的波动。

图 3－29　红枣日线图

本 章 小 结

（1）结构决定事物的性质；

（2）N 形结构是市场走势的根本结构；

（3）N 形结构内部的数量关系可以预判市场走势的性质；

（4）主升段是满足强趋势条件的 N 形结构。

第四章 级别论

级别原意指等级的差别，这里指的是和结构紧密联系的一个概念，专指观察事物的尺度。

每扩大一个级别，事物间的区别就减少一个维度。虽然组成事物的基本元素是一样的，但随着级别的变化，将导致结构变化，因而功能和地位也随之改变。

第一节
级别的概念及意义

在交易图中，行情走势随时随地都处在分钟、小时、日、周、月、季、年这样的时间框架之下。在不同时间框架下，市场走势的N形结构也不一样，从而行情的性质也不一样。所以，要想界定行情的性质，就必须先界定行情的级别。

一、级别的概念

为了方便指称，我们用布林轨这个指标的上、中、下轨来界定级别，中轨就是20均线。

我们所称的级别，是指在某个时间框架下，市场行情运行的起点在布林中轨附近的行情走势，该时间框架对应的就是该级别。

市场行情由布林中轨处启动的这一动作通常叫作回踩中轨。

比如，在日线图中，起点在日线布林中轨或回踩布林中轨以后起来的走势就称为日线级别的趋势。在周线图中，起点在周线布林中轨或回踩布林中轨以后起来的走势，就称为周线级别的趋势。

级别可以分为趋势级别和振荡级别。

如果是振荡走势，行情在某时间框架下布林上下轨之间运行的就叫某级别的振荡。

目前通用的走势图的时间周期分为1分钟、3分钟、5分钟、15分钟、30分钟、60分钟、日、周、月、季、年。三段结构论的难点就在于级别论，为了减少混乱，我们有必要根据级别的定义整体性分析一下以上周期对应的级别。

（1）走势在1分钟图上回踩该级别20均线就是1分钟级别，在1分钟图中，在布林上下轨间运动就是1分钟的振荡；

（2）走势在3分钟图上回踩该级别20均线就是3分钟级别，在3分钟图中，在布林上下轨间运动就是3分钟的振荡；

（3）走势在5分钟图上回踩该级别20均线就是5分钟级别，在5分钟图中，在布林上下轨间运动就是5分钟的振荡；

（4）走势在15分钟图上回踩该级别20均线就是15分钟级别，在15分钟图中，在布林上下轨间运动就是15分钟的振荡；

（5）走势在30分钟图上回踩该级别20均线就是30分钟级别，在30分钟图中，在布林上下轨间运动就是30分钟的振荡；

（6）走势在60分钟图上回踩该级别20均线就是60分钟级别，在60分钟图中，在布林上下轨间运动就是60分钟的振荡；

（7）走势在日线图上回踩该级别20均线就是日线级别，在日线图中，在布林上下轨间运动就是日线级别的振荡；

（8）走势在周线图上回踩该级别20均线就是周线级别，在周线图中，在布林上下轨间运动就是周线级别的振荡；

（9）走势在季线图上回踩该级别20均线就是季线级别，在季线图中，在布林上下轨间运动就是季线级别的振荡；

（10）走势在年线图上回踩该级别20均线就是年线级别，在年线图中，在布林上下轨间运动就是年线级别的振荡。

下面看几个图例。

图4－1是深证成指级别走势，如图（a）（b）（c）（d）所示：

（1）图（d）箭头所指的走势回踩20周线，是周线级别的上涨；

（2）图（c）箭头所指的走势在日线布林上下轨之间运动，是日线级别的振荡；

（3）图（b）箭头所指的走势沿60分钟中轨上行，是60分钟级别的上涨；

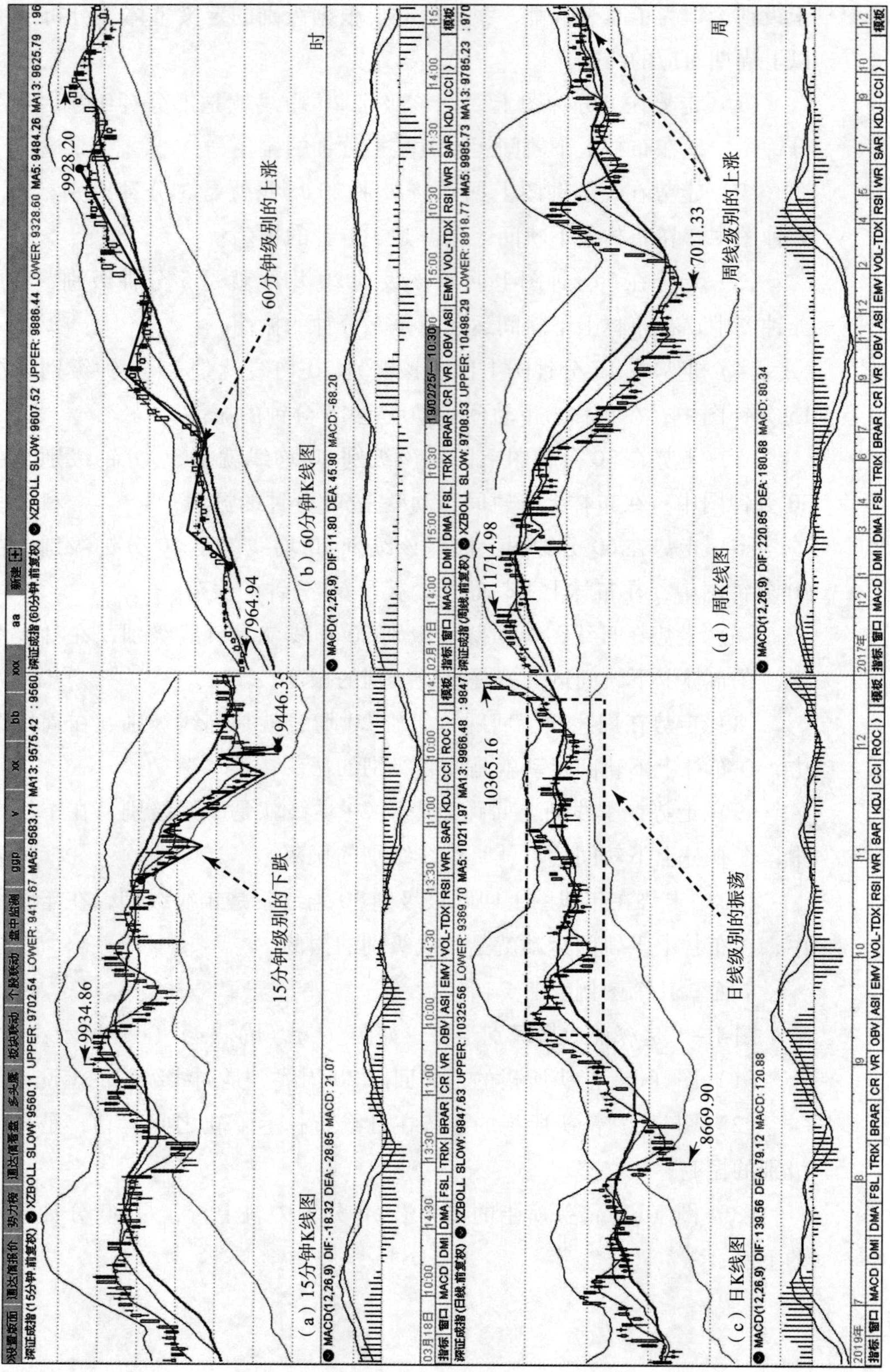

图4-1　深证成指级别示意图

（4）图（a）箭头所指的走势沿15分钟中轨下行，是15分钟级别的下跌。

不同级别市场走势的N形结构是不一样的，走势的性质也不同，这就是进行级别分解的意义。

图4-2展示的是不同周期级别的概念，如图（a）（b）（c）（d）所示：

（1）图（d）中箭头所指的下跌依托20周线进行，称为周线级别的下跌；

（2）图（c）中箭头所指是回踩到20日线后开始的上涨，称为日线级别的上涨；

（3）图（b）是60分钟图，图中箭头所指是回踩到60分钟中轨后开始的上涨，称为小时级别的上涨；

（4）图（a）是30分钟图。图中箭头所指是回踩到该时间周期20线后开始的上涨，称为30分钟级别的上涨。

图4-3展示的是不同级别的上涨和振荡，如图（a）（b）（c）所示：

（1）图（c）是周线图，价格靠近20周线后开始上涨，称为周线级别的上涨；

（2）图（b）是日线图，价格在日线图的布林上轨和下轨间运行，称为日线级别的振荡；

（3）图（a）是60分钟图，走势回踩60分钟级别的20均线，称为60分钟级别。

综合起来分析，日线级别的振荡走势就是为了等待周线级别的20周线靠上来。

通过级别分解，图（c）中周线级别的主升段可以在60分钟级别的启动处介入。

这种多级别之间的联动就是进行级别研究的意义。

我们之所以要这样定义级别，就是为了和主升段的定义一致。主升段的起点是20均线，级别定义也是20均线，这样我们就可以直接确定主升段的级别了。

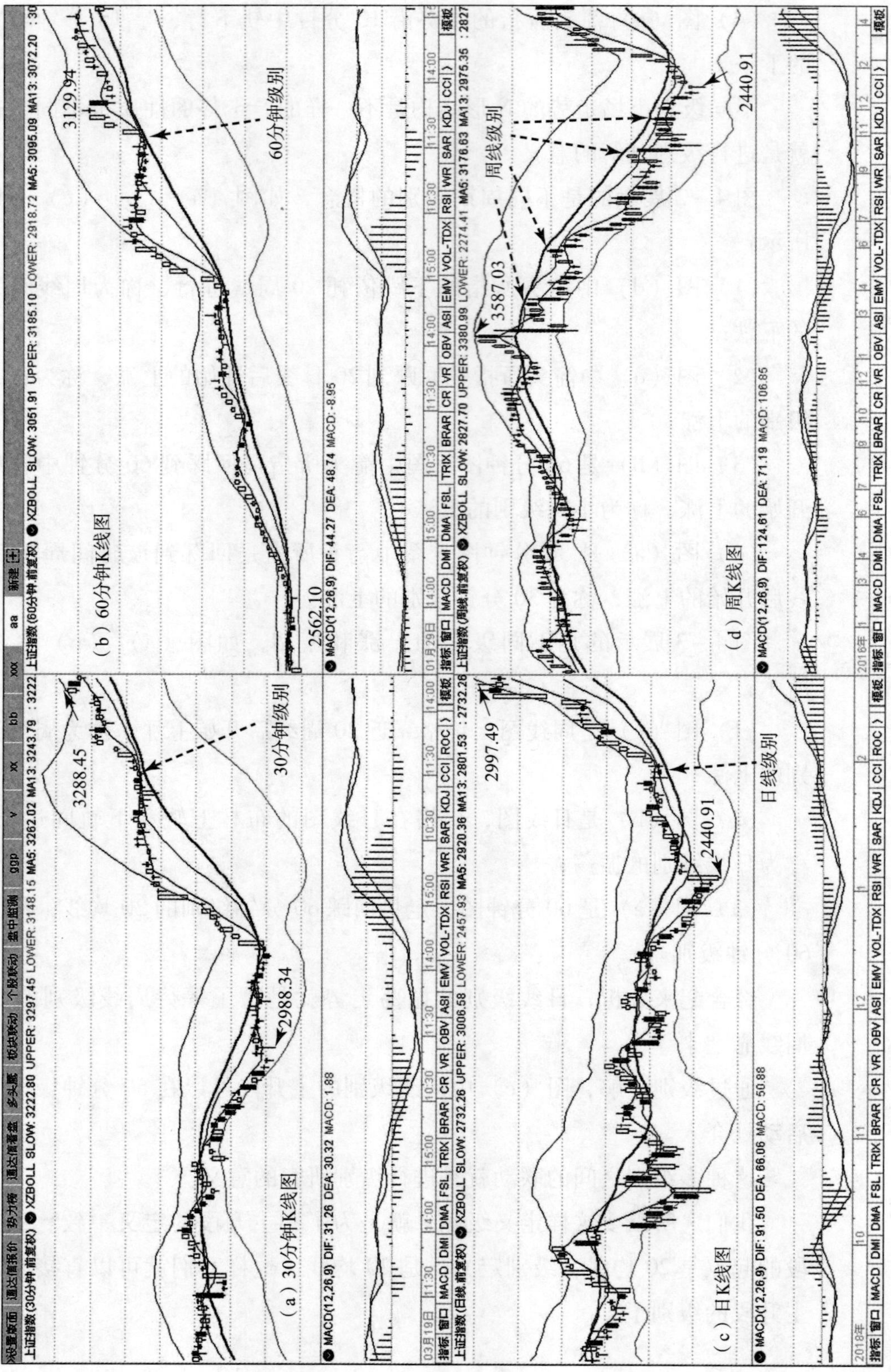
（a）30分钟K线图
2988.34
3288.45
30分钟级别
（b）60分钟K线图
2562.10
3129.94
60分钟级别
（c）日K线图
2440.91
2997.49
日线级别
（d）周K线图
3587.03
2440.91
周线级别

图4-2　级别的概念

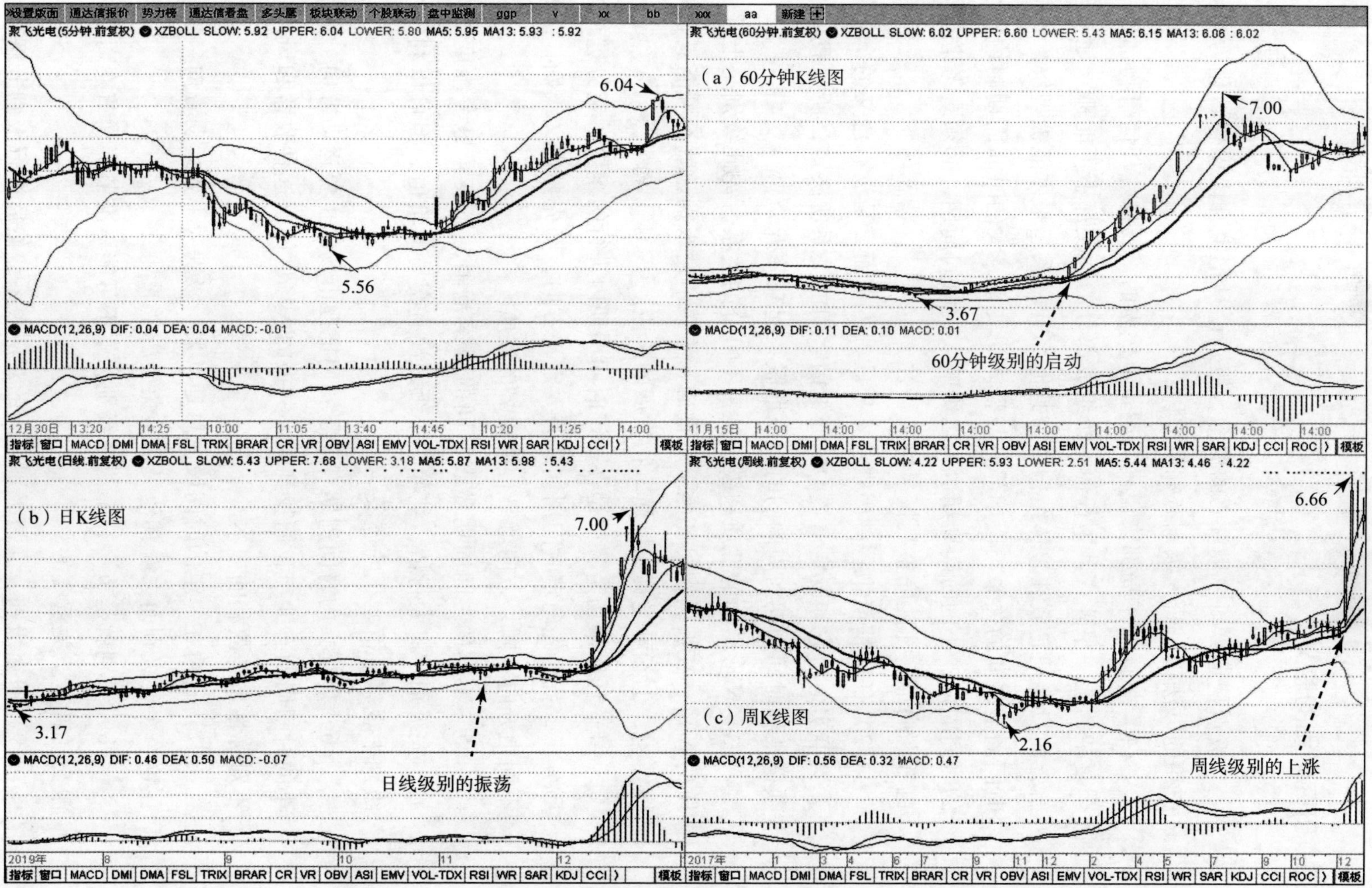

图4-3 上涨的级别和振荡的级别

二、研究级别的意义

级别是走势图中很重要的概念，级别论是把主升段思想转化为实际应用的方法论，研究级别有如下原因：

（1）整体对于局部来说具有逻辑上优先的重要性。任何事物都是一个复杂的统一整体，其中任何一个组成部分的性质都不可能孤立地被理解，而只能把它放在整体结构中与其他部分联系起来才能被理解。不同时间周期之间的关系类似于部分与整体的关系，大的时间周期制约着小的时间周期，小的时间周期也可以影响大的时间周期，必须既考虑整体也考虑局部，才能完整把握事物的特性。

（2）任何情境中一种因素的本质就其本身而言是没有意义的，它的意义事实上由它和既定情境中的其他因素间的关系所决定，所以我们必须把某种时间周期与周围的时间周期联系起来分析。

（3）N 形结构的性质和级别是密不可分的关系，在此级别是上涨性质的 N 形，在彼级别可能是下跌性质，不搞清楚级别，就不可能真正搞懂结构，也不可能真正搞懂事物发展的阶段。

（4）任何市场走势都是在一定时间周期内进行的，要对走势进行性质分析，就要先确定时间周期。若要定义方向，则先要定义级别，级别不同则方向不同，方向就是行情走势的性质。

（5）不同的时间周期代表不同的观察范围，代表着思考维度的差异。大级别才有大行情，纯粹的小级别没有交易的价值，但可以利用小级别来观察行情变化的迹象。

（6）研究大的时间周期有助于我们把握市场的主要运动方向，研究小的时间周期有助于我们找到大小共振的入场区间。这种收益和风险的不对称性才是盈利的根本。

（7）行情在一定的时间段内总是以某一级别为主要运动方向，抓不住这个主要级别而去看其他级别难免会产生混乱。

（8）级别就是节奏，不清楚级别，就不可能踩准节奏。节奏对技术派交易者是至关重要的。

（9）研究级别，弄清级别之间的对应关系，然后进行级别分解，才有可能在大级别走势中发现小级别的买点。

（10）“合抱之木，生于毫末，九层之台，起于垒土。”这是说大事物是由小事物发展而来；“不谋全局者，不足以谋一隅；不谋万世者，不足以谋一时。”这是说大局对细节起着制约作用。在行情走势中，大级别与小级别也同时存在，既有小级别推动大级别方向改变的情况，也有小级别走势受大级别制约的情况，若想搞清楚方向可能会在哪里发生变化，就必须对大小级别之间的关系深入了解。

下面再看两个图例加深一下对上述内容的理解。

图4－4是上证指数多周期图，我们先来解读图中蕴含的信息，如图所示：

（1）年线图（d）和季线图（c）中的点1、点2、点3是一一对应的，在季线图中看不出行情为什么会在三个点处启动，但在年线图中则可以清晰地看到三个点都是回踩到了20年线后才开始了以年为时间单位的行情。

（2）季线图中的点4与月线图中的点4是同一个位置。月线图（b）中点4对应的是2016年进入熔断机制时的暴跌，不知为何就止跌了，但从季线图中则可以看到，行情回踩到了20季线止住了下跌，开始了一轮弱反弹。

（3）月线图中点5与周线图中点5是同一位置。周线图（a）中点5处涨得正好，刚创新高，为何就突然暴跌？从月线图中分析可知，该处到了前方密集区和月线布林上轨。

多级别联动可以让我们对行情有整体视角：第一，多级别联动才能发现点1、点2、点3回踩20年线的机会，也才能发现点4处的支撑和点5处的压力。第二，多级别联动让我们有可能在更小的级别参与到大行情中去。

图4－5展示的是跨级别的优势，如图所示：

（1）日线图（c）、周线图（b）、月线图（a）三图中点1、点2是一一对应的，是同一位置；

（2）由左上方周线图中可知，点1到点2的下跌是周线级别的下跌，每一次反弹都是到了20周线即告结束；

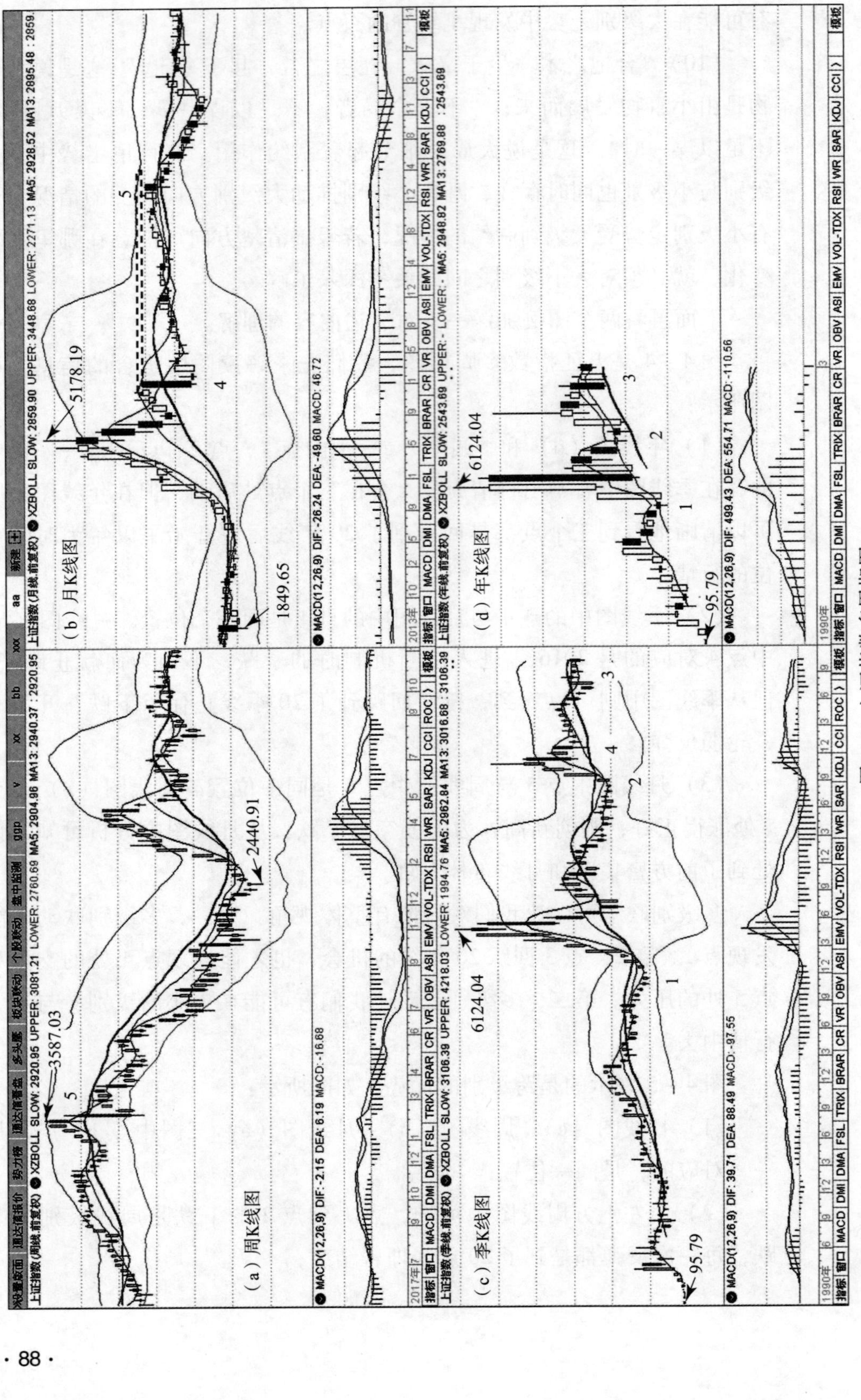

图4-4　上证指数多周期图

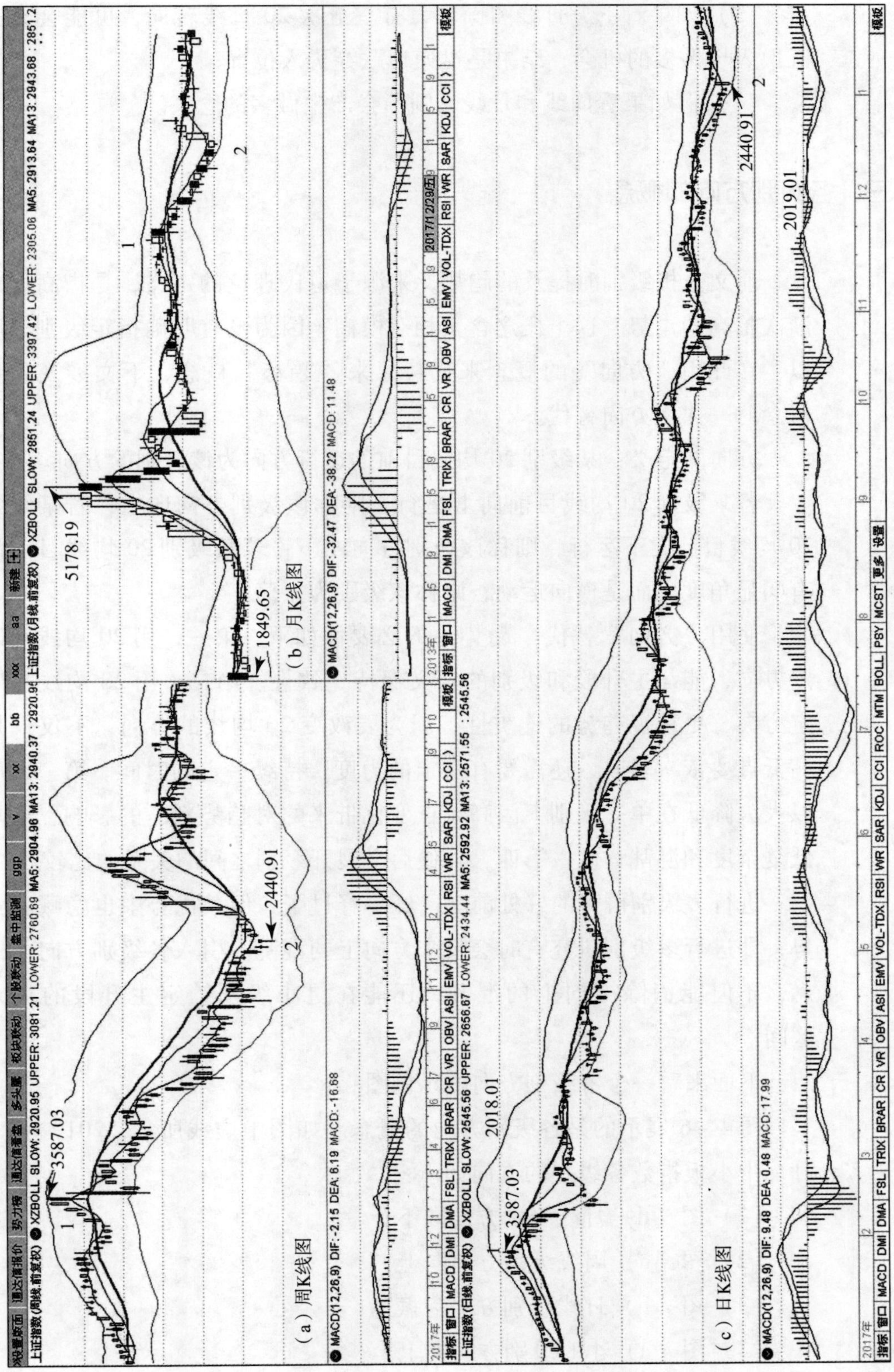
（a）周K线图
3587.03
2440.91
1
2
（b）月K线图
5178.19
1849.65
1
2
（c）日K线图
2018.01
3587.03
2019.01
2440.91
2

图4-5 跨级别的优势

（3）如果看下方日线图操作，有三五次 20 日线转向，可能会有三五次入场做多的机会，结果是迅速地跌穿买入位置；

（4）但如果看周线和月线，则不会产生做多的念头。

三、各级别方向的概念

前文分析级别时提及的趋势，来源于道氏理论的定义，是指高低点渐次抬高的走势。这个概念含义相对模糊，因为没有明确指定级别，所以，在此用“方向”的概念来代替原来“趋势”概念，下文涉及趋势概念时一律用方向替代。

方向的定义：某级别 20 均线目前的运行方向为该级别的方向。

若某级别 20 均线目前向上运行，则称该级别方向向上；若某级别 20 均线目前向下运行，则称该级别方向向下；若某级别 20 均线目前没有明显角度，而是横向运动，则称该级别为振荡。

使用“方向”替代“趋势”的必要性如下：第一，用 20 均线来确定方向，能与主升段和级别的定义保持一致性。第二，用 20 均线来确定方向，更重视趋势的连贯性，因为要改变 20 均线的方向，不仅仅是高低点要依次转向，还需要有一定的力度，持续一定的时间。第三，可以大大降低在单一级别上因高低点变化带来的对趋势判断的影响，即降低复杂度和混乱程度。第四，方便后文展开级别之间的关系的比较。

进行多级别研究的好处前文已经解释过了，但其优势中也隐藏着劣势，即进行多级别研究有时会带来方向上的混乱。引入各级别方向的概念，不但能消除方向上的混乱，还能在更小级别锁定主升段的买入区间。

下面来看一个各级别方向的示例图。

图 4 -6 展示的是各级别方向的概念。如图中虚线所示，2019 年 12 月，中小板指数各级别的方向如下：

（1）图（d）月线级别方向向下；

（2）图（c）周线级别方向向上；

（3）图（b）日线级别方向为振荡；

（4）图（a）小时级别方向向上。

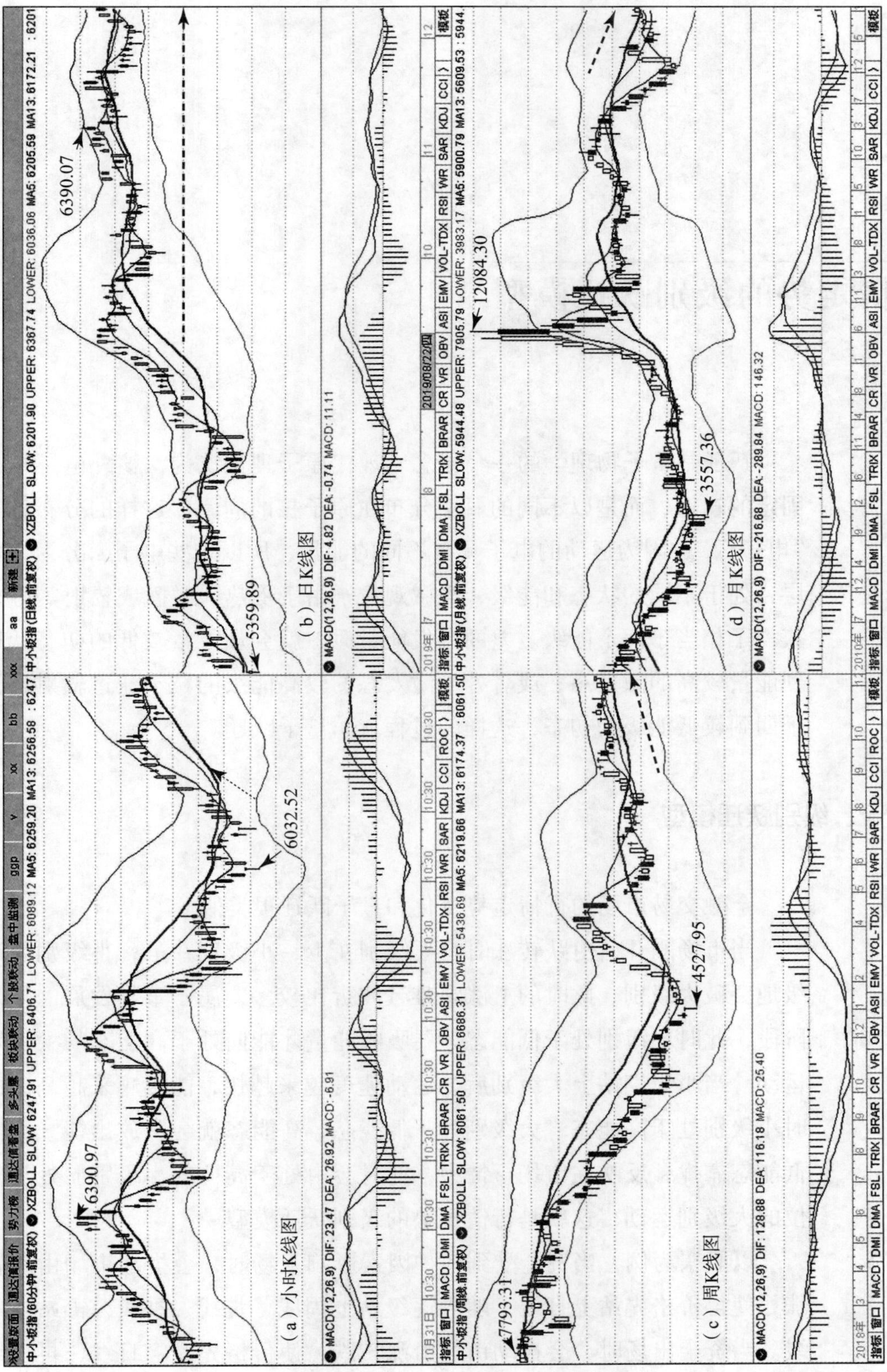
（a）小时K线图
6390.97
6032.52
（b）日K线图
5359.89
6390.07
（c）周K线图
7793.31
4527.95
（d）月K线图
12084.30
3557.36

图4-6 方向的概念

第二节
行情走势的级别跃迁模型

跃迁是量子物理学的一个概念。现代原子理论认为，核外电子没有固定的轨道，而是以不同的概率分布在原子核的周围。这样的分布称为“电子云”，因为运动的电子具有不同的能量，所以这些电子云分为许多层，处于不同的状态和能级，当微观粒子由于受热、碰撞或辐射等方式获得了相当于两个能级之差的激发能量时，就会从能量较低的初态跃迁到能量较高的激发态；或者处于激发态的较高能级的粒子通过辐射出光子回到较低能级的初态，这样的过程就叫量子跃迁。

一、级别跃迁模型

金融交易市场的行情走势变化和量子跃迁很类似。

当市场刚开始由跌转涨时，大级别在上，小级别在下，小级别要逐级地突破大级别，此时的上涨艰难且波折比较多，属于事物发展的早期阶段，此时小级别处于低能态，要吸收能量才能向处于高能态的大级别运动。当小级别站上大级别后，运动速度越来越快，能级越来越高，此时小级别处于高能态，大级别处于低能态，高能态就会释放出能量，向低能态靠拢，反映在市场行情中，此时会由处于高位的小级别向处于低位的大级别运动，这就是行情走势的级别跃迁模型。

以股票为例，当资金受到各种因素影响入场时，会推动市场由跌转涨，使得价格先站上日线，随后逐级站上周线、月线、季线，再站上年线。当资金出场时，会推动市场由涨转跌，使价格先跌穿日线，再逐级跌穿周线、月线、季线，再跌穿年线。价格就是根据资金的推动力量在这些级别之间来回往复地运动，这个过程也可以称为价格运动的循环论。

二、向上的跃迁和向下的跃迁

向上的跃迁是指行情走势由下跌转变为上涨的过程。向下的跃迁是指行情走势由上涨转变为下跌的过程。

下面看几个图例。

图 4－7 展示的是上证指数 2005 年向上跃迁图，如图所示：

（1）2005 年见到 998.23 点后，市场反弹至点 1 处两次受 60 日均线压制；

（2）市场回落未创新低，反弹直接穿越多条短期均线，直至穿越并回踩点 2 处 120 日均线时，致使 60 日以下均线向上发散；

（3）市场再次向上，到点 3 时受到 250 日均线压制而回落。

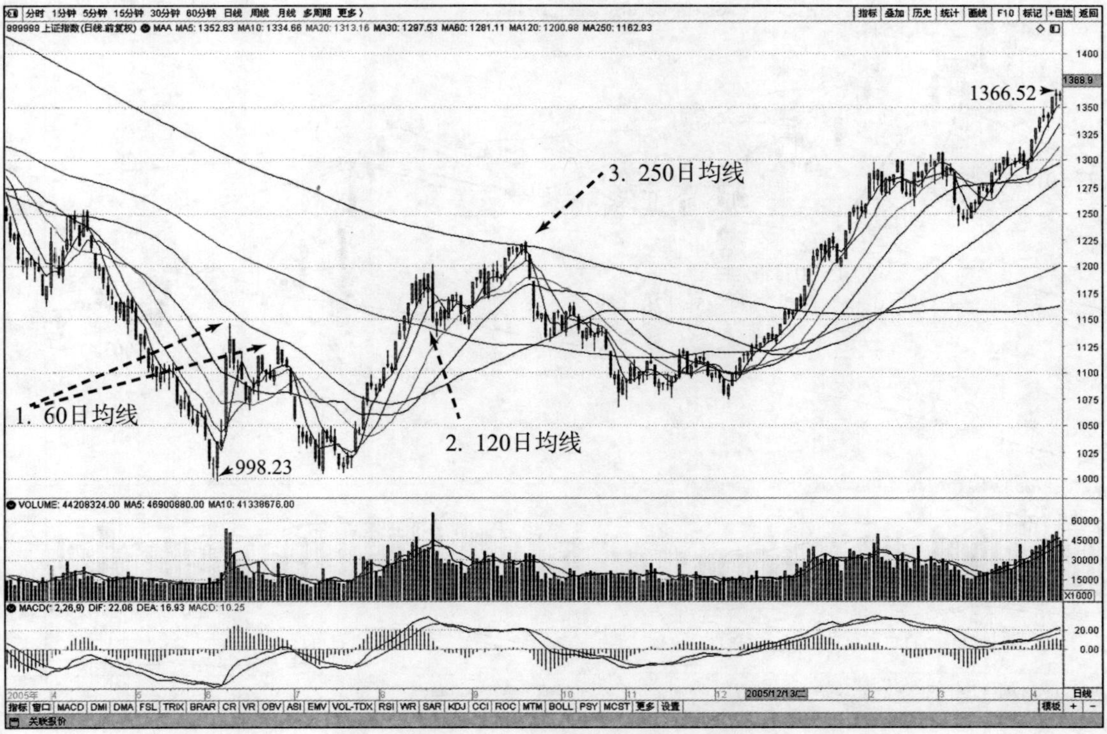

图 4－7　上证指数 2005 年向上跃迁图

总结：市场先向较小级别60日均线跃迁，整固后向120日均线跃迁，整固后再向250日均线跃迁，再次整固后一举穿越多条均线，市场结束熊市，踏上“牛途”。

不断跃迁的过程就是反弹力度越来越强的过程，即由潜伏阶段向萌芽阶段迈进的过程。

图4－8是上证指数2007年向下跃迁图，如图所示：

（1）2007年见到6124点后，回落到点1处5日线反弹；

（2）再度回落到点2处10日线反弹；

（3）再下跌到点3处20日线反弹了两天；

（4）再下跌到点4处30日线强力反弹；

（5）快速大幅下跌，直至点5处120日线止跌反弹了月余；

（6）一段时间的弱势反弹结束后，再度暴跌至点6处250日线；

（7）在年线附近横盘振荡数日后，再次跌穿年线，短、中、长均线系统向下发散，市场开始进入熊市。

图4－7和图4－8完整地展示了2005年至2007年市场由熊转牛、

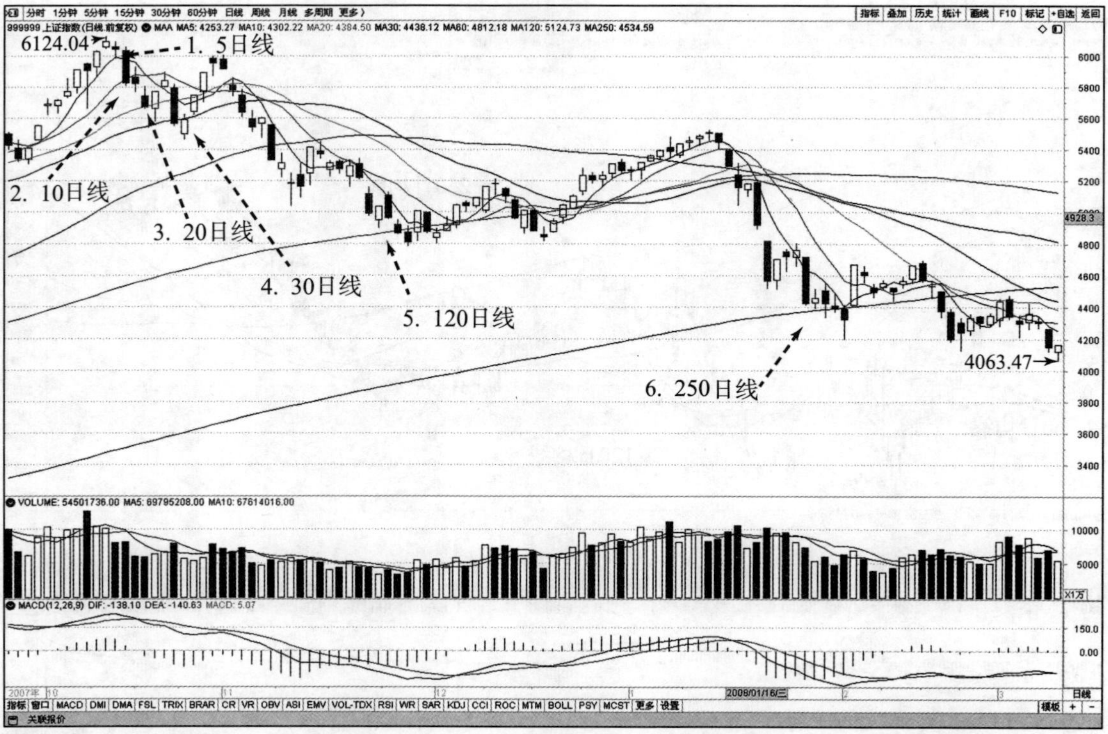

图4－8　上证指数2007年向下跃迁图

再由牛转熊的演变过程，它们的演变遵循级别跃迁原理。

在2019年1月的快速反弹行情和4月的回落中，同样也可以看到级别跃迁现象。

图4-9是上证指数2019年1月的向上跃迁图，如图所示：

（1）市场在2019年1月回落到20年线时，开始了向上的跃迁；

（2）点1处反弹到10日线受阻回落再创新低；

（3）点2处反弹到30日线稍微回踩10日线；

（4）点3处反弹到120日线后回踩20日线；

（5）之后再度上涨，中、短期均线皆已向上发散，市场展开一轮涨势。

图4-9 上证指数2019年1月向上跃迁图

图4-10是上证指数2019年4月向下跃迁图，如图所示：

（1）上证指数2019年4月反弹到前方密集区后，开始了向下的跃迁；

（2）点1回落到10日线后反弹；

（3）点2回落到20日线后反弹；

（4）点3回落到120日线后反弹；

（5）点4回落到250日线后反弹。

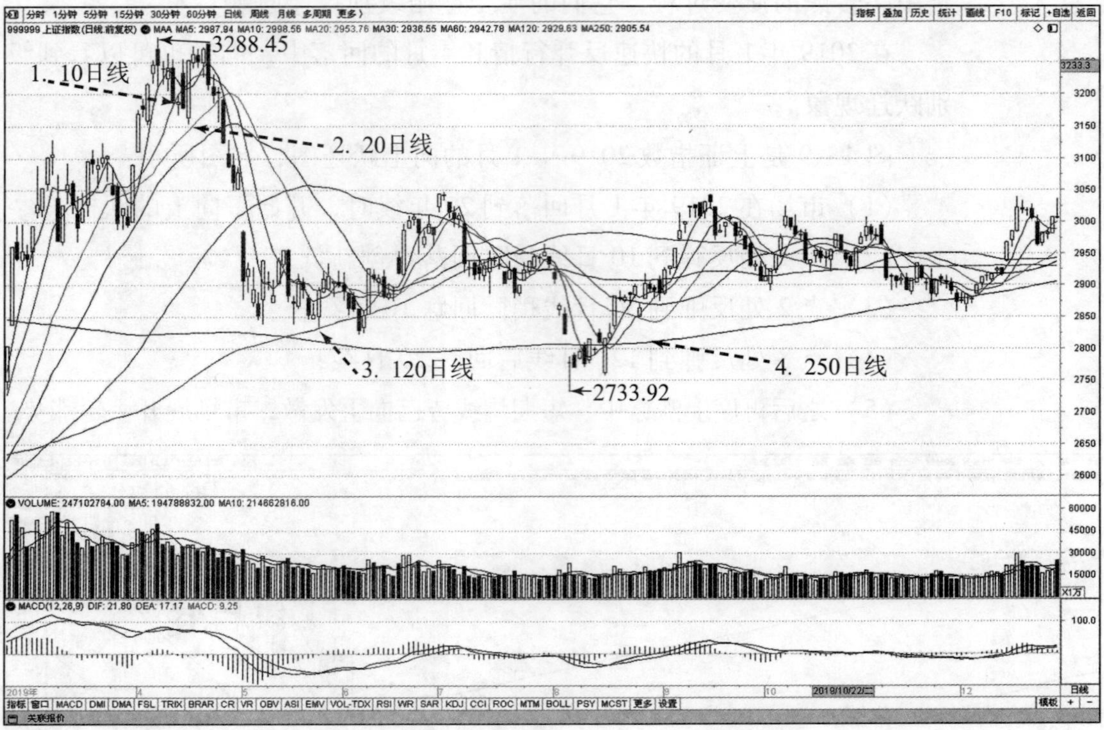

图 4－10　上证指数 2019 年 4 月向下跃迁图

三、渐变和突变

跃迁过程若逐级别穿越，则称为渐变。跃迁过程若跨级别穿越，就称为突变。

图 4－11 是渐变跃迁图，如图所示：

（1）反弹至点 1 处受 20 日线压制；

（2）反弹至点 2 处受 60 日线压制；

（3）反弹至点 3 处受 120 日线压制；

（4）反弹至点 4 处受 250 日线压制。

图 4－12 是突变跃迁图，如图所示：

（1）点 1 处渐次穿越 10 日、20 日、30 日、60 日均线，为渐变；

（2）点 2 处渐次回落至 60 日和 120 日线，为渐变；

（3）点 3 到点 4 一次向上穿越多根均线，为突变；

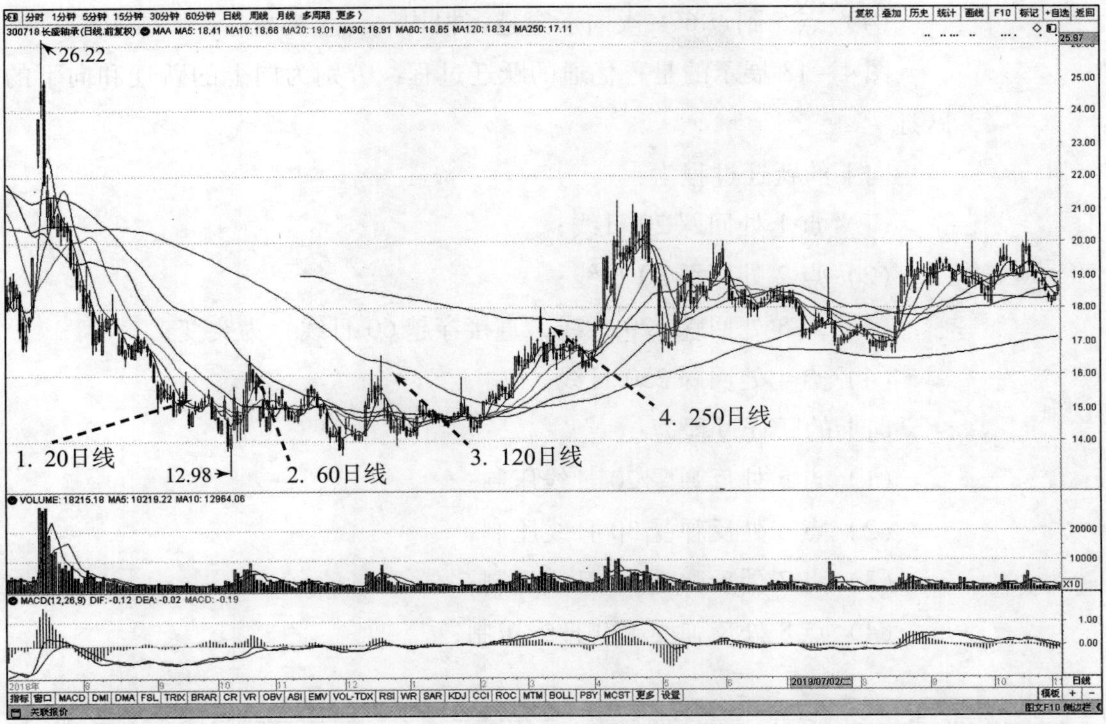

图 4 - 11　渐变跃迁图

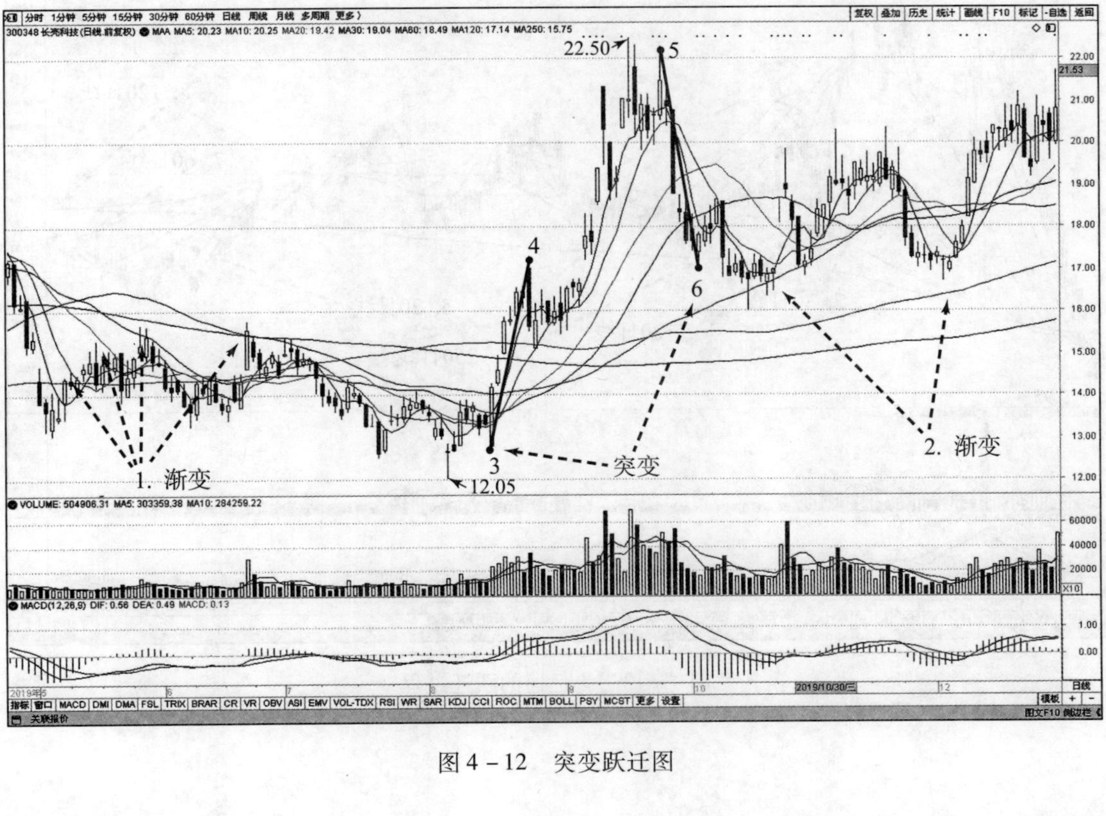

图 4 - 12　突变跃迁图

（4）点 5 到点 6 一次向下穿越多根均线，为突变。

图 4－13 展示的是鲁亿通的跃迁过程，分别为向上的跃迁和向下的跃迁。

向下的跃迁过程为：

（1）点 1 处回踩 20 日线；

（2）点 2 处回踩 30 日线；

（3）点 3 处回踩 120 日线，直接穿越 60 日线，为突变；

（4）点 4 处回踩 250 日线。

向上的跃迁过程为：

（1）点 5 处反弹受 20 日线压制；

（2）点 6 处反弹受 30 日线压制；

（3）点 7 处反弹受 60 日线压制；

（4）点 8 处反弹受 120 日线压制；

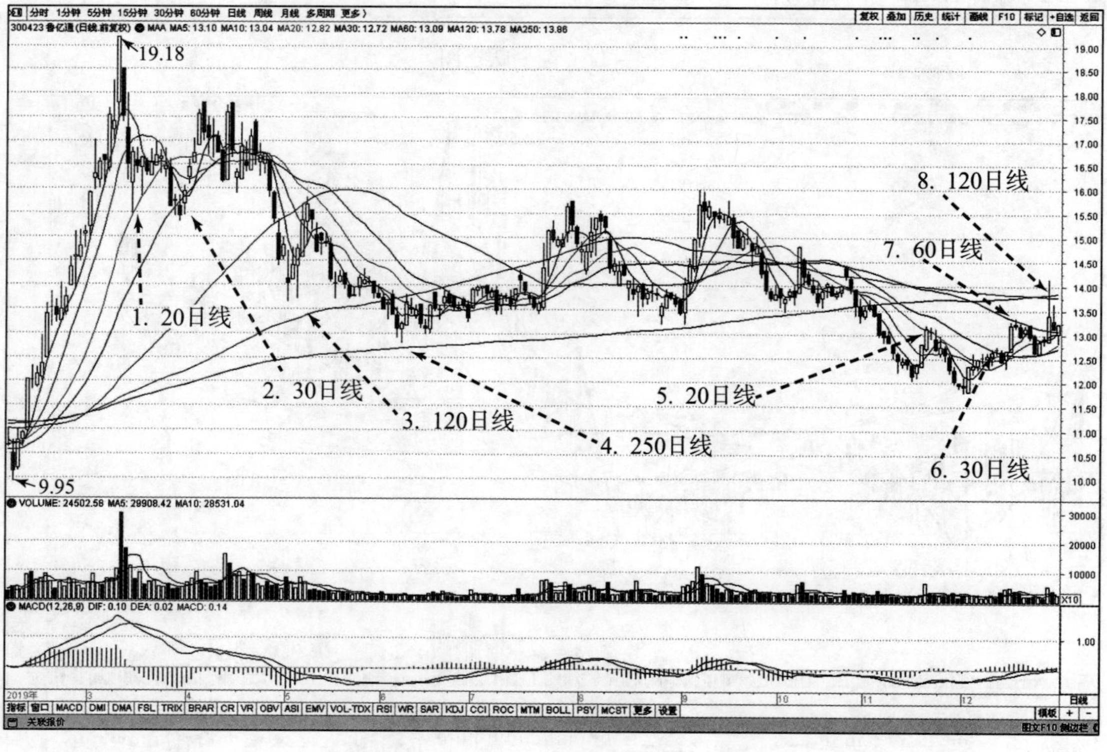

图 4－13　鲁亿通的跃迁过程

四、级别跃迁、三段论与牛熊交替

级别的跃迁与三段论的几个发展阶段是一一对应的。

在潜伏阶段，日、周、月中轨的方向都是向下的，月线在上，周线次之，日线在下，这是典型的熊市特征。随着日线止跌，向上反弹，带动日线中轨由下行转为走平，市场继续上行就会导致日线中轨向上，在碰到周线压力后转头回踩日线中轨（这时级别是日线），若能踩稳再向上运行，这时就进入萌芽阶段。

由萌芽阶段开始，继续向上会突破周线中轨，导致周线中轨走平，再向上运行去找月线中轨，受压后回踩已向上的周线中轨（这时级别是周线），若能踩稳再度向上，此时就进入发生阶段。

由发生阶段开始，再向上就会突破月线中轨，上面是熊市重压区，无数人被套牢在上方，若市场回踩能站稳月线中轨（这时级别是月线）并向熊市最后的堡垒发起总攻，这时就进入发展阶段。

由发展阶段开始，这时日、周、月线中轨都已经转头向上运行，市场具备了牛市特征，做好了上涨的准备。回踩月线向上发动总攻如果成功，市场就会进入主升段，所以回踩月线是入市的最佳的、也是最后的机会，此时必须入市。

在市场向上运行的过程中，被小级别推动转向的级别越来越大，市场在重压区会有各种振荡，振荡的过程就是增加换手、消化压力、切换级别的过程。如果突破重压，市场就进入成熟阶段。

在成熟阶段，日、周、月线都是强势向上，角度陡峭。随着市场继续向上运行，级别就会逐渐减小。越过重压、进入此阶段后，市场几乎没有套牢盘，只有获利盘的回吐。随着市场越来越热，资金纷纷入市，回吐的幅度越来越小，回撤的级别也越来越小。发展段回踩月线起来后，在重压区的振荡可能回踩到周线中轨就结束了，向上创新高后，获利盘回吐，然后市场回撤找日线中轨，再向上创新高，回落到 10 日线（2 小时中轨）止跌，再上行创出新高；回落到 5 日线（60 分钟中轨）止跌，再上行创出新高；回到 3 日线（30 分钟中轨）又上去了。特别是沿 3 日线上行的，每天都是大涨，不涨或涨得少都不足以维持 3 日线的强势，这就是加速主升段的特点。

然而这种加速模式不可持续，而后必将结束，开始变化。狂热之后，人们会发现赚钱变得不再容易了，于是人气降温，市场也开始回落，就进入了衰退阶段。

衰退之后，级别又开始逐渐变大。如果回踩日线中轨，向上无力，再向下跌穿日线中轨导致日线中轨转头向下，就可能去找周线中轨；周线中轨向上无力，再向下跌穿周线导致周线向下，再去找月线中轨。这就是减速走势，在市场向下跃迁的过程中，被小级别推动转向的级别越来越大，这样就会逐级走弱，如果月线中轨也转头向下了，就会形成熊市。

以上描述的是市场级别跃迁的过程、三段论各阶段与市场牛熊交替的对应关系。

这里给出了一个简略的多空标准：日、周、月中轨都向上为多头市，日、周、月中轨都向下为空头市。

在这个过程中，若级别逐渐减小，市场就处于加速状态；若级别逐渐扩大，市场就处于减速状态。

市场当然不会如此规矩，按照这样的节奏一步一个脚印地走，但是，特殊性是寓于普遍性之中的，不做这样的研究，我们连正常的走势都搞不明白，又怎么可能搞清楚特殊的走势？

其实，市场的特殊性毕竟有限，通常不会按部就班一级一级地渐变，而是不时地出现突变，这就是跨级别切换。

市场走势背后体现的都是人性，人一乐观就会狂热，一悲观就会恐惧，跨级别切换就是这种情绪的反应。

清楚了一般规律，我们就有可能把握特殊走势，不管如何切换级别，总是要从某一级别开始一段新的走势，这是由结构论决定的，也是我们能看得懂的。

价格跃迁模型是真实而普遍的存在，掌握它不但有助于理解级别，更有助于理解价格走势的变化路径。

价格跃迁模型存在的理论基础是历史会重演，价格先在一个区间振荡，处于收敛状态，然后总会一级一级跃迁，形成发散，然后再反向跃迁，收敛于一个区间，形成振荡，若收敛发散间有一个过渡阶段，就是渐变；没有明显过渡，就是突变。

价格走势的收敛和发散不断循环，没有尽头。

市场处于区间振荡时没有明显的级别跃迁现象，当市场试图离开区间时就会出现明显的级别转换。这时，或者是趋势将要开始，或者是趋势将要结束，不管开始或是结束，都是技术分析者要着重跟踪的。趋势的开始或许就是我们要把握的主升段，趋势的结束或许就是主升段的结束。

三段论分析阶段，结构论识别结构，级别论锁定买卖点；锁定买卖点要先认识级别间的关系。

第三节 级别之间的相互关系

研究级别之间的相互关系是为了解释行情走势的变化，以便进一步把握行情。

一、级别之间相互关系的逻辑

级别的精要在于弄清各级别之间的相互关系。只有清楚了级别之间的相互关系，才有机会预见行情可能的变化。

目前通用的图的时间周期为1分钟、3分钟、5分钟、15分钟、30分钟、60分钟、日、周、月、季、年，它们之间通常是3倍、4倍、5倍的倍数关系，如一年四季，一季三月，一月四周，一周五个交易日。3、4、5刚好是数论始祖毕达哥拉斯定理（勾股定理）中的数字。级别论的难点就在于级别之间的相互关系，只有积累了丰富的市场经验才能理解。我们剔除3分钟和30分钟两个时间框架，因为它们和前后时间周期的比值过小，3分钟可以和5分钟互换，30分钟可以和15分钟互换，以做多（上涨）为例，按主升段的定义，我们要找的是某一个级别针对其20均线的回踩，这样一个回踩动作按其N形结构的强弱有三种模式。

一是缓涨型回踩。这是最强的一种回踩，在这种回踩中，价格还在不断地创出新高，仅仅是减缓上涨速度，修复过高的技术指标，借以让20均线靠上来。

二是横盘型回踩。在这种回踩中，价格横向运动，并不有效回落，只是消耗时间让 20 均线靠上来。

三是回落型回踩。在这种回踩中，价格有一定幅度的回落，主动去找 20 均线。

我们分析级别间的关系以回落型回踩为例，并不影响对级别之间关系的理解，它们之间的区别只在于回落型回踩中小级别方向是向下的，缓涨型回踩中小级别方向是稍微向上的，横盘型回踩中小级别方向是横向的。

因为是回踩，所以比它小一级别（以后称子级别或次级别）的方向一定是与之相逆的，如果我们在子级别就买入，其实是逆势的，至少是逆着当下走势的。根据跃迁模型，这一个子级别可以发生突变，直接跃迁到更大级别，有可能直接改变本级别的方向，这就从想抄底变成真正的逆势交易了。逆势交易没有概率优势，所以我们不能在子级别没有止跌时就急于买入。

如果我们等到子级别也转变为与本级别方向相同时再买入，这样方向倒是统一了，但因这时市场已经有相当涨幅，可能会失去盈亏比方面的优势。

所以要找与本级别方向相同的买点，就只能在更小一级别（以后称孙级别，也称对应买点级别或对应级别）来找。子级别止跌的必要条件是孙级别转向，如果孙级别以下的级别都还没转向，则回踩肯定还没有到位，只有孙级别出现上涨 N 形的组合，做出底部形态，孙级别的方向扭转之后，才有可能回踩到位而出现买点。请注意，这里的“方向”按照定义是指该孙级别 20 均线的方向。

此时的级别之间相互关系逻辑是：本级别方向是向上的，子级别方向是向下的，孙级别方向是向上的。孙级别的结构出现了传统的底部形态，导致其 20 均线向上转向，而且至少出现了上涨 N 形结构。这个孙级别的 N 形结构所构建的底部区间就是买入区间。

我们把级别之间的这种对应关系戏称为“祖孙关系”：祖孙之间的冲突总是少于父子之间的冲突。

二、止损持盈的认知基础

如果我们在孙级别买入后它又下跌，破坏了上涨 N 形结构，那就说明，跃迁没有到位，这一次的交易计划不成立，要放弃本次交易计划。

孙级别上涨 N 形结构被破坏的位置就是止损位，一定要止损出来，而且脑袋中不能再妄想回踩到位了，否则容易再跌再试，持续逆势。

理解了以上这个级别关系，就可以在认知上解决死扛不止损的问题（别的问题导致的不止损归根结底还是认知问题），因为我们本来要做的就是本级别回踩 20 均线（根据主升段的定义同时也是本级别主升段），现在既然没有踩稳，当然要放弃本次交易计划，当然要止损出来，这个认知越清晰明了，止损越坚决。

同样的道理，假设持有盈利仓位，如果小级别都还没回落，就不用因上方有大级别压力，担心价格回落而卖出，因为同样地，价格也可能向上突变跃迁，直接穿越压力区。比如，2019 年 3 月初，市场中人人都盼望上证指数回补 2800 点的缺口，但那只是人的主观愿望，不是市场的客观走势，当时市场一直处于单边运行状态，并没有出现下跌 N 形结构。

依此推演，我们就可以找到相对准确、止损较小的买点，也可以找到回撤较小的卖点。

三、级别之间的相互关系

根据长期观察和前面论证过的逻辑，我们规定级别之间的相互关系如下：

（1）年线的子级别是季线，孙级别是月线；

（2）季线的子级别是月线，孙级别是周线；

（3）月线的子级别是周线，孙级别是日线；

（4）日线的子级别是 60 分钟线，孙级别是 15 分钟线；

（5）60 分钟线的子级别是 15 分钟线，孙级别是 5 分钟线；

（6）15 分钟线的子级别是 5 分钟线，孙级别是 1 分钟线；

（7）5 分钟线的子级别是 1 分钟线，没有孙级别。

按照级别跃迁模型，如果预期等待回踩日线级别 20 日均线的买点，那么市场目前肯定处于回撤状态，可能 60 分钟线以下各小级别方向都是向下的，如果回踩到位了，最先是 1 分钟线转头向上走，紧跟着 3 分钟线、5 分钟线逐级渐次推动向上，直到日线的孙级别 15 分钟线也转头向上时，我们认为回踩可能到位了，市场进入了买入区间。

前面说了，级别论中，级别间的关系是难点，所以我们还是不厌其烦地将各级别对应的买点级别（以上涨为例）按由大到小顺序逐一列举如下：

（1）回踩年线级别的买点要等月线出现上涨 N 形才进入买入区间；

（2）回踩季线级别的买点要等周线出现上涨 N 形才进入买入区间；

（3）回踩月线级别的买点要等日线出现上涨 N 形才进入买入区间；

（4）回踩周线级别的买点要等 60 分钟线出现上涨 N 形才进入买入区间；

（5）回踩日线级别的买点要等 15 分钟线出现上涨 N 形才进入买入区间；

（6）回踩 60 分钟线级别的买点要等 5 分钟线出现上涨 N 形才进入买入区间；

（7）回踩 15 分钟线级别的买点要等 1 分钟线出现上涨 N 形才进入买入区间。

明白了级别之间的相互关系，可以大大减少对行情的猜测和妄想，从而降低随意性。

人们常常反省自己没有耐心，但当知道如何判断什么是更好的交易机会时，就变得有耐心了。如我认识到一个一分钟级别的回撤就要花一小时，我会变得有耐心；当我认识到一个小时级别的回撤要两至三天，我会变得有耐心；当我认识到一个日线级别的回撤需要 8 天至 21 天，我变得有耐心。

因此我总结了一句话：认知清晰就有耐心，预期明确就有勇气。

我的耐心来源于对级别之间关系的认知，当然，对级别之间关系的认知不仅让我变得有耐心，对级别之间关系的推演也让我更接近胜率和盈亏比更有胜算的买入区间。

四、级别推演

级别推演是指运用级别之间的关系反复逐级递推直至最小级别，以便发现最适当的买入区间，这个过程即为级别推演。

不要忘记我们的主题：做主升段。

N形结构、级别的定义、主升段三者在逻辑上总是保持高度一致的，掌握它们就是为了更有利于做主升浪。

根据主升段的定义，我们要回踩买入，不是追涨买入，但价格走势的级别跃迁有两种模式：渐变和突变。渐变的情况下，我们是可以回踩买入的，但在突变的情况下，市场往往不会明显回踩，特别是在大级别走主升段时，小级别经常走出单边势，此时等回踩就会踏空。对大级别主升段的踏空是不可接受的，必须作变通，即必要时要追涨买入。因为越强的趋势越不太容易出现明显回踩，所以进行级别推演时渐变和突变两种情况都要考虑到才行。

同样地，进行级别推演也以回落型回踩为例进行推演，同样不影响对级别推演的理解。它们之间的区别在于缓涨型回踩推演到对应买入级别时一般需要在创新高时买入，而横盘型回踩推演到对应买入级别时一般需要在突破时买入。

下文以做多（买入开仓）为例展开论述各级别的逐级推演过程。

1. 15 分钟的级别推演

A 股不能做 T+0 交易，所以 15 分钟级别的交易一般在期货中才有。15 分钟的对应买点级别是 1 分钟，1 分钟已经是最小级别，无法再推演了，在 15 分钟级别进行回踩时，其子级别 5 分钟和对应买点级别 1 分钟的方向肯定是向下的，所以 15 分钟的买点就是在 1 分钟图上方向转为向上并出现回踩中轨时。

我们不建议做 15 分钟级别的交易，因为一般而言，盈亏比只能达到 1:1，而且 15 分钟级别的机会太多，1 分钟级别的止损又太容易被击穿，这些都必然导致频繁交易。

小级别的交易只有在一种情况下可以进行，那就是它本身是某大级别走势的一部分，这个时候胜率和赔率都有保障，所以可以做。这种操作一般在单边势踏空时使用，在单边势的情况下，如果1分钟的走势很流畅，那么它不一定会回踩中轨，这时可以在1分钟创出N形结构的新高时追涨买入。但不管如何买入，都要满足胜率和盈亏比有胜算的原则。

2. 60分钟的级别推演

60分钟级别回踩时，其子级别15分钟和对应买点级别5分钟的方向都是向下的，当5分钟方向转为向上并回踩中轨时，就是60分钟级别的买点。

此时可以对5分钟进一步地推演。当5分钟回踩时，1分钟的方向肯定是向下的，还要等到1分钟转向向上并回踩1分钟中轨时，才是买点，这样，60分钟级别的买点就可以推演到1分钟上买入了。

在突变的情况下，我们可以在1分钟强势创出N形结构的新高时追涨买入。

3. 日线级别的推演

日线回踩时，60分钟以下级别的方向都是向下的，当对应买点级别15分钟转头向上并回踩中轨时，就进入了买入区间。

进一步推演，15分钟回踩时中轨时，5分钟以下级别的方向是向下的，必须等待1分钟转头向上并回踩中轨，买点才会出现，如此，一个日线的买点我们就推演到1分钟了。

这是正常程序。在日线走单边势的情况下，15分钟回踩后，往往一个V形反转就上来了，不一定会有更小级别的回踩，这种情况下，1分钟级别的N形结构前高可能还远，等它创新高时已经没有盈亏比优势了。这时，在价格强力上穿1分钟布林上轨、1分钟级别将要走单边势时追涨买入。

4. 周线级别的推演

周线回踩时，日线以下级别方向是向下的，当对应买点级别60分钟转头向上并回踩中轨时，就进入了买入区间。

进一步推演，60分钟回踩时中轨时，15分钟以下级别的方向是向下的，必须等待5分钟转头向上并回踩中轨，买点才会出现，如此，一个周线的买点我们就推演到 5 分钟了。

在突变的情况下，在 5 分钟强力上穿布林上轨将要走单边势时，追涨买入。

在我的经验中，周线级别的主升段是最有参与价值的。

在 A 股和商品期货交易历史中，单个品种的主升段主要有周线级别和月线级别两种。周线级别的运动空间远超日线级别，甚至足以翻番，时间也比较紧凑，不像月线级别那么长。

这种时候就显示出级别推演的优势了。错过了一般行情关系不大，一是机会多，二是损失小，但大级别主升段是不允许错过的。可是主升段的定义决定了只能回踩买入，大级别主升段最容易走出单边势，追涨止损又大，盈亏比也没有优势；不追涨经常让人踏空，顿足不已，怎么办？利用级别推演可以在对应的小级别追涨，既不违背胜率赔率的大规则，也解决了交易中的困难。

5. 月线级别的推演

月线回踩时，周线以下级别方向是向下的，当对应买点级别日线转头向上并回踩中轨时，就进入了买入区间。

进一步推演，日线回踩时中轨时，60 分钟以下级别的方向是向下的，必须等待 15 分钟转头向上并回踩中轨，买点才会出现，如此，一个月线的买点我们就推演到 15 分钟了。

在突变的情况下，在 15 分钟强力上穿布林上轨将要走单边势时，追涨买入。

月线级别的主升段是必须参与的。月线级别的主升段很常见，在前文“A 股历史上的主升段”和“2016—2019 年商品期货的主升段 N 形结构”两节中，统计到的主升段基本都是周线和月线级别的。

6. 季线级别的推演

季线回踩时，月线以下级别方向是向下的，当对应买点级别周线转头向上并回踩中轨时，就进入了买入区间。

进一步推演，周线回踩时中轨时，日线以下级别的方向是向下的，必须等待 60 分钟级别转头向上并回踩中轨，买点才会出现，如此，一个季线的买点我们就推演到 60 分钟了。

在突变的情况下，在60分钟强力上穿布林上轨将要走单边势时，追涨买入。

季线级别的主升段并不常见。

7. 年线级别的推演

年线回踩时，季线以下级别方向是向下的，当对应买点级别月线转头向上并回踩中轨时，就进入了买入区间。

进一步推演，月线回踩时中轨时，周线以下级别的方向是向下的，必须等待日线级别转头向上并回踩中轨，买点才会出现；如此，一个年线的买点我们就推演到日线了。

在突变的情况下，在日线级别强力上穿布林上轨将要走单边势时，追涨买入。

年线级别的主升段多年才会出现一次。

上述各级别买入后的止损位都是最终推演级别N形结构被破坏的位置，前面已有论述。

级别推演也不能过分，推演的目的是找到有胜算的交易机会，而不是折磨自己。周、月级别的买点就没有必要推到1分钟，如果在1分钟图上找周、月级别的买点，也有可能陷入频繁交易的泥淖。

卖出平仓的情况反过来：15分钟要走坏，要等1分钟先走坏才有可能；60分钟要走坏，要等5分钟先走坏才有可能；日线要走坏，要等15分钟先走坏才有可能；周线要走坏，要等60分钟先走坏才有可能；月线要走坏，要等日线先走坏才有可能。

卖出平仓还跟预期有关，后文会专门介绍。

五、级别推演示例

对初次接触多周期联动的投资者来讲，级别推演可能比较难，但是级别推演相当重要，它是级别论的核心内容，因此我们从15分钟级别到年线级别专门给出示例，希望能对交易者有所帮助。

图4-14是春秋电子15分钟推演图。如图所示：

（1）图（a）~（c）中三个圆点是同一位置；

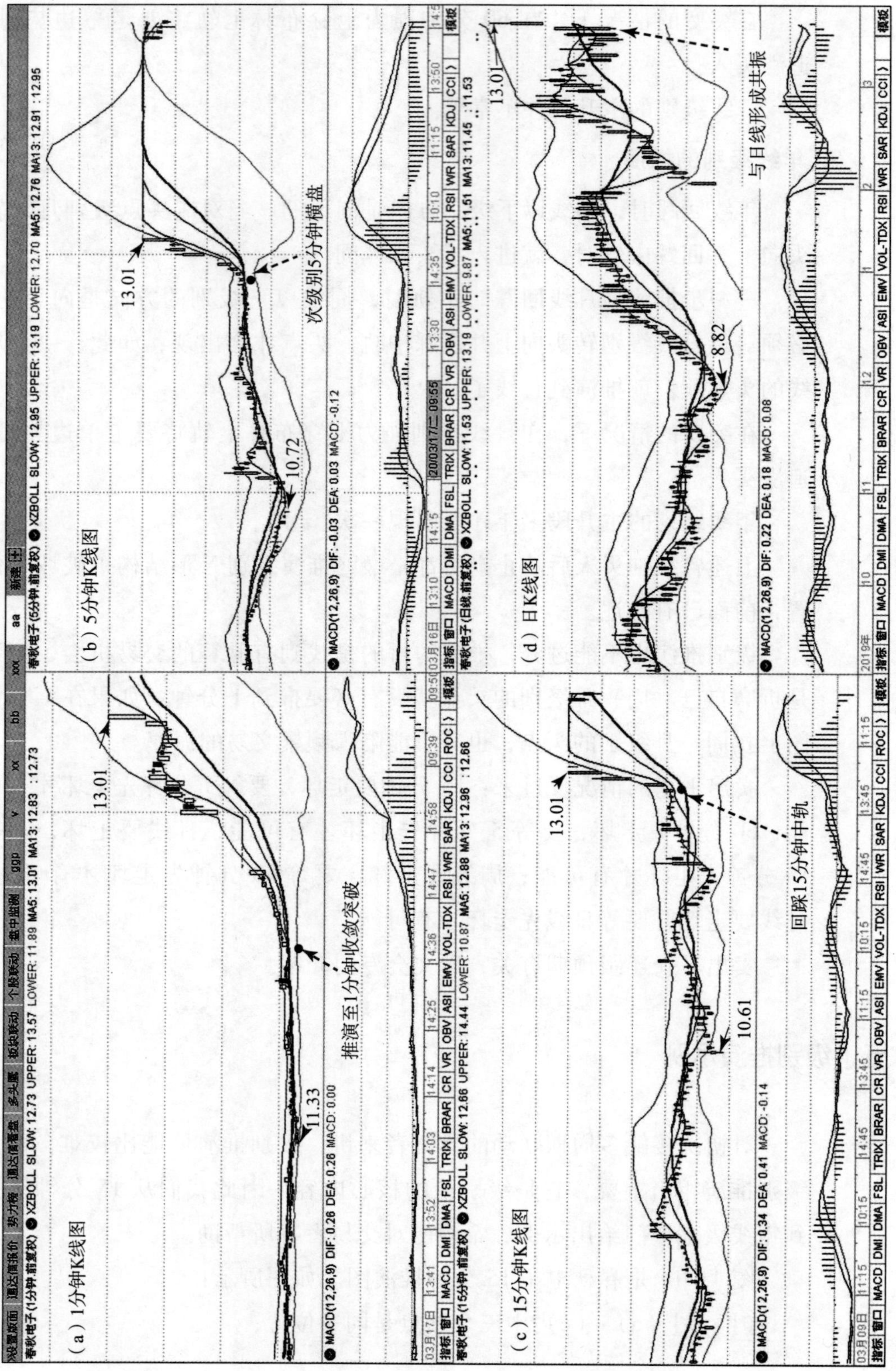

图4-14　春秋电子15分钟推演图

（2）图（c）箭头所指是15分钟级别，价格正在回踩15分钟级别20线，是操作的目标级别；

（3）图（b）箭头所指是15分钟的次级别5分钟，处于横盘状态；

（4）图（a）箭头所指是15分钟的对应买点级别1分钟，在1分钟上收敛突破时买入；

（5）图（c）的15分钟之所以力度迅猛，是因为它与图（d）箭头所指日线级别上涨形成了共振，或者说它是日线级别上涨的一部分。

图4－15是裕兴股份15分钟推演图，如图所示：

（1）图（a）~（c）中三个圆点是同一位置；

（2）图（c）箭头所指是15分钟级别，价格正在回踩15分钟级别20线，是操作的目标级别；

（3）图（b）箭头所指是15分钟的次级别5分钟，处于横盘状态；

（4）图（a）箭头所指是15分钟的对应买点级别1分钟，在1分钟收敛突破时买入；

（5）图（c）的15分钟之所以力度迅猛，是因为它与图（d）箭头所指日线级别的上涨形成了共振，或者说它是日线级别上涨的一部分。

图4－16是栖霞建设60分钟推演图，如图所示：

（1）图（a）~（d）中四个圆点是同一位置；

（2）图（d）箭头所指是60分钟级别，价格正在回踩60分钟级别20线，是操作的目标级别；

（3）图（c）箭头所指是60分钟的次级别15分钟，15分钟转向回踩；

（4）图（b）箭头所指是60分钟的对应买点级别5分钟，5分钟处于横盘状态；

（5）图（a）推演至5分钟的对应买点级别1分钟，在1分钟级别收敛突破时买入。

图4－17是三房巷60分钟推演图，如图所示：

（1）图（a）~（d）中四个圆点是同一位置；

（2）图（d）箭头所指是60分钟级别，价格正在回踩60分钟级别20线，是操作的目标级别；

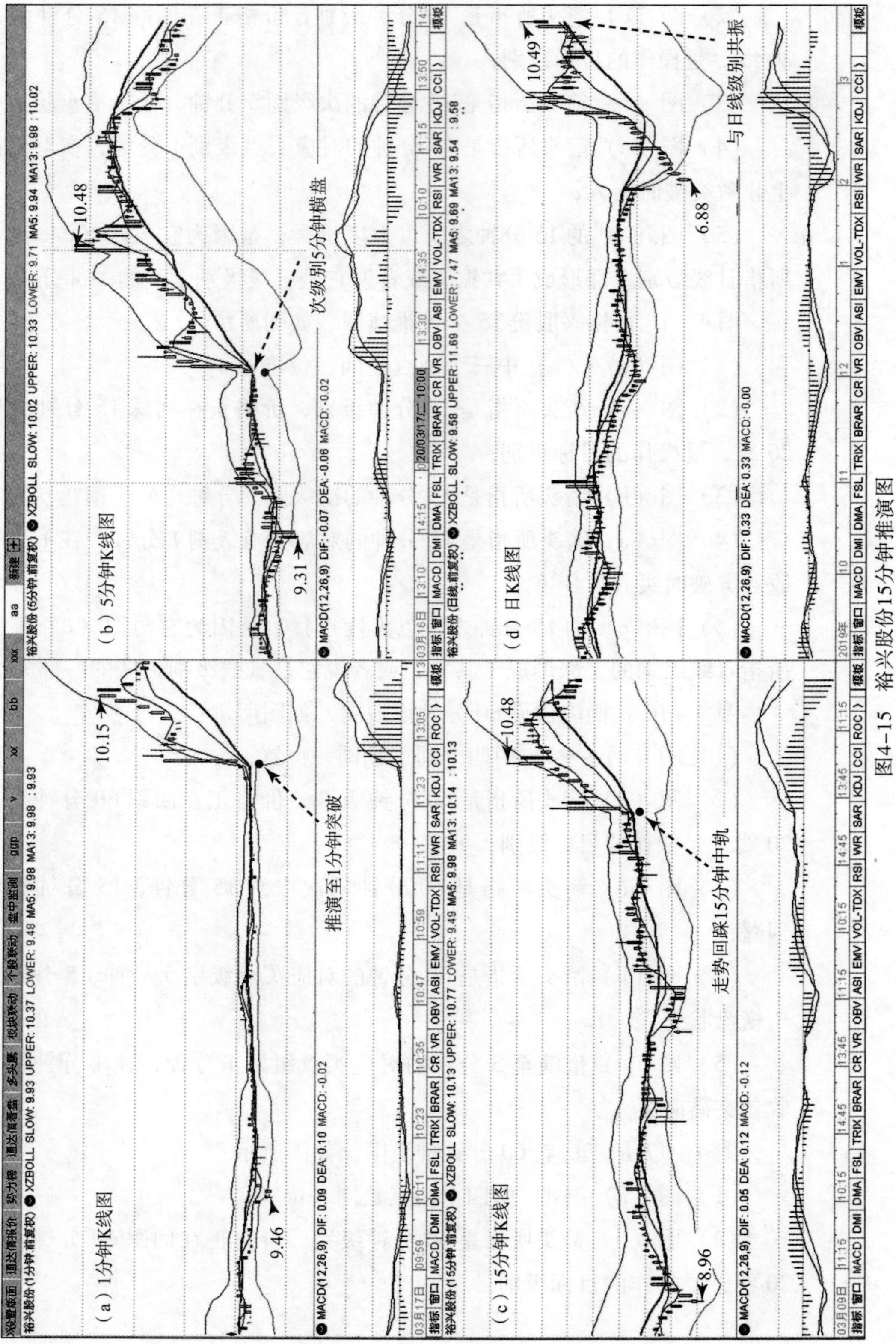

图4-15　裕兴股份15分钟推演图

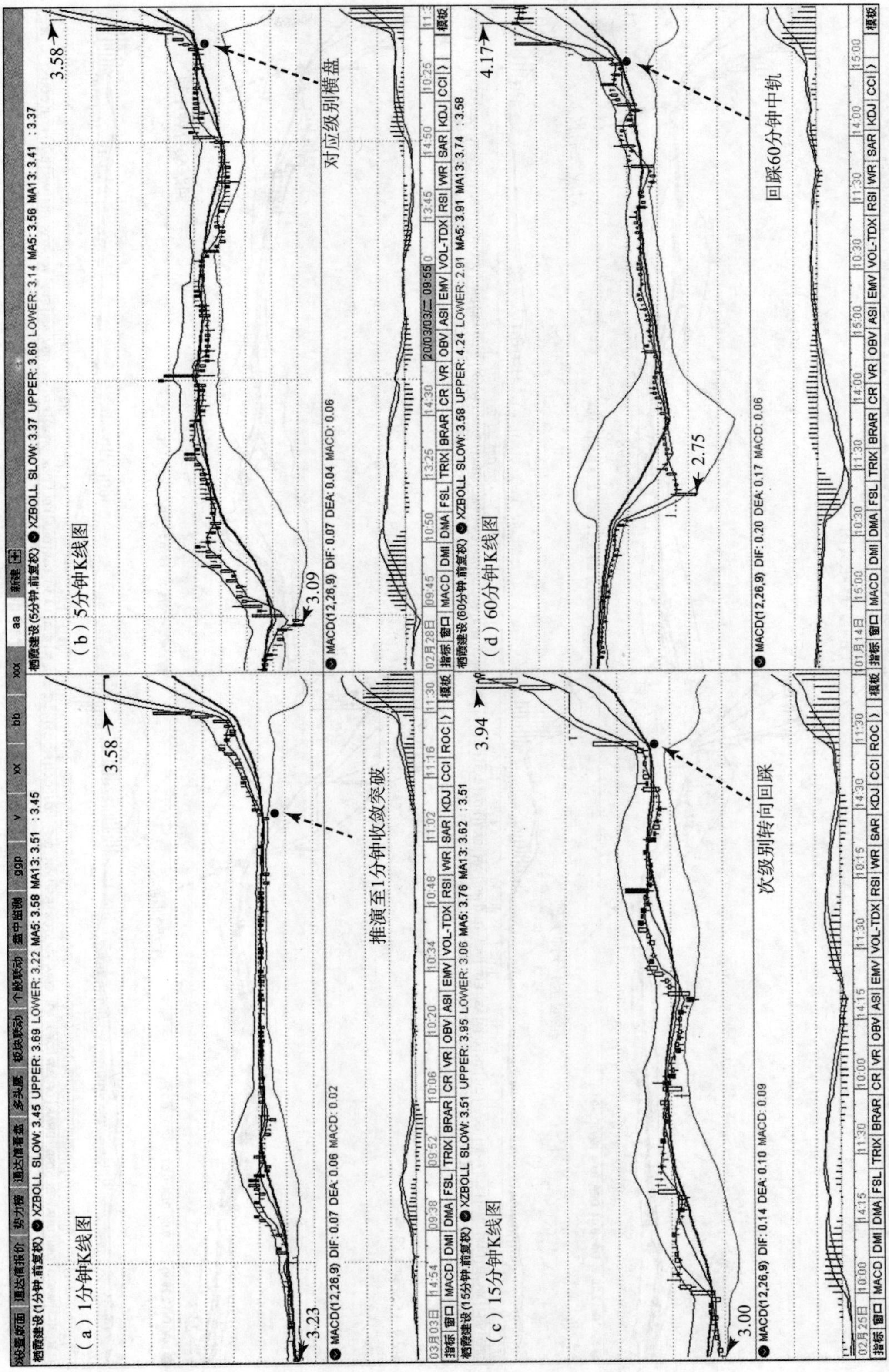

图4-16 栖霞建设60分钟推演图

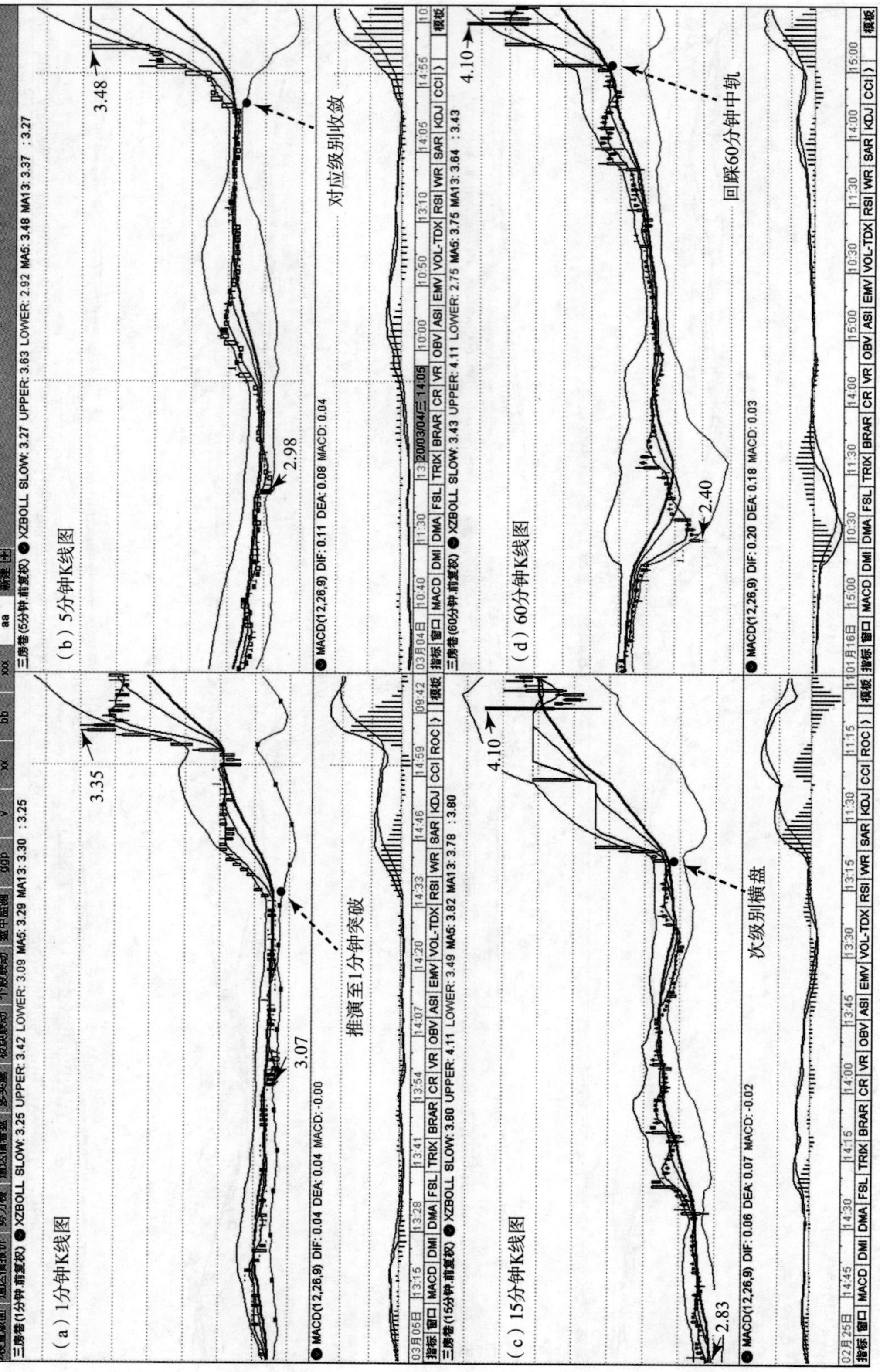

图4-17 三房巷60分钟推演图

（3）图（c）箭头所指是60分钟的次级别15分钟，处于横盘状态；

（4）图（b）箭头所指是60分钟的对应买点级别5分钟，5分钟处于收敛状态；

（5）图（a）推演至5分钟的对应买点级别1分钟，在1分钟级突破时买入。

图4－18是红旗连锁日线推演图，如图所示：

（1）图（a）~（d）中四个圆点是同一位置；

（2）图（d）箭头所指是日线级别，价格正在回踩日线级别20线，是操作的目标级别；

（3）图（c）箭头所指是日线的子级别60分钟，处于横盘收敛状态；

（4）图（b）箭头所指是日线的对应买点级别15分钟，15分钟突破后对其20均线进行了回踩；

（5）图（a）推演至15分钟的对应买点级别1分钟，在1分钟突破时买入。

图4－19是正邦科技日线推演图，如图所示：

（1）图（a）~（d）中四个圆点是同一位置；

（2）图（d）箭头所指是日线级别，价格正在回踩日线级别20线，是操作的目标级别；

（3）图（c）箭头所指是日线的子级别60分钟，处于横盘收敛状态；

（4）图（b）箭头所指是日线的对应买点级别15分钟，15分钟转向后对其20均线进行了回踩；

（5）图（a）推演至15分钟的对应买点级别1分钟，1分钟级别没有对其20均线回踩，只有在其横盘突破时买入。

图4－20是长信科技推演图，如图所示：

（1）图（a）~（d）中四个圆点是同一位置；

（2）图（d）箭头所指是周线级别，价格正在回踩周线级别20线，是操作的目标级别；

（3）图（c）箭头所指是周线的子级别日线级别，处于横盘状态；

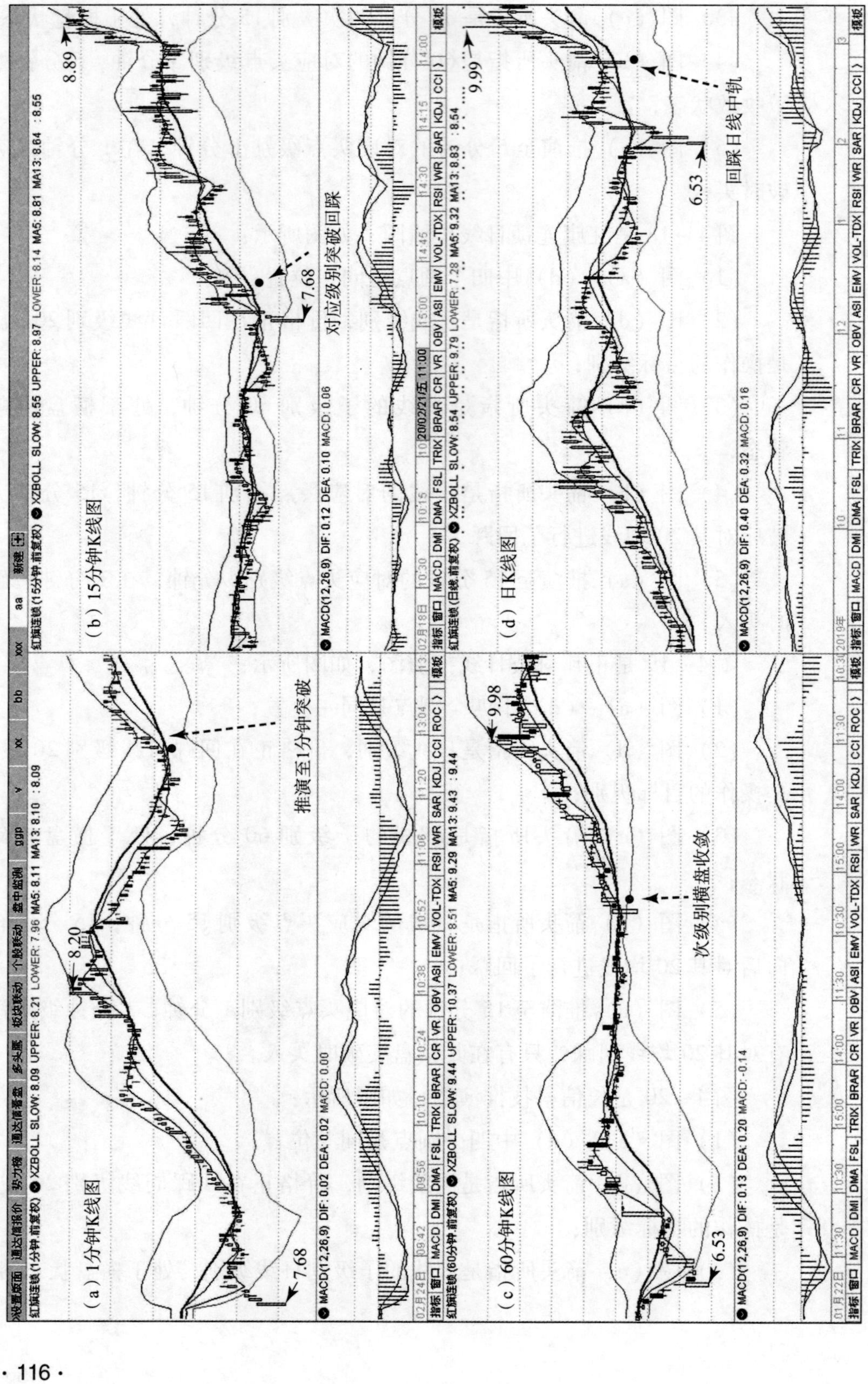

图4-18 红旗连锁日线推演图

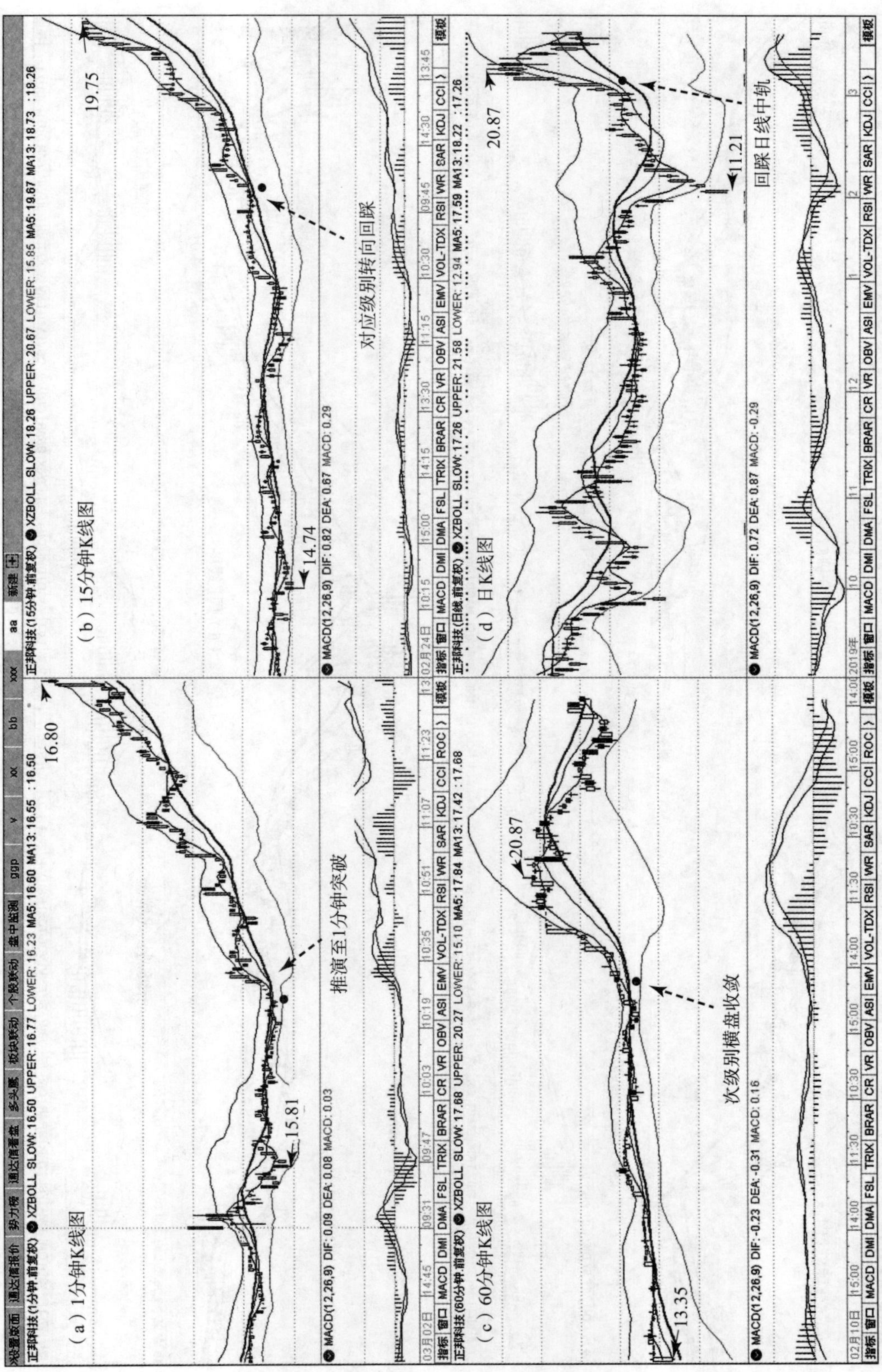

图4-19　正邦科技日线推演图

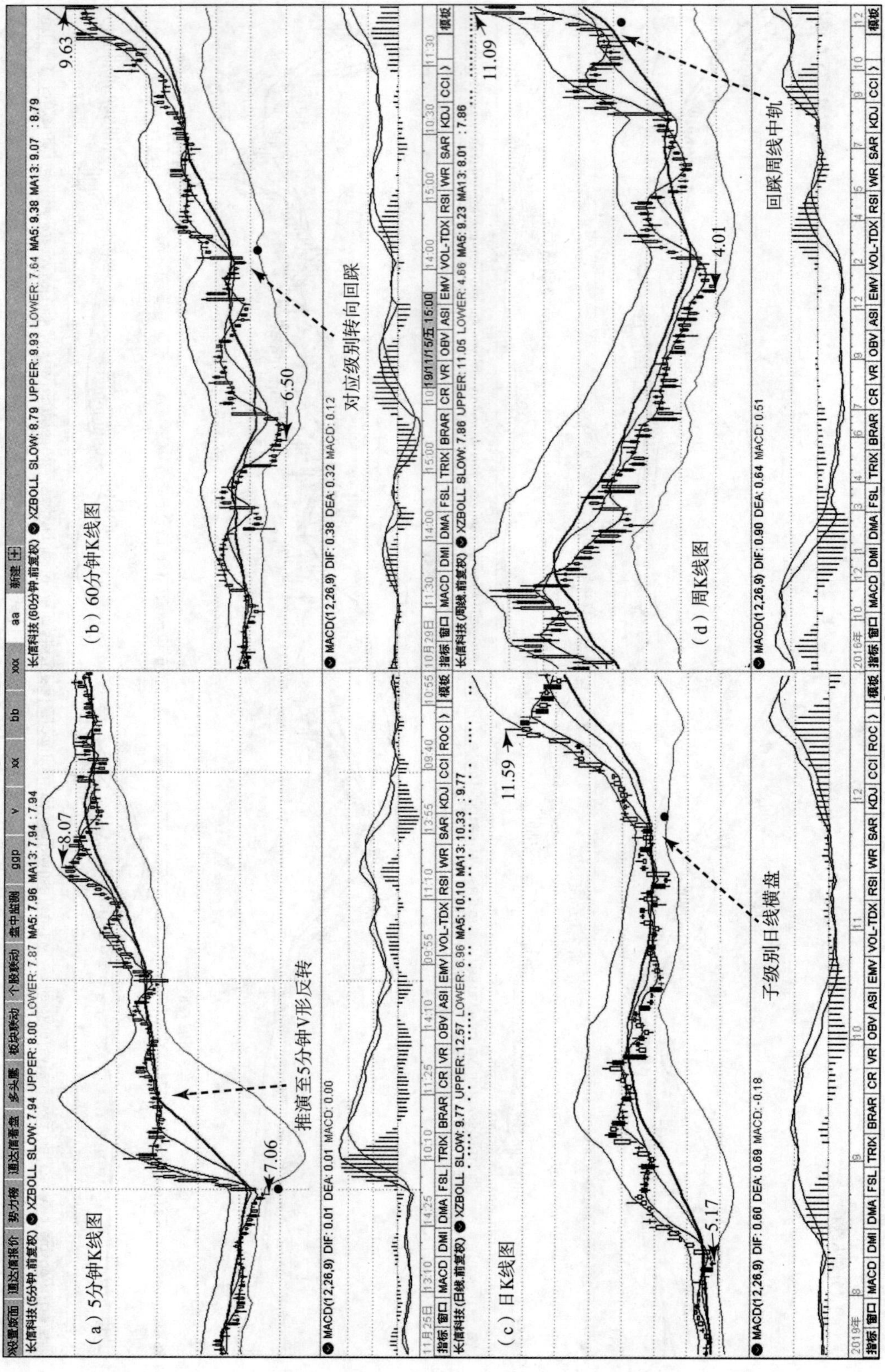

图4-20 长信科技周线推演图

（4）图（b）箭头所指是周线的对应买点级别60分钟，60分钟转向后对其20均线进行了回踩；

（5）图（a）推演至60分钟的对应买点级别5分钟，5分钟级别没有对其20均线回踩，只有在其V形反转突破时买入；

（6）止损位设在5分钟上涨N形的起点。

图4－21是新宙邦周线推演图，如图所示：

（1）图（a）~（d）中四个圆点是同一位置；

（2）图（d）箭头所指是周线级别，价格正在回踩周线级别20线，是操作的目标级别；

（3）图（c）箭头所指是周线的子级别日线级别，处于横盘状态；

（4）图（b）箭头所指是周线的对应买点级别60分钟，60分钟横盘渐渐靠拢其20均线；

（5）图（a）推演至60分钟的对应买点级别5分钟，在5分钟级别转向并对其20均线回踩时买入；

（6）止损位设在5分钟上涨N形的起点。

图4－22是北京君正月线推演图，如图所示：

（1）图（a）~（d）中四个圆点是同一位置；

（2）图（d）箭头所指是月线级别，价格正在回踩月线级别20线，是操作的目标级别；

（3）图（c）箭头所指是月线的子级别周线级别，处于缓升型回踩状态；

（4）图（b）箭头所指是月线的对应买点级别日线，日线转向并回踩其20均线；

（5）图（a）推演至日线的对应买点级别15分钟，在15分钟级别转向并对其20均线回踩时买入；

（6）止损位设在15分钟上涨N形的起点。

图4－23是徐工机械月线推演图，如图所示：

（1）图（a）~（d）中四个圆点是同一位置；

（2）图（d）箭头所指是月线级别，价格正在回踩月线级别20线，是操作的目标级别；

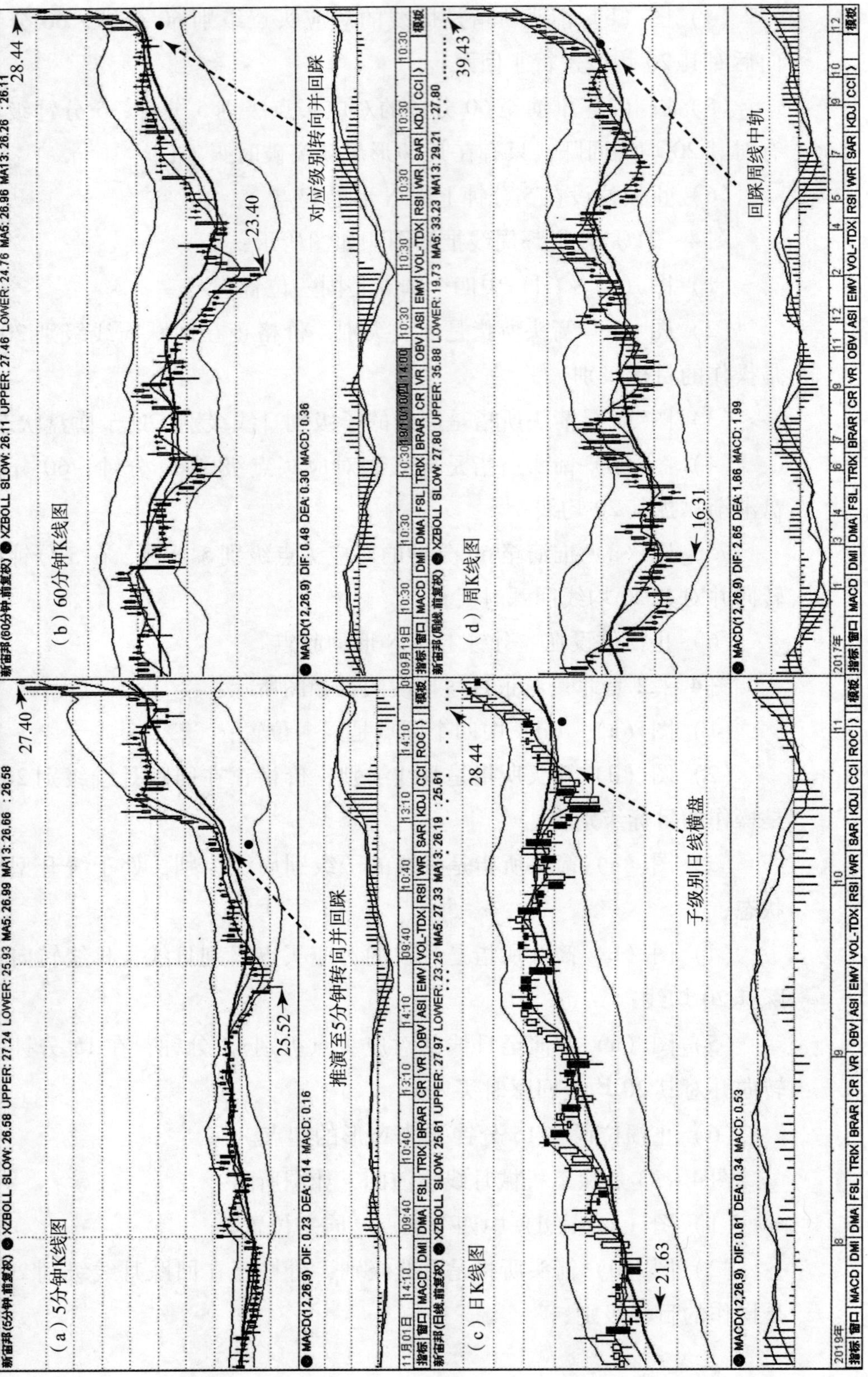

图4-21 新宙邦周线推演图

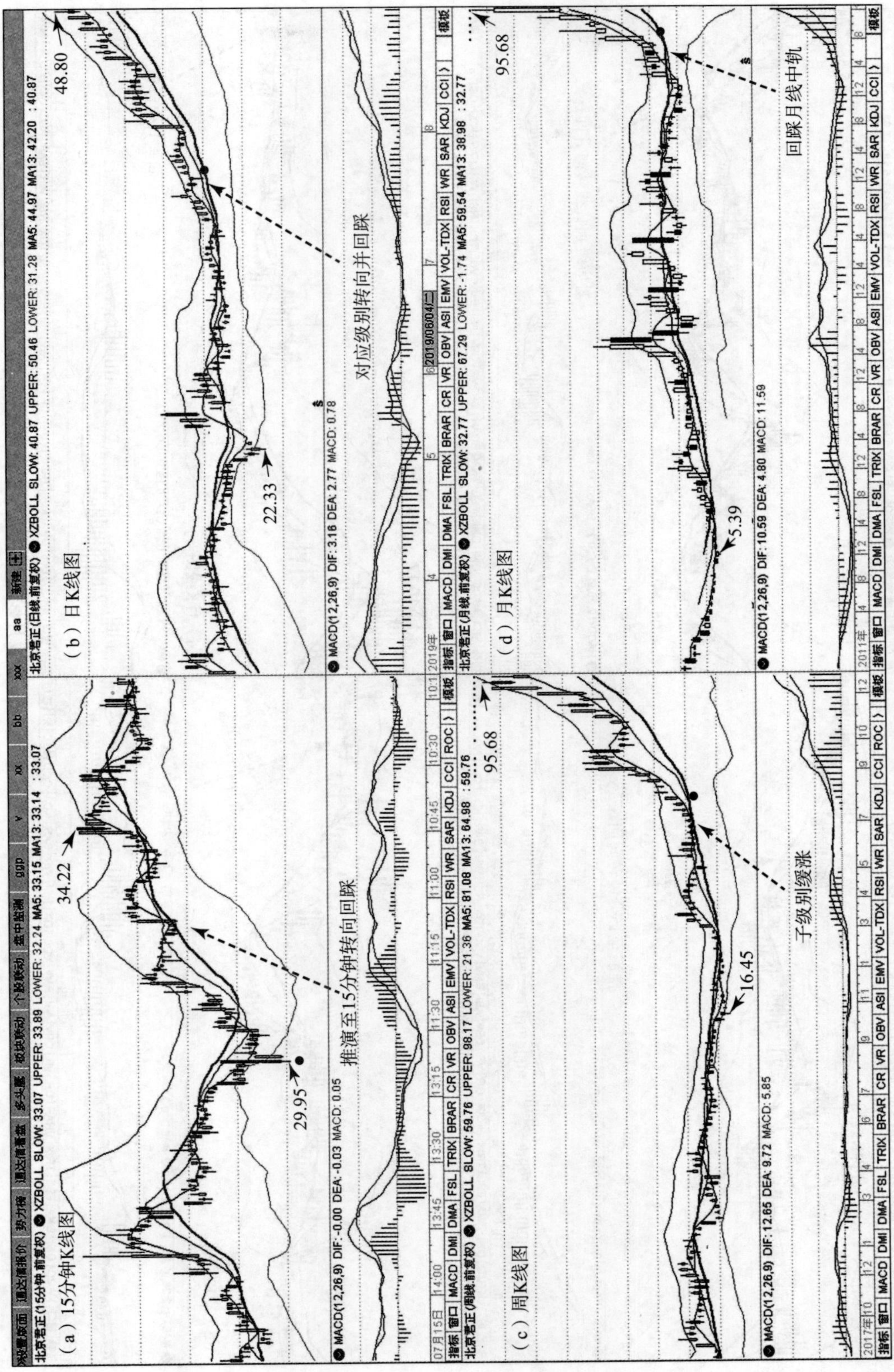

图4-22 北京君正月线推演图

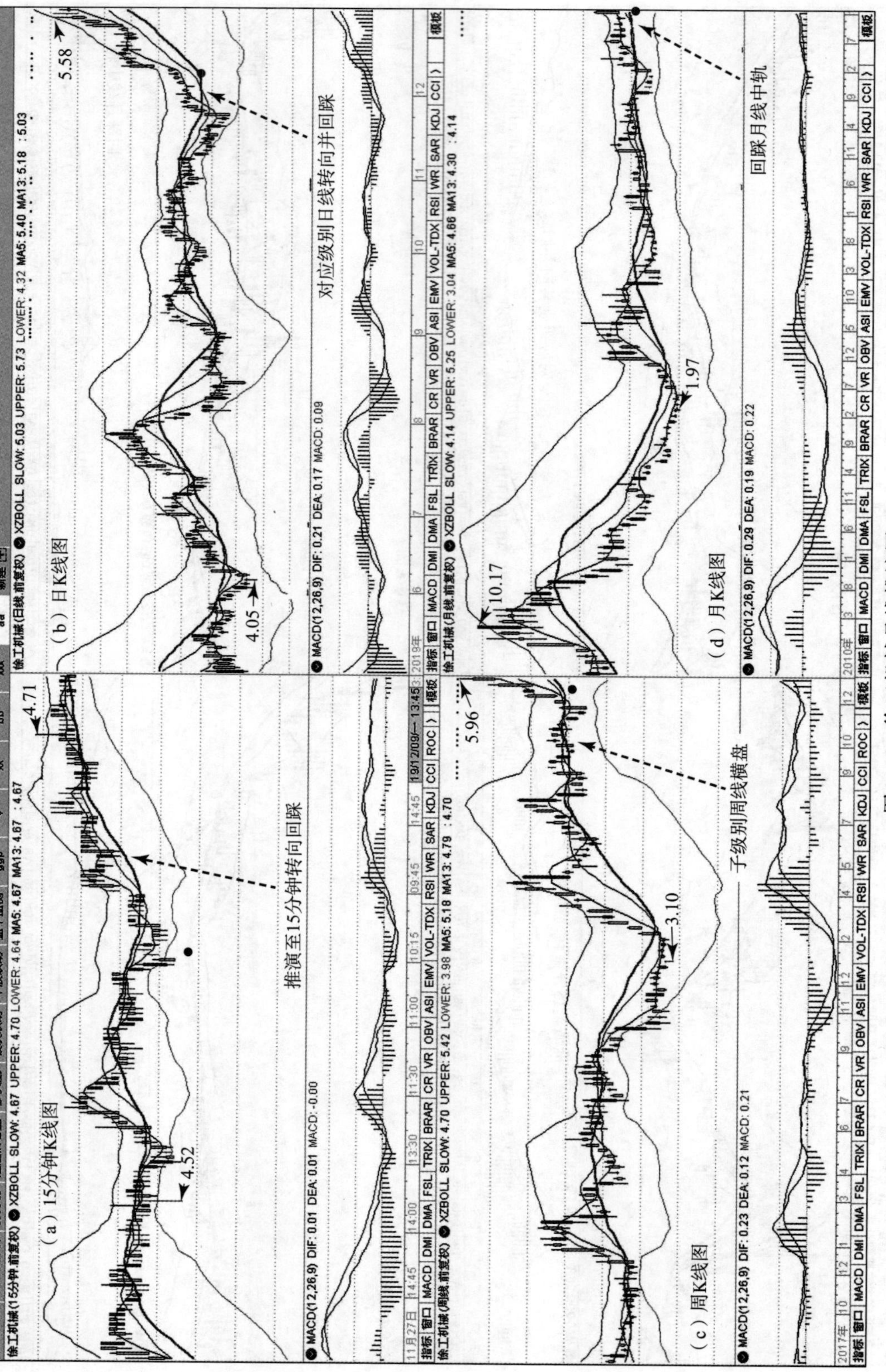

图4-23 徐工机械月线推演图

（3）图（c）箭头所指是月线的子级别周线级别，周线级别处于横盘状态；

（4）图（b）箭头所指是月线的对应买点级别日线，日线转向并回踩其20均线；

（5）图（a）推演至日线的对应买点级别15分钟，在15分钟级别转向并对其20均线回踩时买入；

（6）止损位设在15分钟上涨N形的起点。

图4－24是紫金矿业季线推演图，如图所示：

（1）图（a）~（d）中四个圆点是同一位置；

（2）图（d）箭头所指是季线级别，价格正在回踩季线级别20线，是操作的目标级别；

（3）图（c）箭头所指是季线的子级别月线，月线回踩中轨；

（4）图（b）箭头所指是季线的对应买点级别周线，周线转向并横盘突破；

（5）图（a）推演至周线的对应买点级别60分钟，在60分钟级别创新高时买入；

（6）止损位设在60分钟上涨N形的起点。

图4－25是大秦铁路季线推演图，如图所示：

（1）季线级别的机会并不多见，图中四个圆点是同一位置；

（2）图（d）箭头所指是季线级别，价格正在回踩季线级别20线，是操作的目标级别；

（3）图（c）箭头所指是季线的子级别月线，月线处于横盘状态；

（4）图（b）箭头所指是季线的对应买点级别周线，周线转向回踩；

（5）图（a）是60分钟级别，推演至60分钟，在60分钟回踩中轨时买入。

图4－26是上证指数2006年年线推演图，如图所示：

（1）图（a）~（d）中四个圆点是同一位置；

（2）图（d）箭头所指是年线级别，价格正在回踩年线级别20线，是操作的目标级别；

（3）图（c）箭头所指是年线的子级别季线，季线方向向下；

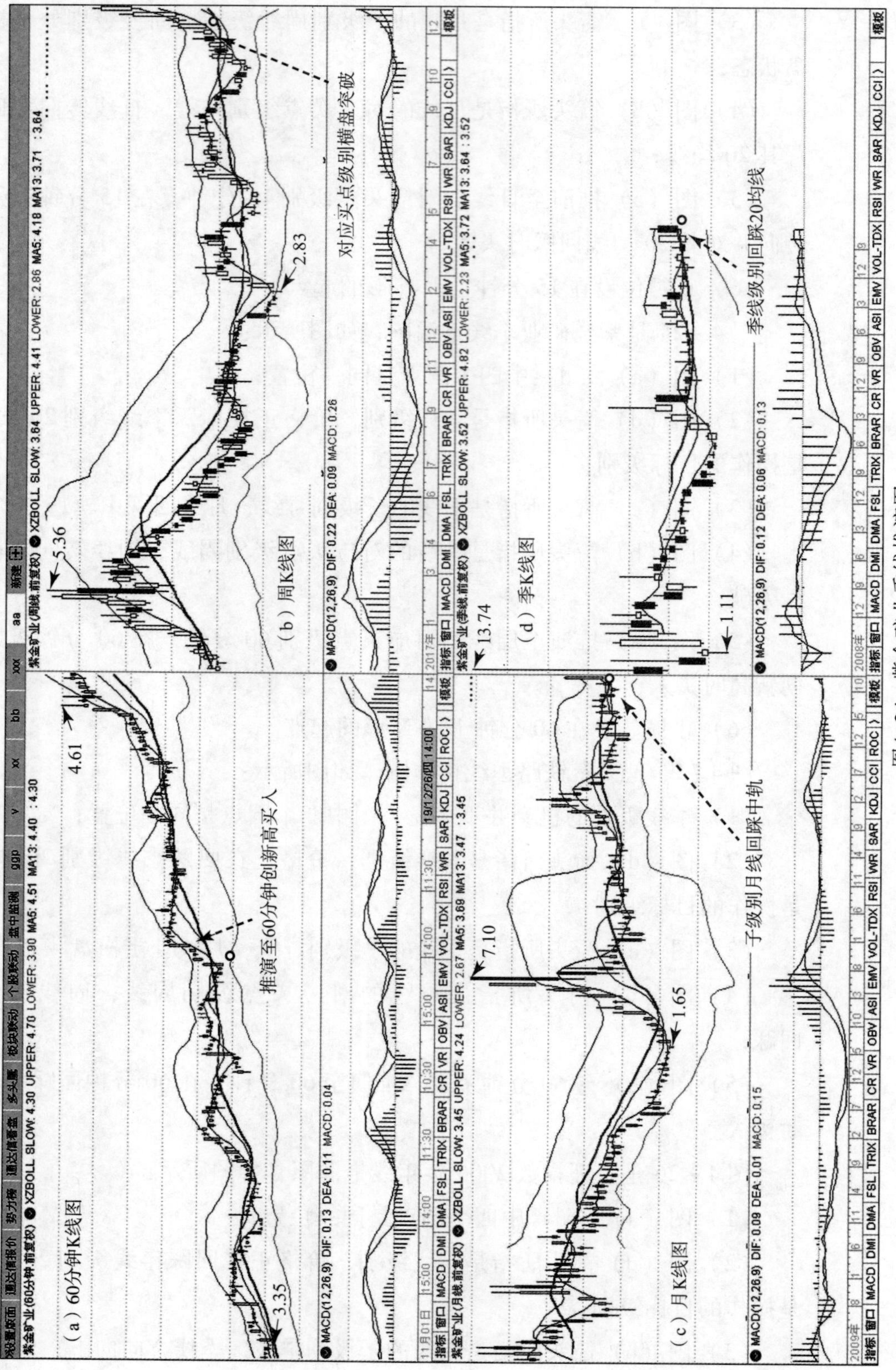

图4-24 紫金矿业季线推演图

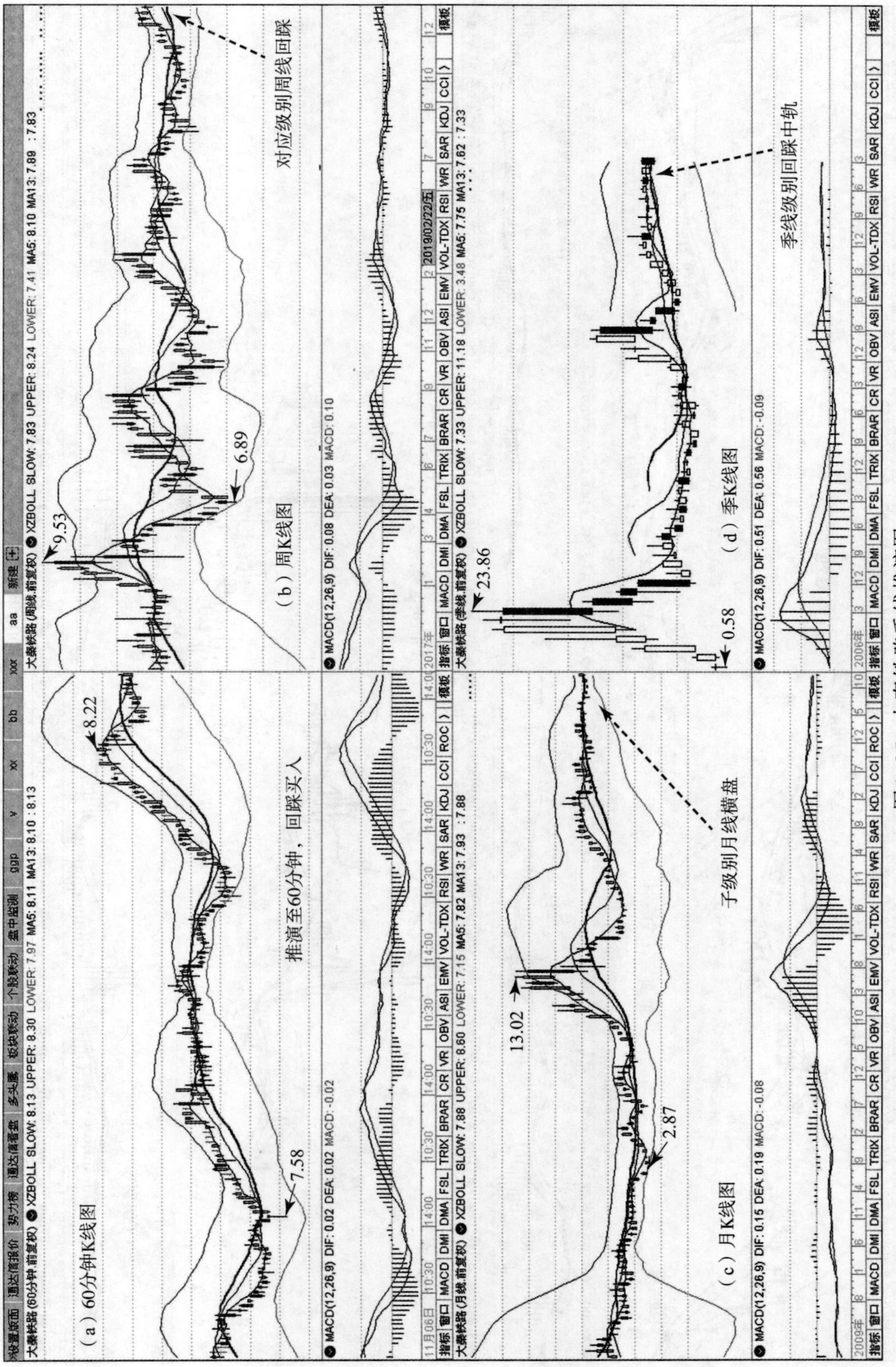

图4-25 大秦铁路季线推演图

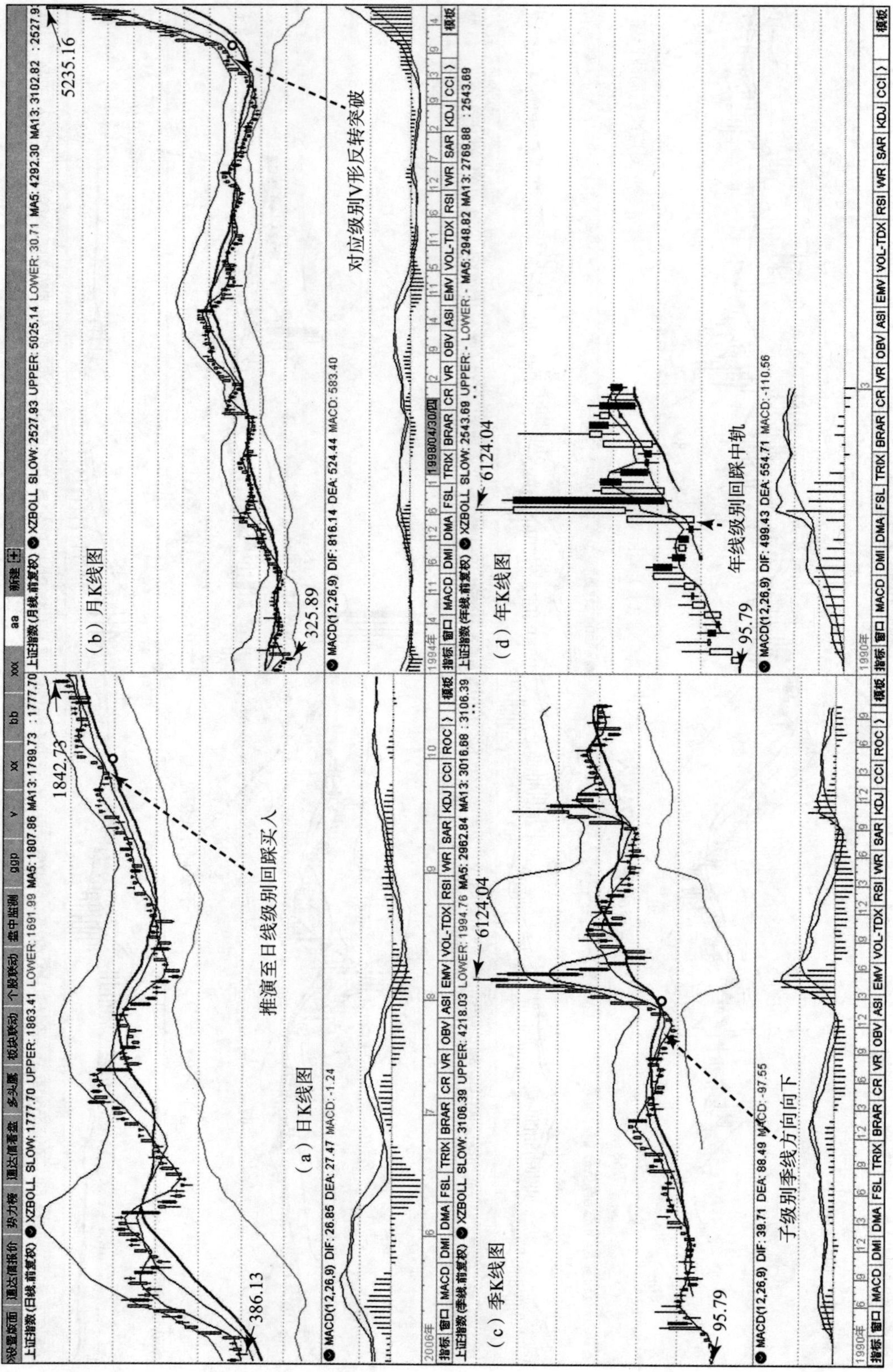

图4-26 上证指数2006年年线推演图

（4）图（b）箭头所指是年线的对应买点级别月线，月线 V 形反转并强力突破；

（5）图（a）推演至月线的对应买点级别日线，在日线级别回踩时买入；止损位设在日线级别上涨 N 形的起点。

图 4－27 是上证指数 2014 年年线推演图，如图所示：

（1）图（a）~（d）中四个圆点是同一位置；

（2）图（d）箭头所指是年线级别，价格正在回踩年线级别 20 线，是操作的目标级别；

（3）图（c）箭头所指是年线的子级别季线，季线方向向下；

（4）图（b）箭头所指是年线的对应买点级别月线，月线级别长期横盘后收敛突破；

（5）图（a）推演至月线的对应买点级别日线，在日线级别创新高时买入；止损位设在日线级别上涨 N 形的起点。

六、级别推演的意义

级别推演非常重要，研究级别不但能加深对阶段和结构的理解，而且在实际应用中就是为了进行级别推演。

如果说三段论是战略性的，结构论是战役性的，那么级别推演就是战术性的。没有合适的战术配合，再完善的战略构想也会流于空谈，所以级别推演使抓主升段的目标免于纸上谈兵，是一种重要方法。

行情走势复杂多变，级别推演以两招应之：回踩买入或突破买入，不管如何买入，都要符合有胜率和赔率优势的原则，这也是进行级别推演的目的。

级别推演有以下意义：

（1）把握市场的运行节奏；

（2）界定共振买入区间；

（3）提高胜率，不逆当下正在运行的方向可以提高胜率；

（4）提高赔率，小级别止损，大级别止盈可以提高赔率；

（5）级别推演可以及时发现趋势的形成和趋势的变化。

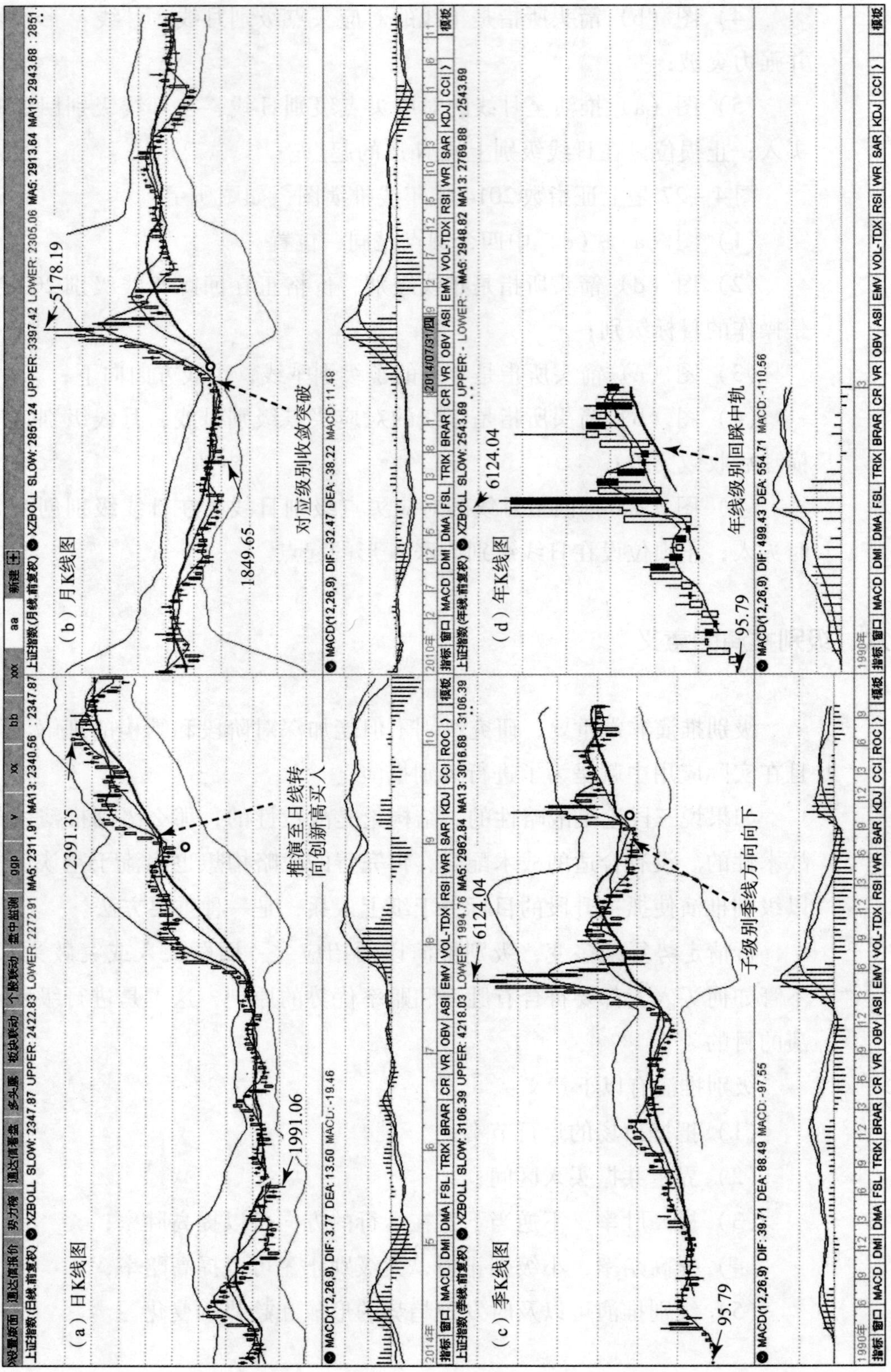

图4-27 上证指数2014年年线推演图

交易盈利的核心只有一点：在错误的时候仓位轻，止损幅度小；在正确的时候仓位重，盈利幅度大。

主升段级别推演正是将这一关键点落到实处的有效方法。小级别轻仓买入，错了小级别止损，幅度小，仓位轻，首单买入正确了，主升段成功的概率就增加了，然后在各级别的回踩位同样可以进行级别推演逐步加仓，直至大级别主升段预期目标达成后平仓，就有望达到盈利时仓位重、幅度大的目标。

必须提醒的是，级别推演的目的仅仅是为了寻找大小级别共振的买入区间，而不是建议进行小级别交易。上文已经多次提示，大级别才有大机会，小级别交易没有胜算。

第四节 级别的共振

级别推演的根本目的就是寻找大、小级别的共振，本节介绍“共振”。

一、共振的概念

共振是物理学上的一个概念，是指一个系统所受激励的频率与该系统的某阶固有频率相接近时，系统振幅显著增大的现象。

由图4－28可以明显看出，基本波与谐波叠加后，振幅明显增大了，这正是进行级别推演的理论依据。

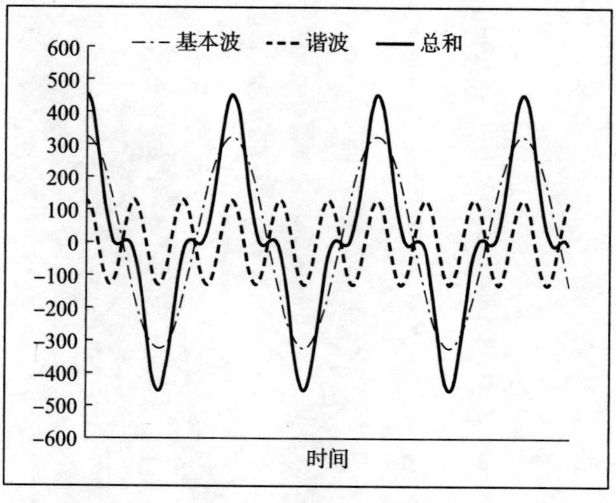

图4－28　共振

大级别走势是一种波动，小级别走势也是一种波动，当大级别波动与小级别波动发生共振时，小级别的波动幅度大大增加了，变得与共振后的大级别的波动幅度一致了，这个扩大了的振幅就是我们的预期盈利目标。

这样，我们就有可能以小级别的走势作为止损根据，以大级别的走势作为止盈根据，这就是收益和风险不对称的盈利原理。如此一来，问题就转化为大、小级别何时于何处发生共振了。

其实，认真的读者可能已经发现，我们从一开篇就是集中精力围绕这个问题，从未偏离过，一些理论探讨也不过是为了在逻辑上做铺垫而已。

三段论与结构论讨论的就是何处共振的问题，而级别论延伸至级别推演讨论的就是何时共振的问题，始终贯穿核心思想的有一个技术要件：布林中轨（即20均线）。主升段、级别、方向都是以布林中轨来定义的，这说明我们认为布林中轨就是共振会发生的地方。

但是技术分析不是数理科学，一方面只是可能性，另一方面位置有些偏差也是正常的，为了进一步提高概率，修正偏差，经过多年跟踪观察，我发现一个更具参考价值的位置，我将之命名为三维共振带。在定义三维共振带之前，需要先介绍一下密集成交区。

二、密集成交区、压力与突破、支撑与破位

在金融交易市场中，很多时候价格会在一个窄幅区间内没有明显方向地波动，这样的波动会持续相当一段时间，这样一个K线持续集中的窄幅的价格区间就称之为“密集成交区”。密集成交区的本质是持仓成本相近。

密集成交区是客观存在的，市场在后市再度运行到密集成交区都会作某种程度的停顿，这说明密集成交区对市场有实质性的影响。但是我们不能简单地认定密集成交区一定有压力或支撑，而应旁观市场对密集成交区的反应，对这种反应的观察可有效帮助我们判断市场的强弱。

如果市场反弹遇到密集成交区后迅速回落，说明密集成交区的压力是实在的，目前还没有突破的能量；如果市场反弹到密集成交区并不回

落，或者穿透密集成交区才回落，说明市场有可能已经具备了突破的能量。下面来看看具体的图示。

图4-29展示的是创业板指数的密集成交区，如图所示：

（1）点1的上涨受到密集成交区A区的压制，遇阻回落；

（2）点2的下跌受到密集成交区B区的支撑，止跌横盘；

（3）点3的上涨受到密集成交区C区的压制，但没有回落；

（4）点4继续上涨，受到A区和C区的共同压制，但点5的回落受到D区的支撑，稳定在C区范围内振荡；

（5）点6在一段蓄势后终于做出了突破；

（6）后市需要观察点6的上涨能否穿越A区，也要观察E区是否能提供有效的支撑。

图4-29　创业板指数的密集成交区

图4-30展示的是长亮科技的密集成交区，如图所示：

（1）点1、点2的上涨受到密集成交区A区的压制，遇阻回落；

（2）点3的上涨受到密集成交区A区的压制，但没有回落，数日之后终于成功向上突破 A 区；

（3）点 4 的回落受到密集成交区 B 区的支撑，止跌回稳；

（4）点 5、点 6 的上涨受到密集成交区 C 区的压制，遇阻回落；

（5）点 7 的回落受到 B 区的支撑，止跌回稳；

（6）点 8 的上涨受到密集成交区 C 区的压制，但没有回落，点 9 在横盘数日蓄势之后终于成功向上突破 C 区；

（7）后市需要观察 D 区是否能提供有效的支撑。

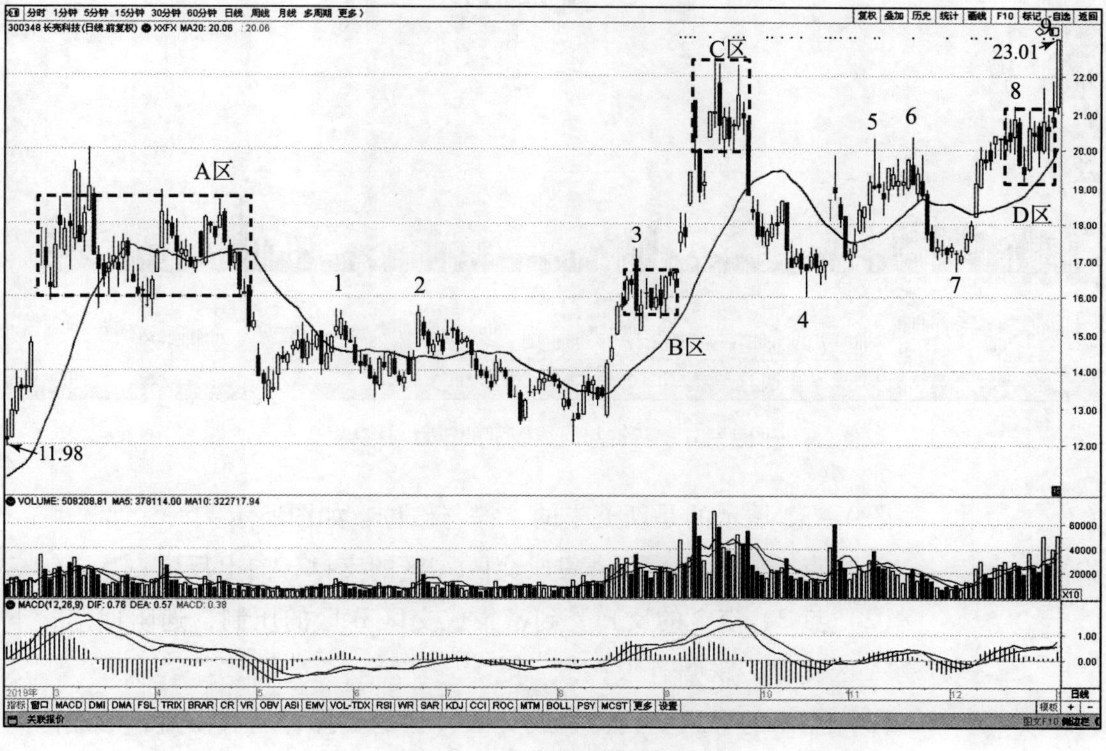

图 4－30 长亮科技的密集成交区

图 4－31 展示的是新宙邦周线级别的压力与突破，如图所示：

（1）点 1 的上涨受到密集成交区 A 区的压制，遇阻回落形成下跌 N 形至点 2；

（2）点 3 的上涨受到密集成交区 A 区的压制，回落至点 4；

（3）点 3、点 4、点 5、点 6 形成振荡 N 形，止跌回稳；

（4）点 7 的上涨受到密集成交区 B 区的压制，稍作回落，幅度有限；之后以强有力的单边走势连续突破 B 区和 A 区，至点 8 已经创出新高。

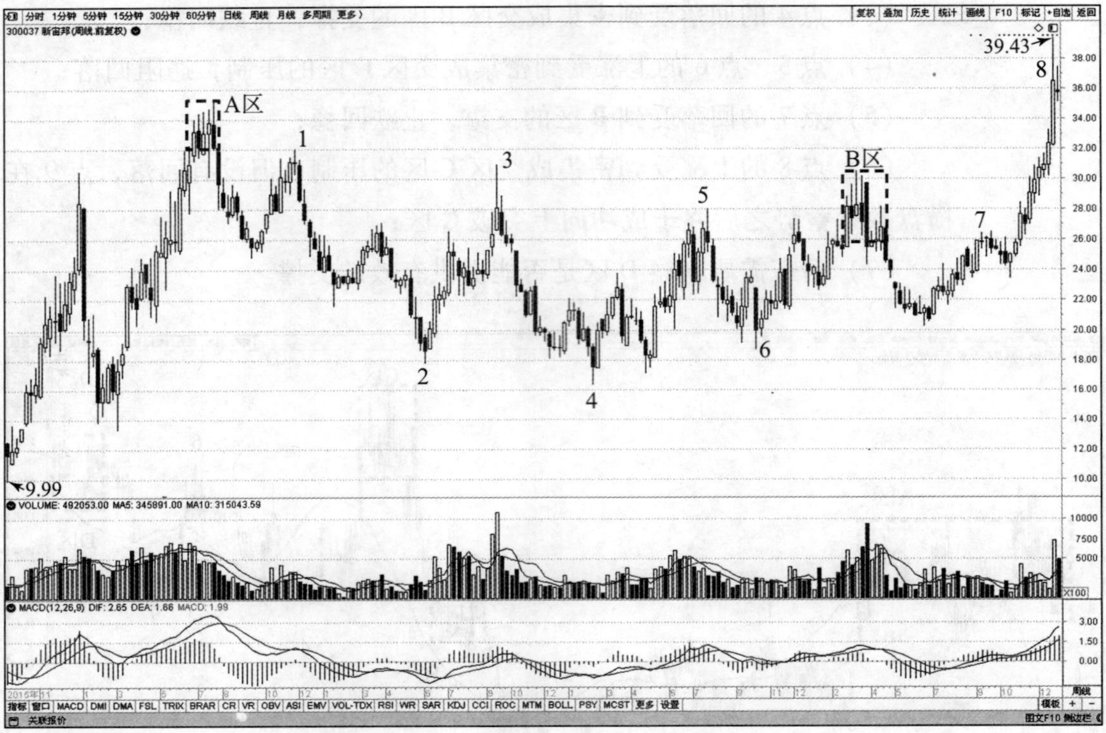

图 4－31　新宙邦周线级别的压力与突破

图 4－32 展示的是新五丰的支撑与破位，如图所示：

（1）点 1 的下跌受到密集成交区 A 区的支撑，向上反弹；

（2）点 2、点 3 的反弹受到密集成交区 B 区的压制，遇阻回落，下方受 A 区支撑，跌幅有限；

（3）点 4 的下跌受到密集成交区 A 区的支撑，弱势横盘，形成区间振荡；

（4）之后以强有力的单边走势向下击穿 A 区支撑，至点 5 已经创出下跌的新低；

（5）点 6 的上涨受到密集成交区 C 区的压制，反弹受阻，之后持续下跌；

（6）经过几轮的支撑、压力互换与破位，市场已经由涨转跌。

在对密集成交区、压力、支撑有了直观的感受之后，我们来介绍三维共振带。

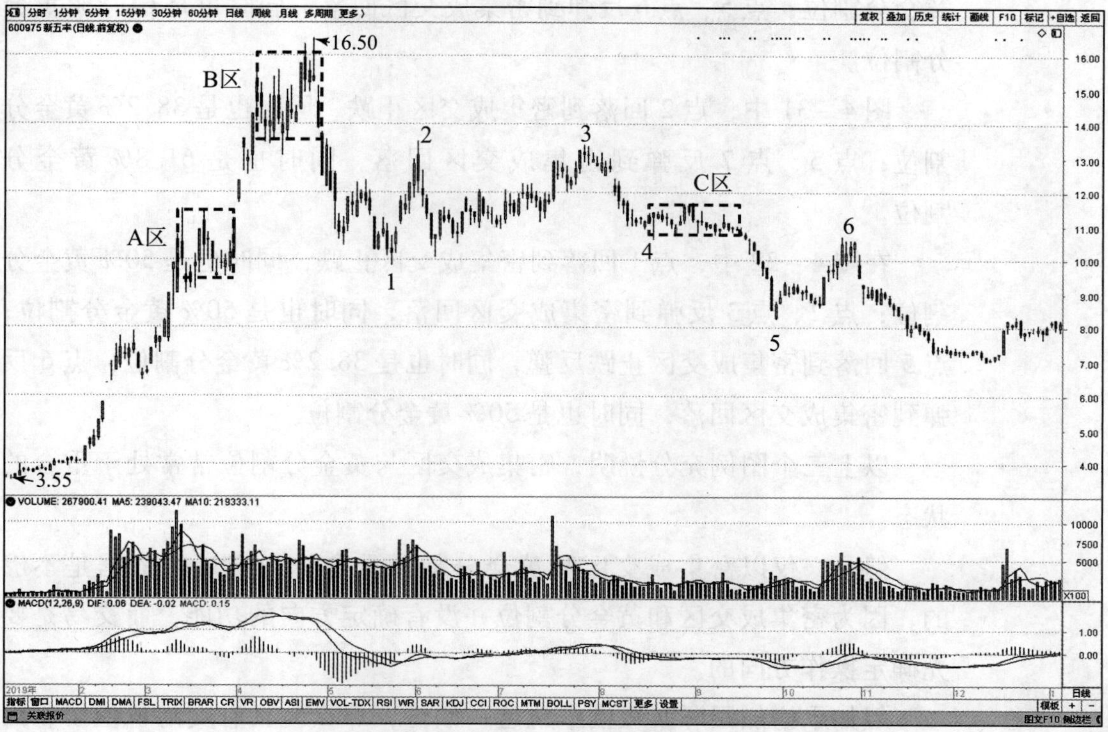

图 4-32 新五丰的支撑与破位

三、三维共振带

三维共振带是指市场走势的密集成交区、某级别中轨和黄金分割位三种不同的市场评价维度处于重合状态的一个价格区间。

三维共振带有三种市场含义：首先，它是一个密集成交区，说明市场处于暂时的平衡状态；其次，它靠近中轨，说明它回踩了某级别，可能正在酝酿该级别的主升段；第三，它处于某黄金分割位，说明它的 N 形结构的回撤可能已经到位。

密集成交区与黄金分割位是伴生的关系，就是说，当市场运行到密集成交区附近受到压制或支撑时，那个位置往往同时也是某个黄金分割位。

例如，在图 4-30 中，点 1、点 2 反弹到密集成交区回落，同时也是 38.2% 黄金分割位；点 4 回落到密集成交区止跌，同时也是 38.2%

黄金分割位；点5、点6反弹到密集成交区回落，同时也是61.8%黄金分割位。

图4－31中，点2回落到密集成交区止跌，同时也是38.2%黄金分割位；点5、点7反弹到密集成交区回落，同时也是61.8%黄金分割位。

在图4－32中，点1回落到密集成交区止跌，同时也是50%黄金分割位；点2、点3反弹到密集成交区回落，同时也是50%黄金分割位；点5回落到密集成交区止跌反弹，同时也是38.2%黄金分割位；点6反弹到密集成交区回落，同时也是50%黄金分割位。

以上三个图例充分说明，密集成交区与黄金分割位常常处于重合的状态。

但是，仅以密集成交区和黄金分割位重合作为交易的依据是不够的，因为密集成交区和黄金分割位并没有确定方向的功能，而交易是要先确定操作方向的。

但如果增加回踩某级别中轨这一条件，那么就具有交易价值了，因为按照方向的定义，新增加的条件提供了方向指示，可以有效地回避振荡势与逆势操作。

在图4－30中，点4、点7回踩20周线，在图4－31中，点7后的回落回踩20周线，都具备了三维共振带的要素，后市都走出了一波涨势，而其他的点都不具备三维共振带的要素。可见三维共振带可以过滤掉很多不符合条件的机会。

三维共振带是至关重要的一个概念，是进行级别推演的极佳区域，原因如下。

首先，它集主升段、N形结构和级别的内涵于一身，使交易的确定性增加了。

其次，它的市场指示意义明显。如果它的支撑或压力有效，说明市场的趋势将延续；如果它的支撑或压力无效，说明市场的趋势可能改变。

再次，它是先验性的。所谓先验，可以理解为事先就可以明示等待验证的状态，就是说它具有领先于市场走势的功能。在市场正在运行中的任意一个时刻，之前的密集成交区是已经存在的，黄金分割位是确定的，其20均线的大致位置是有一个范围的，所以在市场有可能转向的任一位置，我们都可以知道三维共振带位于何处。随着市场运行，盯紧市场在三维共振带中的反应就可以分析市场可能的变化了。

至此，我们就可以解答市场于何时、在何处共振的问题：市场会在三维共振带处发生共振，共振的时间则根据级别推演确定（上一节已有详尽论述）。

一般而言，在有三维共振带存在的位置，级别难以发生突变跃迁。反过来说，若在三维共振带的位置发生了突变跃迁，那说明市场走势并不一般，要特别留心市场可能会一改常态，以一种全新的风格运行。

下面看几张三维共振带的示例图，请特别注意它的先验性。

图4－33展示的是立讯精密的三维共振带，如图所示：

（1）图中虚线方框是密集成交区；

（2）点3是点1与点2之间的50%；

（3）点3处是20周均线；

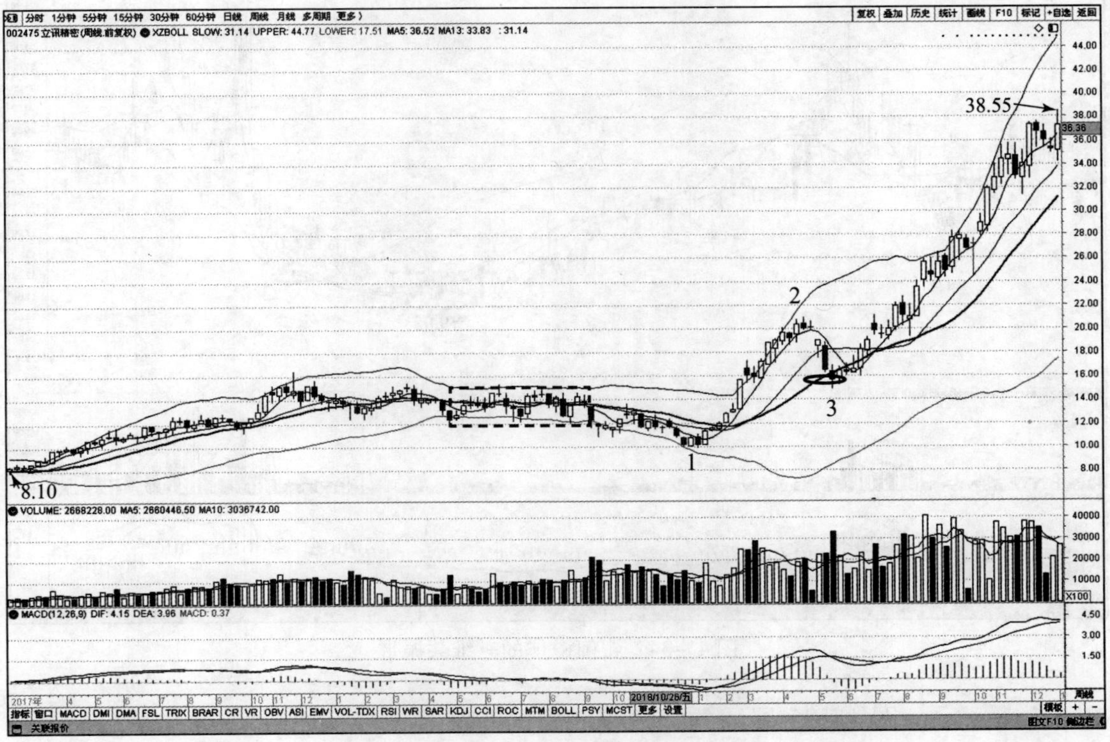

图4－33 立讯精密的三维共振带

（4）图中椭圆是在点2出来后就可以事先图示的区域；

（5）椭圆所示区间就是三维共振带；

（6）点3形成之后就要密切关注，先看60分钟的转向回踩，再推演至5分钟寻找买点。

图4－34展示的是银河磁体的三维共振带，如图所示：

（1）图中方框是密集成交区；

（2）点3是点1与点2之间的61.8%；

（3）点3处是20周均线；

（4）图中椭圆是在点2出来后就可以事先图示的区域；

（5）椭圆所示区间就是三维共振带；

（6）点3形成之后就要密切关注，先看60分钟的转向回踩，再推演至5分钟寻找买点。

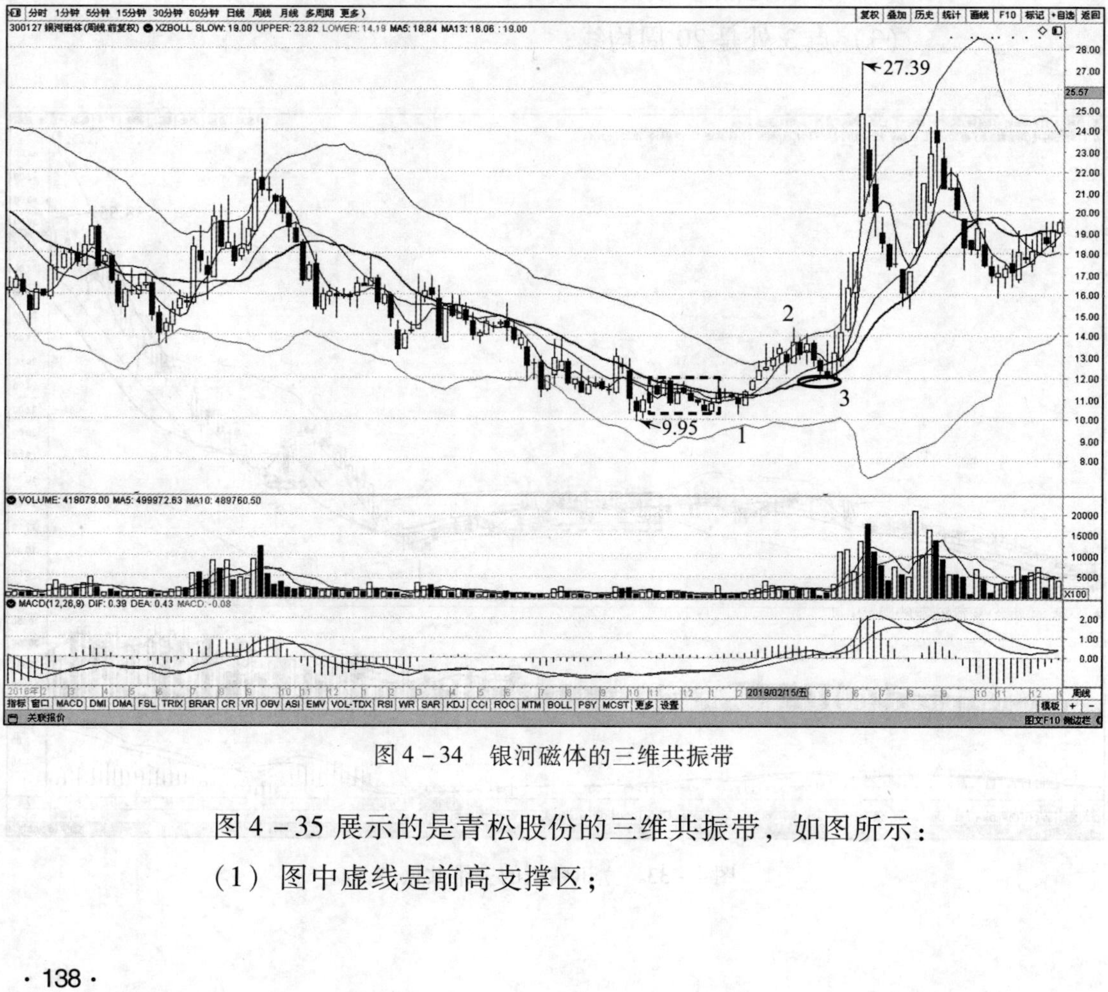

图4－34　银河磁体的三维共振带

图4－35展示的是青松股份的三维共振带，如图所示：

（1）图中虚线是前高支撑区；

（2）点3是点1与点2之间的38.2%；

（3）点3处是20日均线；

（4）图中椭圆是在点2出来后就可以事先图示的区域；

（5）椭圆所示区间就是三维共振带；

（6）点3形成之后就要密切关注，先看15分钟的转向回踩，再推演至1分钟寻找买点。

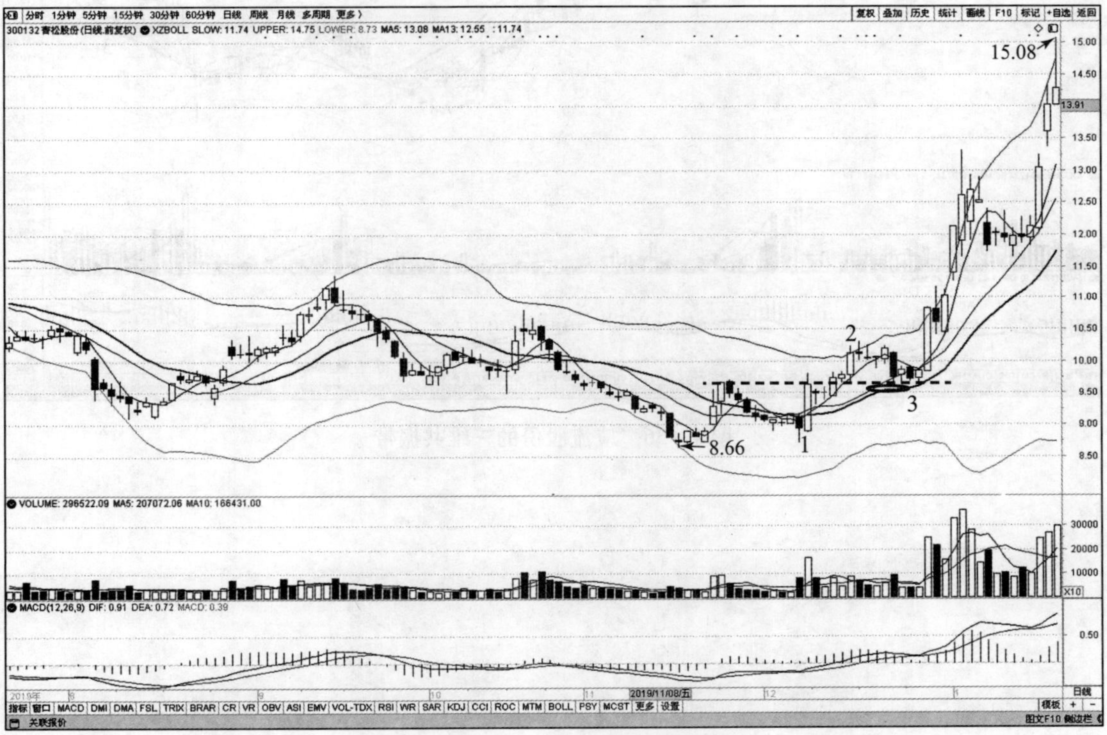

图4-35　青松股份的三维共振带

图4-36展示的是应流股份的三维共振带，如图所示：

（1）图中虚线是密集成交区；

（2）点3是点1与点2之间的50%；

（3）点3处是20周均线；

（4）图中椭圆是在点2出来后就可以事先图示的区域；

（5）椭圆所示区间就是三维共振带；

（6）点3形成之后就要密切关注，先看60分钟的转向回踩，再推演至5分钟寻找买点。

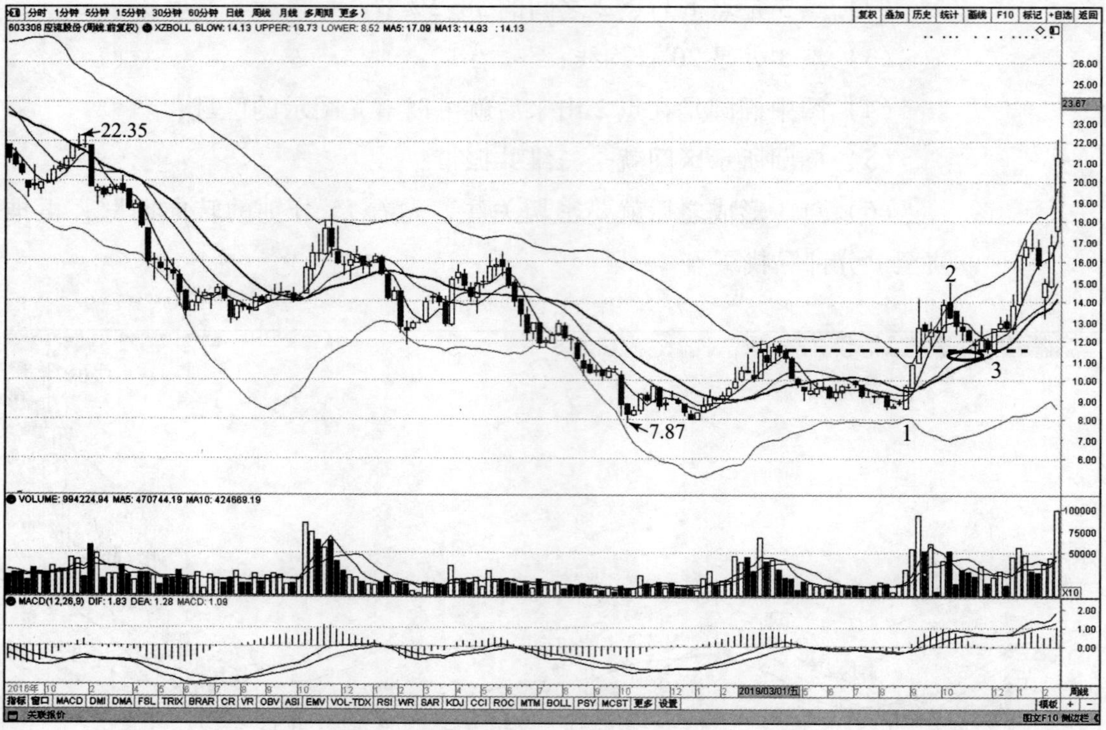

图 4－36　应流股份的三维共振带

第五节 级别的分类

为了更准确地描述行情的级别跃迁过程和变化，进一步把握主升段行情的脉动，下面把上文中的趋势级别细分为以下几个级别：启动级别、运行级别、回撤级别、转折级别。

1. 启动级别

启动级别是指与计划要把握的主升段的起点一致的级别。

2. 运行级别

运行级别是指体现启动级别行情运行节奏的级别。

3. 回撤级别

回撤级别是指启动级别运行过程中行情进行次级折返所回踩的级别。

4. 转折级别

转折级别是指某级别的回踩失败，进而行情向相反方向推进，导致该级别方向反转的级别，某级别转折将导致更大级别的回撤。在这些级别中，启动级别最大，它是主升段的目标级别。

运行级别组合起来就是启动级别，交易者可以根据运行级别的节奏加仓，若运行级别走出两个以上上涨 N 形结构，则主升段确定成立。运行级别可以理解为主升段级别行情的一部分。

回撤级别有可能与运行级别同级，但若大于运行级别，则说明行情开始减速；若回撤级别走出推动状态并导致运行级别转向，则主升段结束的概率大增；若回撤后继续沿主升浪方向行进的，则回撤级别变换为新的运行级别。

回撤是由于某级别的转折导致的，转折级别就越大，回撤级别越大，则回撤越深，行情越弱；若转折级别超过运行级别，则主升段结束概率增加；若转折级别与启动级别同级，则主升段确定结束。

以上分类只有一个目的：描述主升段行情的运行和变化，相应地加仓或减仓。下面看几个图例。

图 4－37 展示的是启动级别与运行级别，如图所示：

（1）两图（b）和（d）中，点 1 到点 2 的走势是同一段行情；

（2）图（d）是日线，起点处是 20 日线，所以是日线级别的主升段，亦即启动级别是日线；

（3）图（b）走势多次回踩 30 分钟 20 均线，意味着是 30 分钟级别；

（4）这一段日线级别的主升段的运行级别是 30 分钟，亦即它选择的节奏是回踩 30 分钟 20 均线；

（5）当这一节奏变化的时候，就意味着行情要回撤了。图（b）中走势跌穿 30 分钟中轨，标志着这一段 30 分钟级别的上涨结束，后市将切换级别。

图 4－38 展示的是郑棉的回撤级别，如图所示：

（1）图（d）显示郑棉这一段行情从日线图的 20 均线处展开，是日线级别的主升段，亦即启动级别是日线级别；

（2）图（b）~（d）中三个圆圈是同一位置；

（3）图（b）显示两次回踩 15 分钟 20 均线，意味着日线主升段的运行级别是 15 分钟；

（4）走势跌穿 15 分钟 20 均线后进行了振荡；

（5）图（c）显示走势回踩了 120 分钟 20 均线，所以回撤级别是 120 分钟。

图 4－39 展示的是郑棉的转折级别，如图所示：

（1）此图是图 4－38 的后续走势；

（2）在图 4－38 中回撤级别是 120 分钟，本图（b）中该回撤级别转化为新的运行级别，根据级别跃迁原理，运行级别的扩大意味着走势减速；

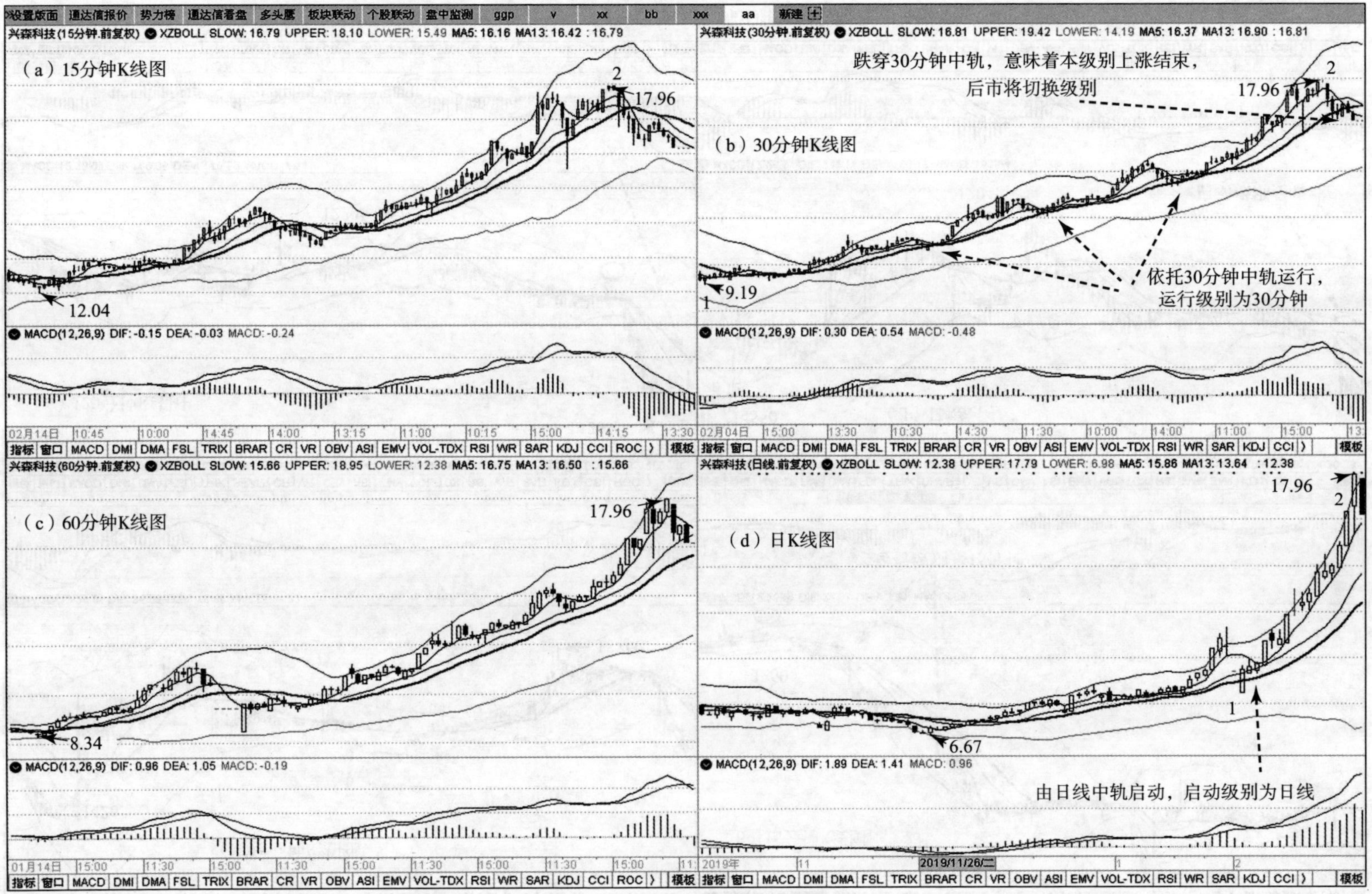

图4-37 启动级别与运行级别

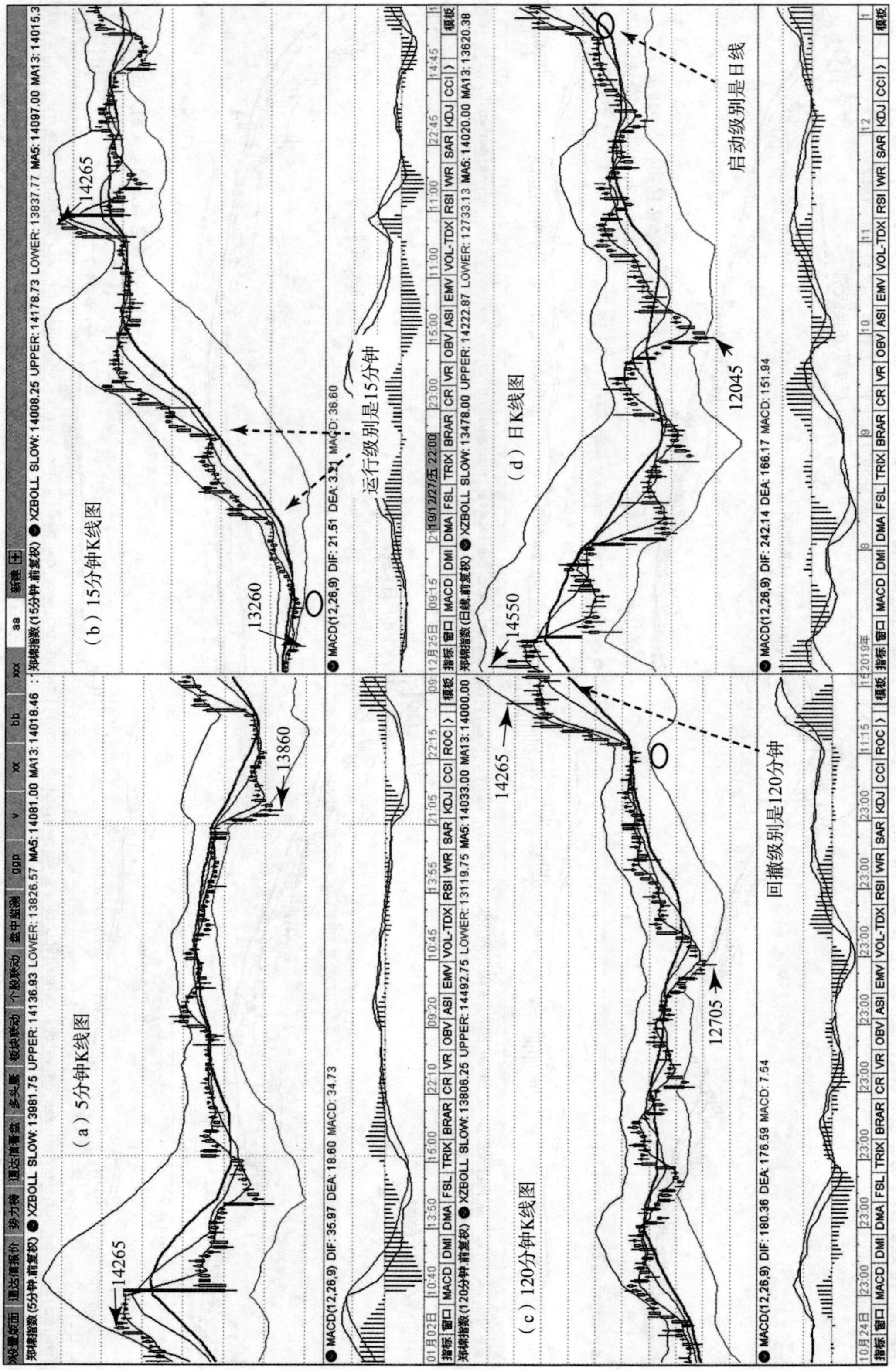

图4-38　郑棉的回撤级别

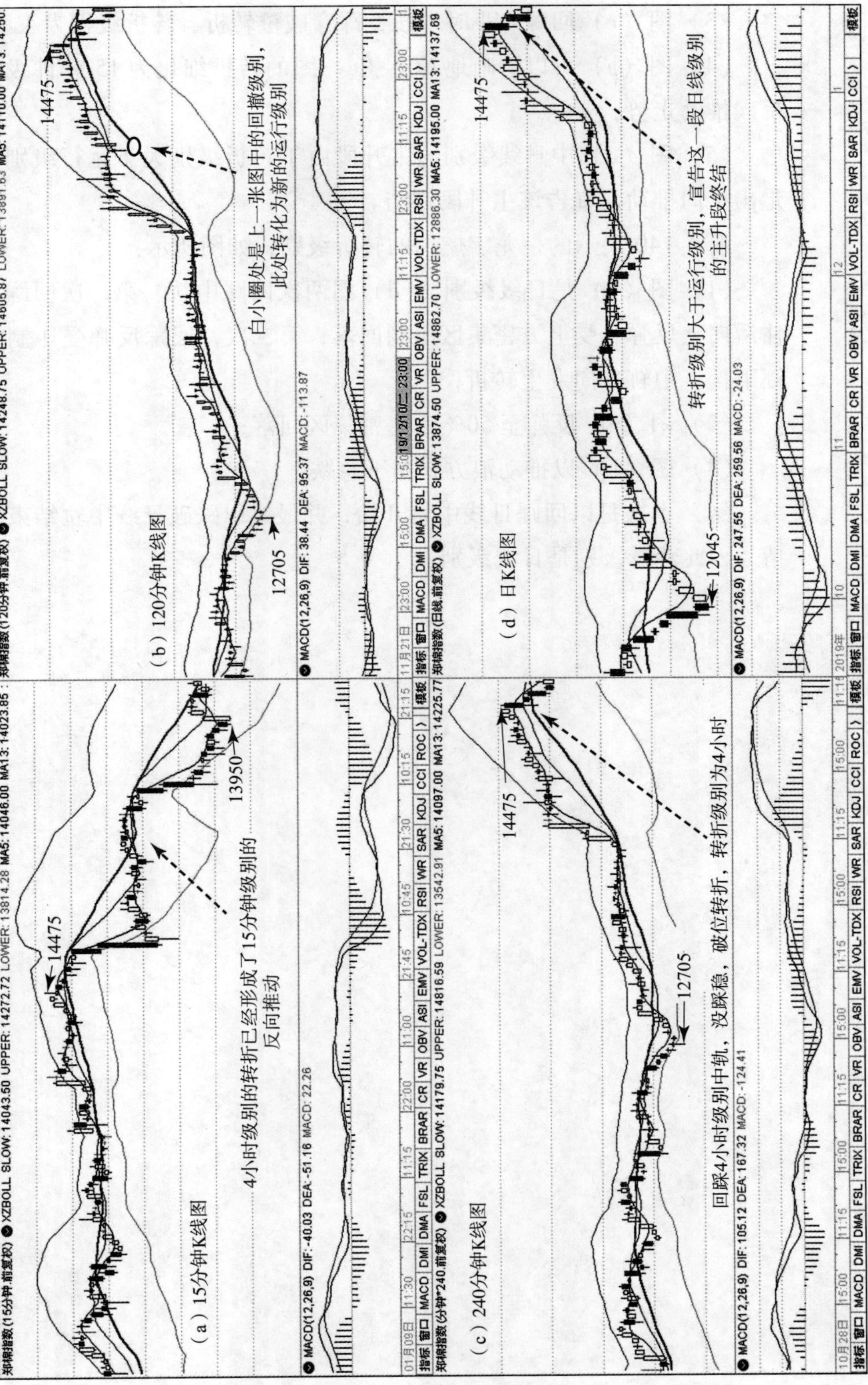

图4-39 郑棉的转折级别

（3）图（c）回踩4小时中轨，踩穿破位转折，转折级别为4小时；

（4）图（a）可以清晰地看出（c）图的转折细化为15分钟级别的反向推动走势；

（5）图（d）中日线级别的主升段由于转折级别大于运行级别，且走出反向推动而宣告该主升段终结。

图4-40展示的是龙宇燃油的转折级别，如图所示：

（1）图（d）是日级级别。（d）图两次回踩中轨。第一次回踩，稳住后向上反弹，受上方密集区压制回落；第二次，回踩反弹受压制后大幅下挫，中轨方向发生转折；

（2）图（c）反弹至50%，遇密集区回落；

（3）图（b）以推动浪方式向下急跌；

（4）本次是以回踩日线中轨开始，并最终以跌破日线中轨结束的行情，因此转折级别是日线级别。

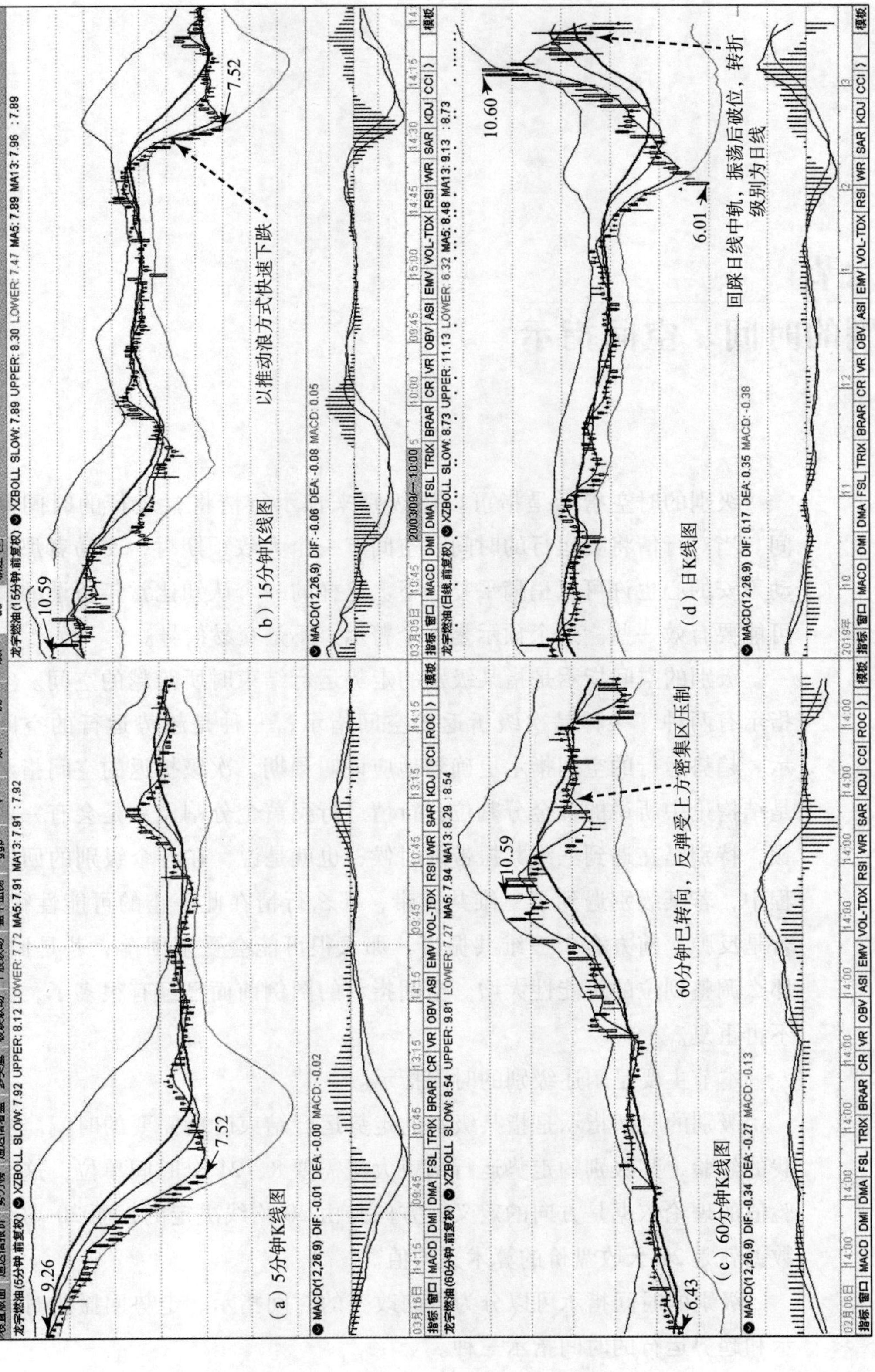

图4-40 龙宇燃油的转折级别

第六节 级别的时间、空间指示

级别的时空指示是指可以用级别来预示行情将要运行的时间和空间。当对行情将要运行的时间和空间有一个大致预期时，交易者那颗躁动不安的心也许可以稍稍平复一下。这样的一个认知比常年所谓的修行可能要有效一些。这个预示是一个警示，不是交易信号。

级别的空间指示是指某级别的走势运行结束时所跨越的空间。空间指示有两种，一种是次级折返的空间指示，一种是趋势运行的空间指示。趋势运行的空间指示更确切地应该叫预期。次级折返的空间指示就是结构论中所说的黄金分割位，行情运行到黄金分割位总是会有一些停顿，特别是在遇到三维共振带的时候，也就是说，在各个级别的回撤过程中，若某级别遇到了三维共振带，那么行情在此停止的可能性很大。若是反弹，前方有个三维共振带，那么很可能会受阻回落；若是回调，那么调整到位的可能性大增。空间指示的图例前面已经有很多了，此处不再重复。

本节主要是阐述级别的时间指示。

级别的时间指示是指某级别的走势运行结束时所需要的时间。按照我的经验，某级别的走势运行结束大概需要 8 ~ 21 个时间单位，这个经验值的理论依据是方向的定义，方向是由 20 均线决定的，而 20 均线的数据就是 20 天收盘价的算术平均值。

级别的时间指示可以分为方向改变的时间指示、走势回撤的时间指示和趋势运行的时间指示三种。

1. 方向改变的时间指示

方向改变的时间是指当前市场运行的方向被改变成为相反方向所需要花费的时间。

改变市场运行的方向需要一个过程。这个过程一般有三步：先是市场运行速度减缓，导致中轨上行斜率变小；然后回落寻找中轨的支撑，伴随着回落的脚步中轨逐渐走平；如果支撑无效，价格跌穿支撑，则随着价格的下跌，中轨将会向下转向。

这样，市场运行的方向就在减速、回踩、破位三个步骤的作用之下由上行转变为下行，在跨级别的突变跃迁中，市场由上涨直接倒V型反转，大幅下跌，使市场转向。

突变跃迁的转向时间一般是8～13个时间单位，渐变跃迁的转向因过程复杂，所需时间一般是13～21个时间单位。

2. 走势回撤的时间指示

走势回撤的时间是指市场回踩本级别中轨所需要花费的时间。

走势回撤的时间一般是8～21个时间单位，比较强的走势用8个时间单位就回踩到位了，弱一点的用13～21个时间单位才会回踩到位。

3. 趋势运行的时间指示

趋势运行的时间是指新的运行方向确立后所能持续的时间。如不考虑突变因素的话，趋势运行的时间一般在21个时间单位以上，因为趋势不易形成，一旦形成也不易改变。

简略而言，15分钟级别的方向一旦形成，一般会持续四小时才有可能改变，决定着当天的走势。

60分钟的方向一旦形成，一般会持续一周才会改变，决定着本周的走势。

日线的方向一旦形成，一般会持续一个月才会改变，决定着本月的走势。

周线的方向一旦形成，一般会持续一个季度才会改变，决定着本季的走势。

月线的方向一旦形成，一般会持续一年才会改变，决定着本年的走势。

有了上述认识，持股或持币就会有更多耐心。

下面来看几个示例。

图 4－41 展示的是上证指数日线级别方向改变的时间，如图所示：

（1）此图是上证指数日线图；

（2）点 1 到点 2 经过减速、回踩、破位后，方向由涨转跌，方向改变，耗时 16 个交易日；

（3）点 5 到点 6 方向由涨转跌，方向改变，耗时 14 个交易日；

（4）点 9 到点 10 方向由跌转涨，方向改变，耗时 14 个交易日；

（5）点 3 到点 4 方向由涨转跌，方向改变，耗时 28 个交易日；

（6）点 7 到点 8 方向由跌转涨，方向改变，耗时 20 个交易日；

（7）点 11 到点 12 方向由跌转涨，方向改变，耗时 9 个交易日。

图 4－41　上证指数日线级别方向改变的时间

图 4－42 展示的是上证指数日线级别走势回撤的时间，如图所示：

（1）点 1 到点 2 调整回撤日线中轨，耗时 17 个交易日；

（2）点 3 到点 4 调整回撤日线中轨，耗时 7 个交易日；

（3）点 5 到点 6 反弹回抽日线中轨，耗时 14 个交易日；

（4）点 7 到点 8 反弹回抽日线中轨，耗时 7 个交易日；

（5）点 9 到点 10 反弹回抽日线中轨，耗时 10 个交易日；

（6）点 11 到点 12 调整回撤日线中轨，耗时 6 个交易日。

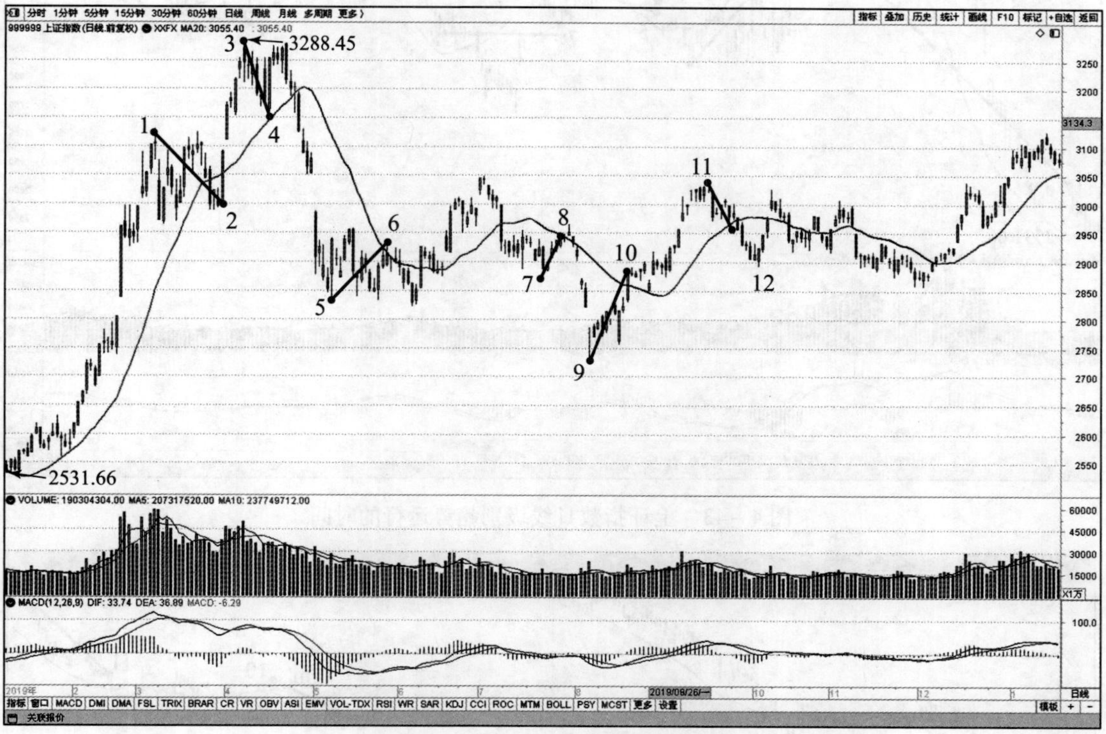

图 4－42　上证指数日线级别走势回撤的时间

图 4－43 展示的是上证指数日线级别趋势运行的时间，如图所示：

（1）点 1 到点 2 为日线级别的上涨，趋势运行了 65 个交易日；

（2）点 3 到点 4 为日线级别的下跌，趋势运行了 27 个交易日；

（3）点 5 到点 6 为日线级别的上涨，趋势运行了 19 个交易日；

（4）点 7 到点 8 为日线级别的下跌，趋势运行了 31 个交易日；

（5）点 9 到点 10 为日线级别的下跌，趋势运行了 23 个交易日。

图 4－44 展示的是创业板指数的时间指示，如图所示：

（1）点 9 到点 10 月线级别方向由涨转跌，耗时 20 个月；

（2）点 11 到点 12 月线级别方向由跌转涨，耗时 16 个月；

（3）点 5 到点 6 周线级别回撤中轨，耗时 6 周；

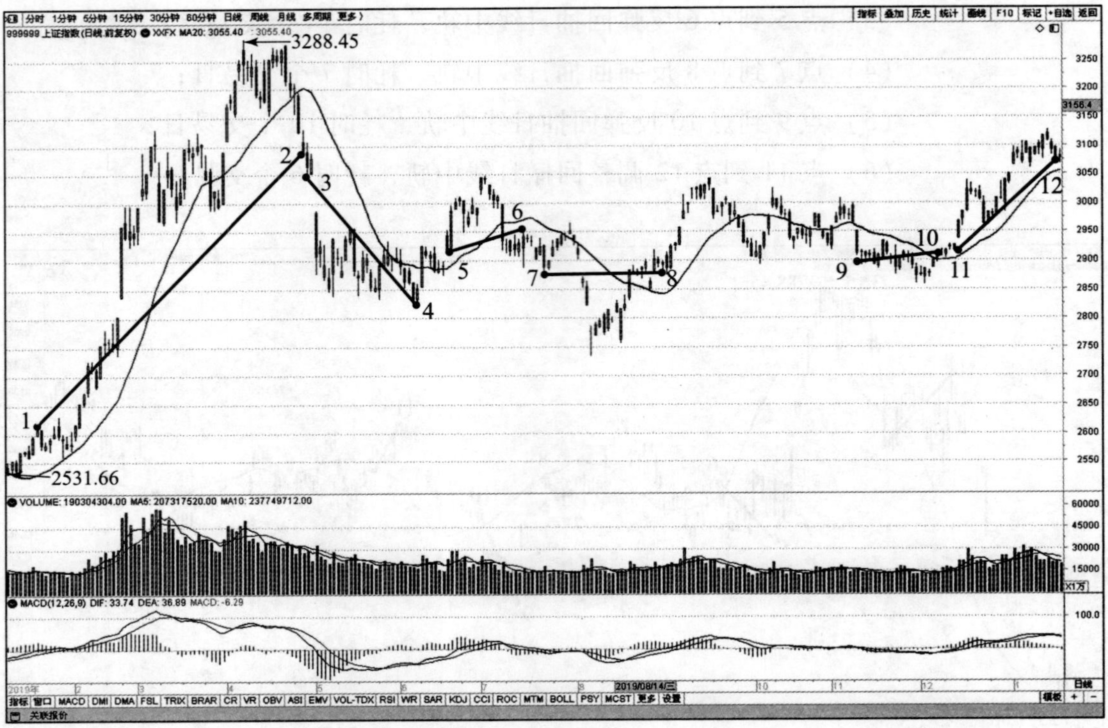

图 4－43　上证指数日线级别趋势运行的时间

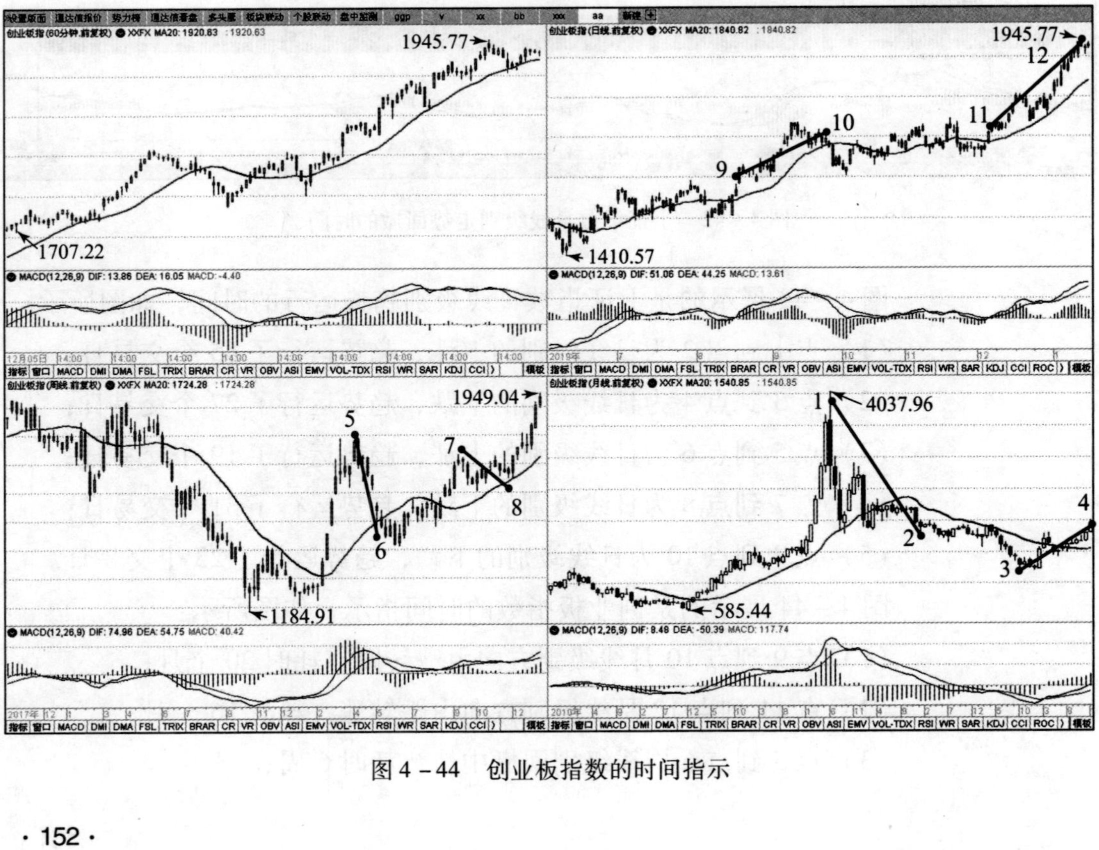

图 4－44　创业板指数的时间指示

（4）点7到点8周线级别回撤中轨，耗时11周；

（5）点1到点2为日线级别的上涨，趋势运行了28个交易日；

（6）点3到点4为日线级别的上涨，趋势运行了29个交易日。

本章小结

（1）三段论是认识论，级别论是方法论，没有行之有效的具体方法，再高深的认知都会流于空谈；

（2）行情总是在各个级别之间循环跃迁；

（3）只有认识级别才能把握行情运行的节奏；

（4）只有认识级别之间的相互关系，才能知晓行情发展变化的过程和特点；

（5）只有进行级别推演，才能找到大小级别共振的、有赔率优势的交易机会；

（6）级别具备时空指示效用。

第五章 主升浪变易论

三段论、结构论和级别论是有着内在逻辑关系的严密体系，它们逐级递进，分别定义主升浪、识别主升浪、把握主升浪。行文至此，三段结构论的框架已经构建起来，初具气象。现在，我们已经具备了足够的知识储备，可以进入到主升段最核心的领域——主升段的开始与结束了。

在此之前，先重温一遍主升段的定义。

主升段的定义：经过充分积蓄能量，以流畅有力的推动浪方式有效改变原有趋势并形成新的上升方向，在稍后的次级折返休整中，回落幅度有限，并随着时间的推移，20 均线也转而向上移动，当价格在 20 均线附近稳住，并有迹象再度向上强势运动时，再度向上的这一段称为主升段。

由定义可知，主升段需要具备三个要素：第一要素是形成新的向上运动方向；第二要素是有限回落且靠近某级别 20 均线；第三要素是有再度向上的迹象。

三个要素凝聚了三段论、结构论、级别论的精华，直接决定了市场走势能否晋升为主升段走势。下面我们分别对三个要素进行严谨的论述。

第一节
第一要素——方向的确定

在交易中，确定交易方向是第一位的。

可以这样说，所有失败的交易都源于方向错误，所有成功的交易都是因为方向正确。方向正确不一定能赚到钱，但方向错了，一定会赔钱。

现在的方向是知道的，但未来的方向是在变化中的。交易盈利需要依靠未来的方向。所以我们要设计一种模式，让未来的方向与现在的方向有某种内在的一致性。我们定义的主升段就是这样一种模式。

主升段的方向由20均线确定，20均线的方向由N形结构的最初运动决定，主升段是该N形结构的最后一段，以回踩20均线为起点，这样，N形结构和20均线就合为了一个有机的整体。只要N形结构最终形成上涨N形，主升段就成立；若N形结构变异成振荡N形或下跌N形，主升段就不成立。

下面来看中小板指数周线图。

图5-1展示的是中小板指数主升段方向的确定，如图所示：

（1）点1到点2的上涨没有改变20均线的方向，不具备主升浪的条件；

（2）点3到点4的上涨导致20均线向上，点5回踩20均线，主升段条件具备，应入场，但点6没能形成上涨N形，到点7反而形成了下跌N形，在点6向点7运动的过程中，跌破点5时必须止损出场；

（3）点8到点9的上涨导致20均线向上，但点10的回落跌破20

均线，主升浪条件不具备；

(4) 点 11 到点 12 的上涨导致 20 均线向上，点 13 回踩 20 均线，应入场，点 14 形成上涨 N 形，主升段成立。

由此，以上涨为例，若一段上涨同时带动 20 均线转向向上，则主升段具备了第一要素。

图 5-1　中小板指数主升段方向的确定

第二节
第二要素——次级折返的结束

在主升段的定义中，第二要素是次级折返结束时回撤幅度不大于61.8%，且靠近某级别20均线。

这里的未知数是次级折返何时结束，我们必须给出次级折返结束的标准，这样的标准同时也适用于任意一段普通走势。

次级别即子级别，在级别论进行级别推演的过程中，我们没有过多考虑子级别的走势，其实，子级别的走势对孙级别的走势特点有着直接的影响，也间接地影响着级别推演。在实践中多次发现，次级折返（类似于波浪理论中的二浪）的回踩走势若出现两段背离，则孙级别构筑底部的概率就大大增加了。

为了研究次级折返的状态，我们要先介绍几个概念。

一、背离

这里引入了一个概念——背离。

背离的概念：在同一级别，后面一段走势结束时弱于前一段方向相同的走势就叫背离。

这里的“弱”是指幅度更小或幅度相近但时间更长，背离的结果可能是扩大级别，也可能是转向。

要注意区分两种背离：顺势的背离和逆势的背离，因为它们的结果不一样。

顺势的背离是指背离的两段走势与主升段走势运动方向相同的背离。逆势的背离是指背离的两段走势与主升段走势运动方向相反的背离。

顺势背离的结果一般是扩大级别，逆势背离的结果一般是转向。次级折返就是典型的逆势的背离。在主升段运行过程中，顺势的背离不建议出场，它一般只会扩大运行级别。如果背离的级别大于运行级别，可能需要适当减仓观察。逆势的背离对做主升段的交易者来说，则是极佳的入场机会。

背离还有级别之分，小级别的背离只会导致较小级别的回撤，大级别的背离才会导致较大级别的回撤。

市场状态的改变一般都是背离的结果，如V型反转是突变跃迁的结果，而头肩顶和M头其实就是背离级别不断扩大后的结果。

背离的概念极其重要。背离是普遍存在的，广义的背离可以理解为事物的运行趋势在时间轴上的减缓。事物的变化一般都源自背离，这是惯性定律所决定的。宏观的如新旧事物的更替，微观的如一个人观点的转变，都可以看成是背离起作用的结果。

二、转折

那么，如何确认一段走势结束了呢？那就需引入转折的概念。

转折的概念：转折是指导致某级别中轨方向改变的走势，在过程上是这样的：某段走势先回踩中轨，导致中轨减速或走平，然后向上运动无力，或者略创新高后背离，或者无力创新高形成振荡，然后向下运动跌穿中轨，导致中轨转向，此时就认为该段上升已经结束，走势发生了转折。

转折是一个很重要的概念，在同一级别中，走势发生了转折，就是本级别无条件退场的标志。

这就是转折三部曲：背离、回踩、破位转向。

转折是用来定义一段走势结束的标准。在背离的概念中，先要有走势的结束，才能定义背离，走势没有结束，就没有背离。

转折点的概念：在转折过程中经常发生的情况是，向下跌穿中轨的时候会有一根或数根K线创出前面回踩中轨时的低点，若同一时期中轨转向，我们就把那个创出新低的点叫转折点。

三、核心K线

核心K线的概念：在转折过程中，如果存在某根标志性的K线，由于它的运行导致中轨转向，并且它运行的幅度明显超出了当前市场的运行区间，我们就称这根K线为核心K线。

核心K线不能在短期内被后市逆向运行的K线所覆盖，若被覆盖，则该核心K线不成立。

核心K线不是普遍存在的，但它却是重要的，及时观察到核心K线会让交易者在第一时间洞察到市场的变化。

在某些错过了启动位就会被轧空的状态下，我们可以依据核心K线来开仓。核心K线成立的条件是它的起点不能被击穿，所以依据核心K线开仓，止损点就是核心K线的起点。

四、次级折返的结束

综上所述，我们得到如下结论：某一段走势结束的标准就是该走势的方向发生了转变。方向转变的过程一般是背离、回踩、破位，通常有三种情况：

第一种是次级折返有两段走势。此时必须先确认两段走势中的第二段运行结束时，亦即第二段发生了转向时，其运行的力度弱于第一段，这时我们才能认定次级折返产生了背离。如果同时满足黄金分割和靠近20均线的条件，那么我们就可以认定次级折返已经到位，主升段具备了第二要素。

第二种是次级折返只运行了一段，而且在这一段走势发生转向时已经同时满足黄金分割和靠近20均线的条件，那么同样可以认定次级折返已经到位，主升段具备了第二要素。

第三种是次级折返也只运行一段，而且在靠近20均线和满足黄金分割率时这一段走势并没有转向，但回踩20均线后却发生V型反转，一路单边上涨，这种情况在单边上涨致使次级折返转向时可以认定，主升段具备了第二要素。

为了便于更好地理解以上概念，下面通过以下图例说明。

图5－2展示的是掌趣科技的背离转折。如图所示：

（1）点3、点4段相对于点1、点2段背离，是顺势的背离，后市切换级别；

（2）点6、点7段相对于点4、点5段背离，是逆势的背离，后市转向向上；

（3）点9、点10段相对于点7、点8段背离，是顺势的背离；

（4）点10后回踩中轨破位，至点11形成了转折；

（5）点12所指K线跌穿回踩中轨时的低点，并导致中轨转向向下，成为核心K线。

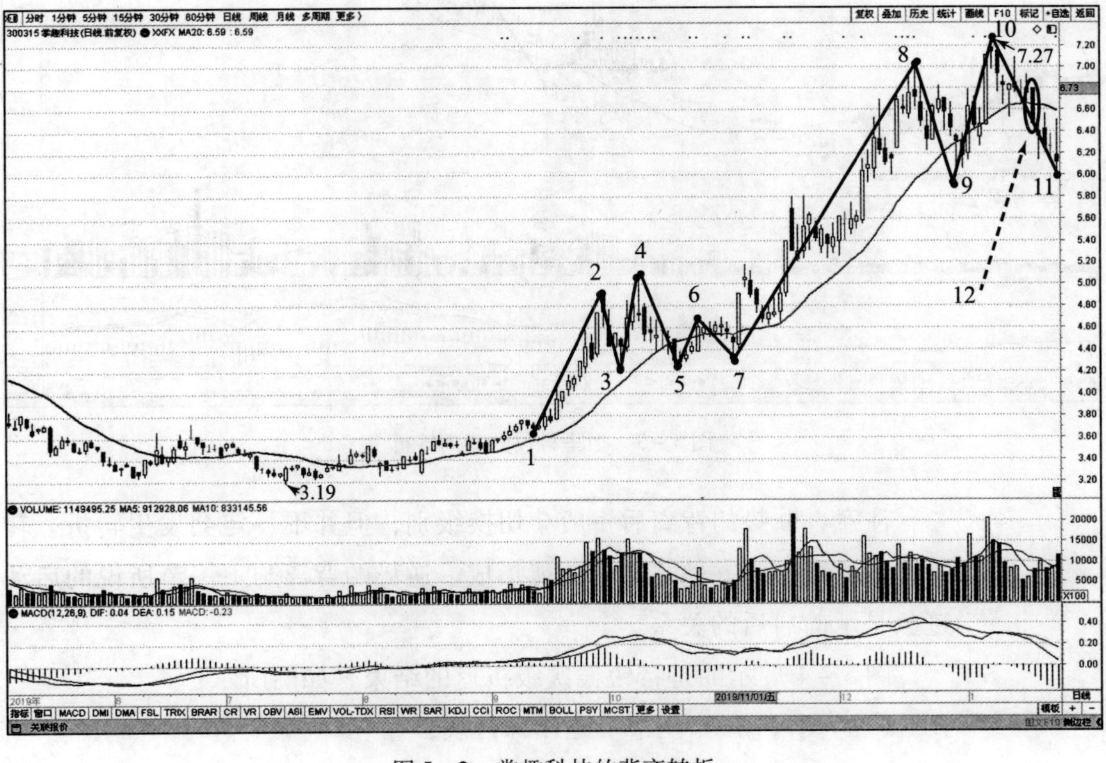

图5－2　掌趣科技的背离转折

图 5－3 展示的是炬华科技的背离转折，如图所示：

（1）点 3、点 4 段相对于点 1、点 2 段背离，是顺势的背离；

（2）点 5 回踩中轨，切换级别；

（3）点 6 向上运动无力，后回踩中轨破位，至点 7 形成了转折；

（4）点 8 所指 K 线跌穿点 5 回踩中轨时的低点，并导致中轨转向向下，成为核心 K 线。

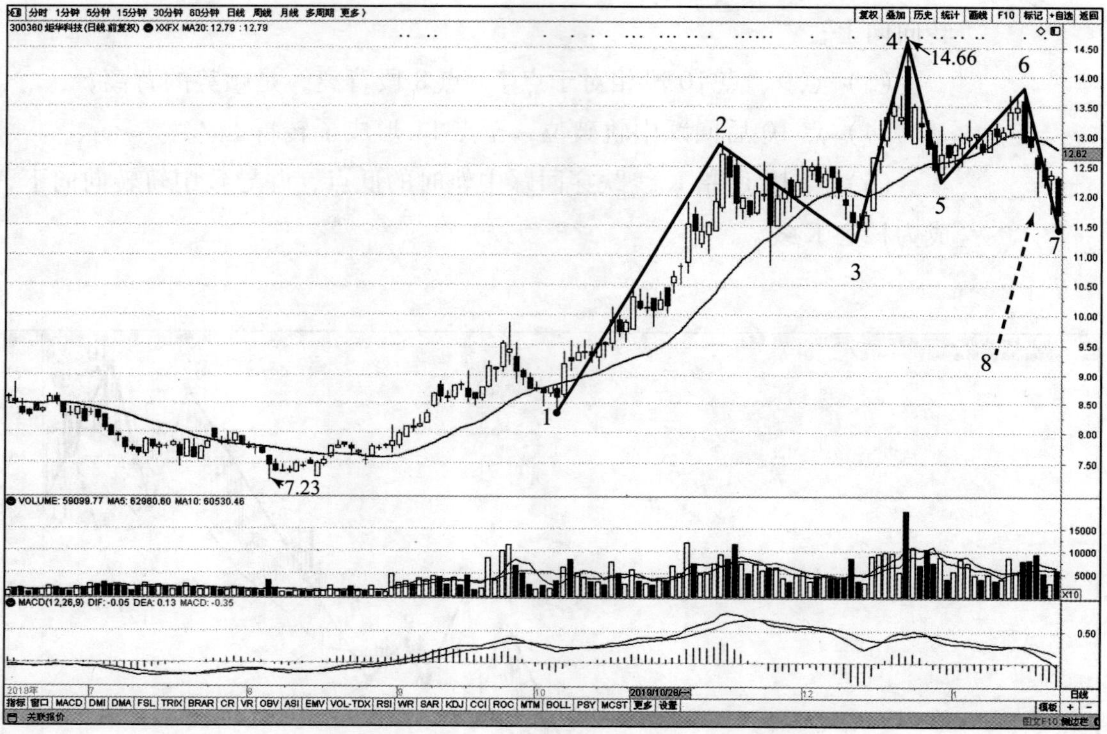

图 5－3　炬华科技的背离转折

注意，顺势的背离后一般会切换级别，但并不一定会发生转折。转折必须跌穿中轨并使之转向才能形成。逆势的背离与下一节所说的启动迹象是承前启后的关系。

图 5－4 展示的是特锐德次级折返的结束，如图所示：

（1）图（b）指明节奏是回踩月线；

（2）图（c）中次级别周线两段走势背离转折时已经靠近月线中轨；

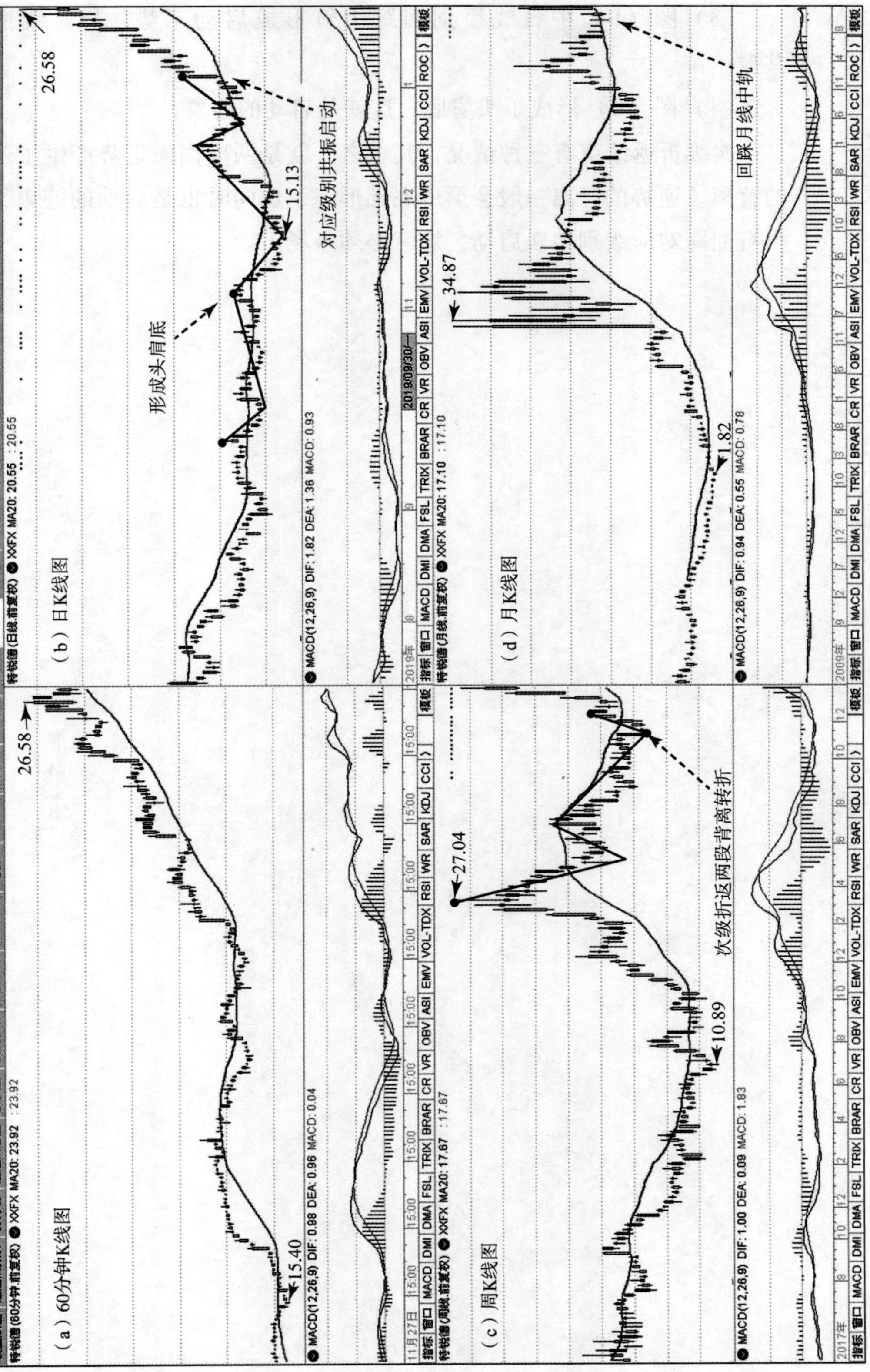

图5-4 特锐德次级折返的结束

（3）图（b）中日线级别回踩中轨形成启动态势，与月线形成共振；

（4）图（d）形成了头肩底，这就是启动的迹象；

次级折返结束有三种情况，其中之一就是两段回撤走势产生了逆势的背离。逆势的背离一般会形成底部形态，这同时也是启动的迹象，若再有回踩对应级别中轨启动，那就必须入场了。

第三节
第三要素——启动的迹象

在第一要素和第二要素具备之后，没有第三要素也是不能入场交易的。第三要素与第二要素有着千丝万缕的联系。

一、三种启动迹象

主升段定义的第三要素是有迹象向上强势运动，这个迹象我们是靠级别推演予以确认的。

主升段的对应级别和推演级别都小于次级别，所以在次级别经背离、回踩、转折三步曲回踩到位时，对应级别和推演级别肯定已经处于底部构筑完成、转向回踩的状态中了。

次级回撤到位说明次级走势的第二段发生了转折，这个转折的级别如果和推演级别接近，那同时也是级别推演的目标，同时这个位置还是主升段的起点。这个地方可能形成三者的结合，三结合是三个不同级别、不同方向的走势的结合：对于次级折返来讲，是回撤的结束；对于推演级别来讲，会形成底部形态；对于主升段来讲，是大级别走势运行的起点。

我们需要确认第三要素是否具备，就要先在推演级别的视角下仔细分析一下行情是否有上涨的迹象。

这一迹象与次级折返结束时的状态是有关联的，次级折返有三种，启动的迹象也有三种。

第一种，在次级折返走两段背离的情况下，推演级别一般会构筑头肩底或双底，这时我们可以正常推演，在推演级别回踩中轨时买入。

第二种，在次级折返走一段回撤然后转向的情况下，推演级别一般会形成收敛突破，这时我们可以在推演级别突破时买入。

第三种，在次级折返走一段回撤然后 V 型反转的情况下，推演级别会走出跨级别突变跃迁，这时我们可以在更大级别追涨买入。

这里引入一个概念——突破。

在介绍突破之前，我们先来看一张启动迹象的图。

图 5 – 5 展示的是欣旺达启动的迹象，如图所示：

（1）图中是欣旺达的月、周、日、时分级图；

（2）图（d）是月线图，月线图面临创历史新高，并且经过长期振荡形成了月线级别的临界点；

（3）图（c）回踩周线中轨，目标就是要突破月线的临界点；

（4）图（b）显示在回踩周线中轨时，次级别日线走势已经两段背离，并且发生了转折；

（5）在日线背离转折的同时，图（a）显示在小时级别已经形成了头肩底；

（6）头肩底的成立就是启动的迹象。头肩底突破颈线或对应级别回踩中轨就是入场时刻。

二、突破

突破是指冲出市场现有运行范围，使现有市场运行状态显著改变，强有力且具有突然性的运动。

在交易中，突破是一个很重要的概念，因为突破成功的背后通常对应着巨大的利润。很多人专门研究突破，却收效甚微，根源在于对突破的内涵认识不深。

做好突破需做到以下几点：

（1）明确突破目的。突破必须在走势中起到划分运行阶段的作用，必须是针对某个大形态进行的或者处于某个大级别主升段的起点，这是最重要的一条，不符合这一条，突破就成了无源之水。因为大行情来自

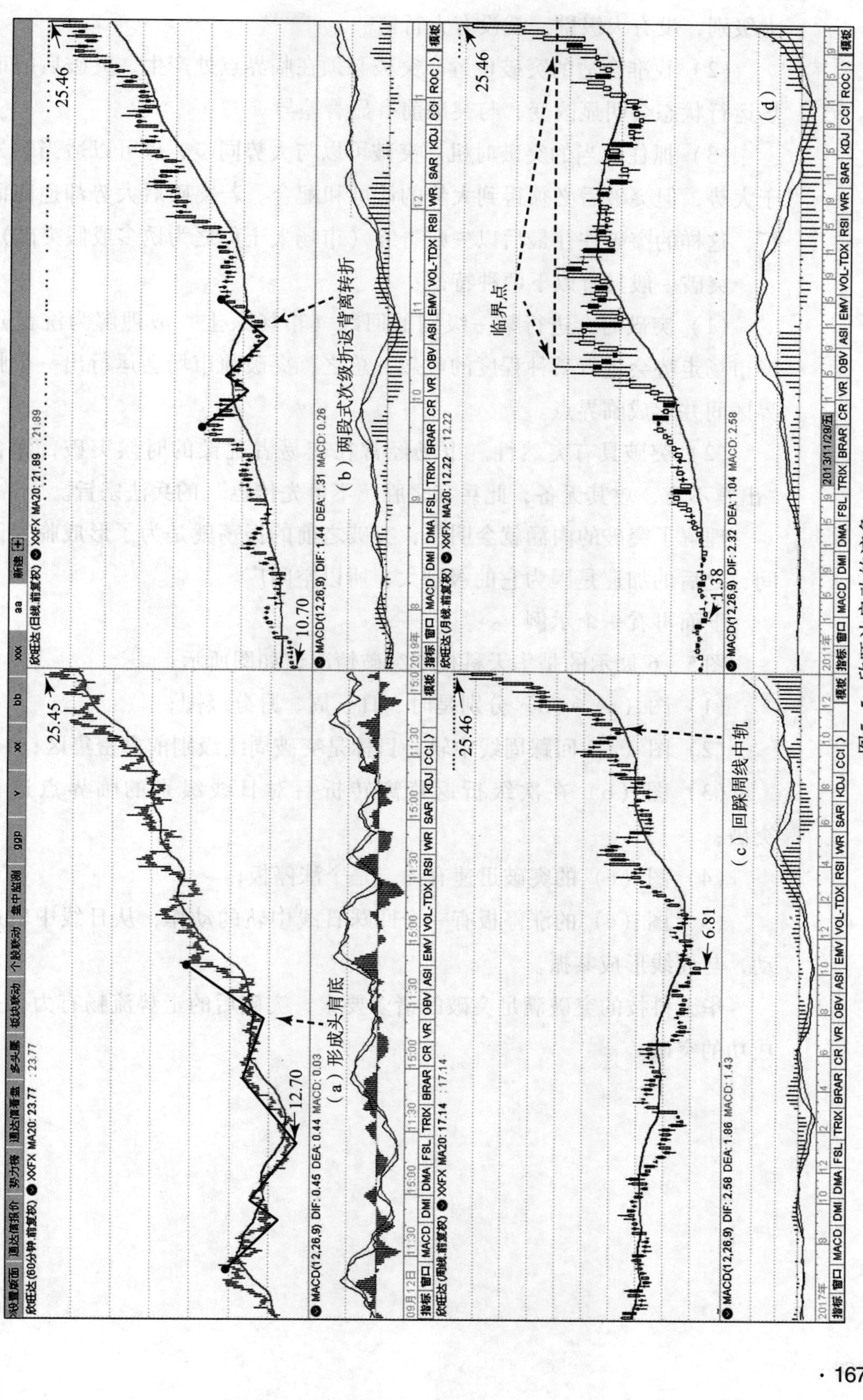

图5-5　欣旺达启动的迹象

大级别，没有大级别，就没有大行情。

(2) 找准合适的突破位置。突破必须在临界点处产生，突破后的市场运行状态会明显改变，与突破前有显著差异。

(3) 抓住恰当的突破时机。突破可以与大势同步，也可以适当领先于大势，但突破后必须得到大势的认可和配合。若突破后大势却逆向而行，这样的突破往往最后以失败告终（市场人士称之为诱多或假突破）。

突破一般具有以下两种特征：

(1) 突破时会进行某一级别的回踩（市场人士一般理解为洗盘），或市场走势会进行某种程度的收敛，总之，突破前市场会运行出一个临界区间并形成临界点。

(2) 突破具有突然性。市场经常在交易者犹豫的时候突破，深合“出其不意，攻其无备，此兵家之胜，不可先传也”的兵法宗旨。

理解了突破的内涵就会明白，突破之前的振荡就是为了形成临界区间，之后的加速是因为它的级别大，所以空间广。

下面再看一个示例。

图5-6展示的是华天科技的突破情况，如图所示：

(1) 图 (a)~(d) 分别是时、日、周、月分级图；

(2) 图 (c) 回踩周线中轨，目标是突破周线级别前方密集区；

(3) 图 (b) 在次级折返背离转折后对日线级别的临界点进行突破；

(4) 图 (c) 的突破迅速有力，是个涨停板；

(5) 图 (c) 的涨停板有一个回踩日线中轨的动作，从日线中轨启动，与周线形成共振。

华天科技的突破满足突破的诸多要素，突破后的走势流畅有力，是成功的突破。

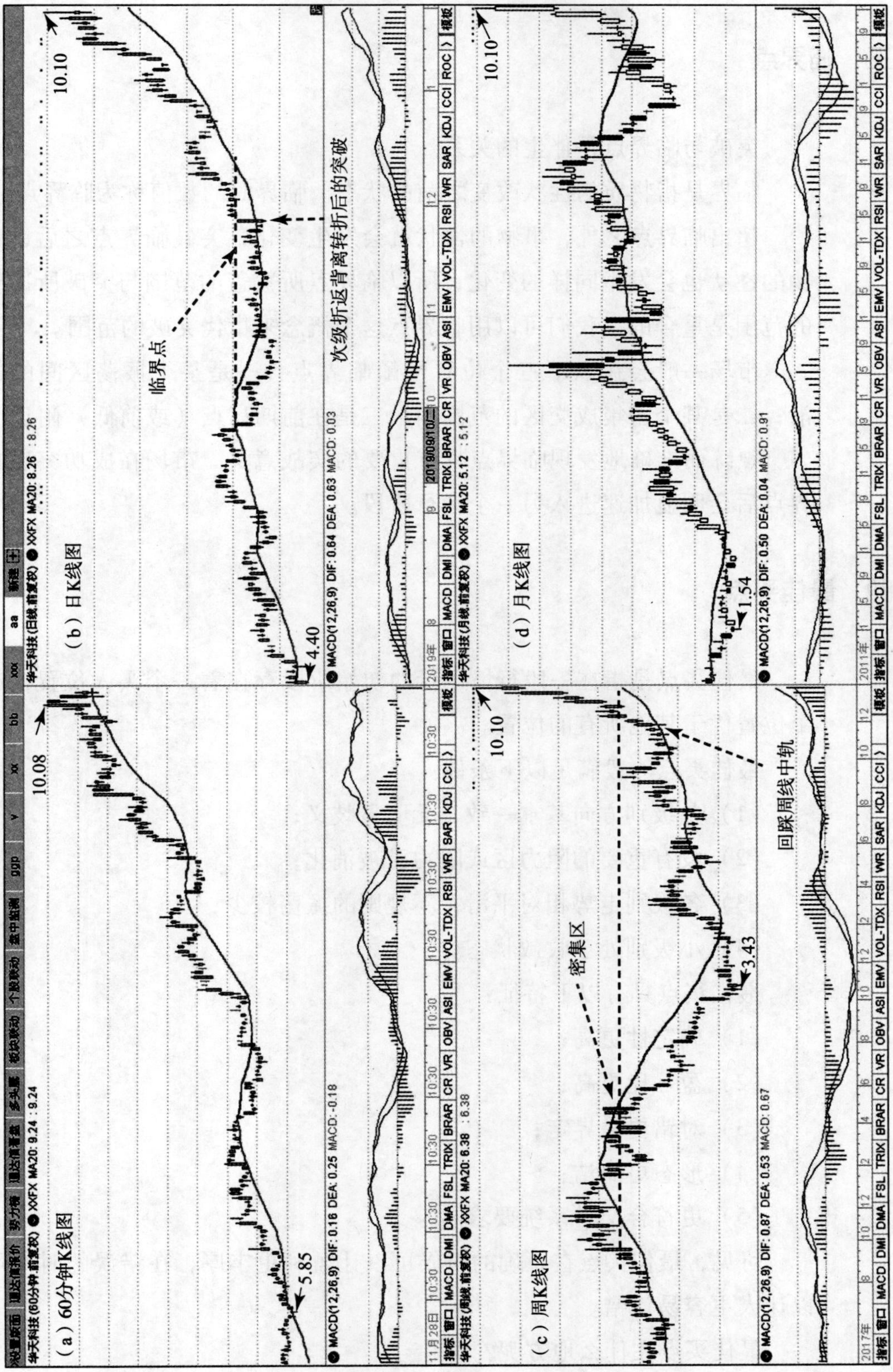

图5-6 华天科技的突破情况

三、临界点

突破与临界点是伴生的关系。

临界是指物质的性状改变之前的状态。临界时的数值称为临界点。

超出临界点之外，事物的性状就会发生变化；突破临界点之后，事物的性状也会发生同样的变化；所以临界点所覆盖的范围与突破所冲破的范围是重合的，我们可以用临界点这个概念来指代突破的范围。

市场一般会在以下三个位置酝酿临界点：一是某个振荡区间的边沿；二是某个密集成交区的范围内；三是在前期高点（或前低）附近。

熟练而准确地发现临界点具有重要的实战意义。市场在成功突破临界点后会明显加速进入另一个运行阶段。

四、最佳买点

最佳买点是指在一段行情运行的初始阶段存在着一个买入位置，这个位置优于其他所有的位置。

最佳买点一般满足以下条件：

（1）各级别方向基本一致，无明显歧义；

（2）没有重要的阻力区或阻力已被消化；

（3）各级别走势相对平滑，不规则的振荡较少；

（4）小级别处于收敛状态。

最佳买点具有以下特征：

（1）确定性更高；

（2）盈亏比更高；

（3）对错更易界定；

（4）形态更简洁；

（5）更符合交易系统要求。

可见，最佳买点在正确的时候可以让盈利更丰厚，在错误的时候可以让人更容易认错。

最佳买点在什么地方呢？

交易者有心的话可以去复盘，在每一段趋势的开始阶段都有且仅有一个位置满足上述条件。统计历史数据，这是归纳法，归纳法是不完全的，所以，任何时候都要有认错的心理准备。

其实前面已经做了铺垫，最佳买点经常在三结合地带出现。核心 K 线处或临界点突破处都是最佳买点容易出现的地方。

如果出现了如前所述的三种启动迹象，那么第三要素就具备了；如果如前所述三种启动迹象中出现了核心 K 线或临界点突破或最佳买点，那么就是形成第三要素极其充分的条件了。

下面再来看看临界点与最佳买点的图示。

图 5 -7 展示的是坤彩科技的临界点突破，如图所示：

（1）图（d）显示坤彩科技的节奏是回踩月线中轨；

（2）图（c）显示次级折返走了一段式，然后是收敛突破形成转折；

（3）图（b）显示在次级折返进行收敛的过程中，形成了临界点；

（4）图（a）显示小时级别也形成了临界点，与日线临界点共振突破。

图 5 -8 展示的是石英股份的最佳买点，如图所示：

（1）图（a）~（d）分别是时、日、周、月线分级图；

（2）图（c）显示节奏是回踩周线中轨；

（3）图（b）显示在次级别回撤过程中形成的临界点，并对临界点进行突破；

（4）图（b）显示在临界突破成功后，走势又回踩了一次日线中轨，然后展开了加速上涨模式；

（5）箭头所指的 K 线就是最佳买点，符合最佳买点的特点。

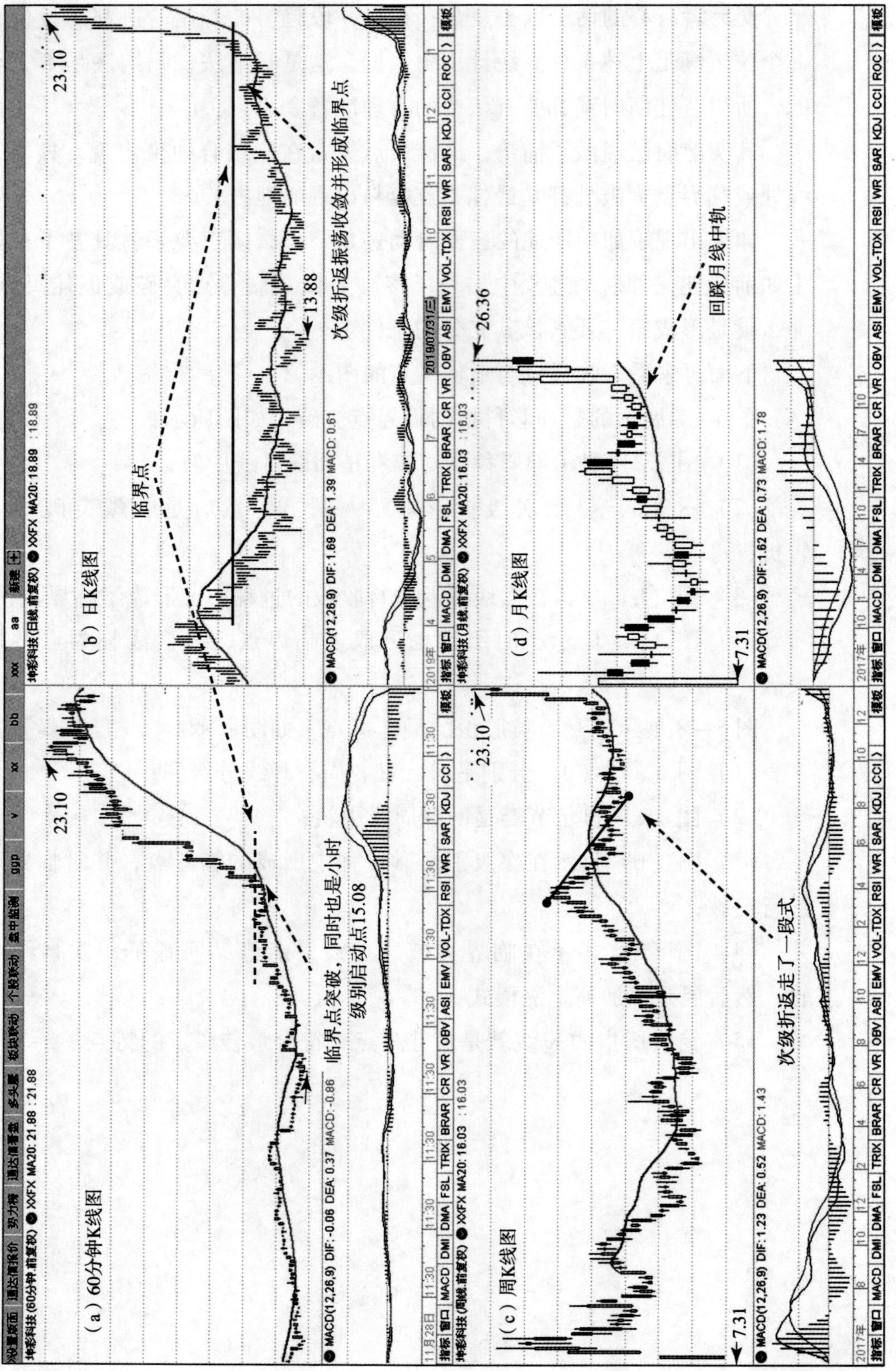

图5-7 坤彩科技的临界点突破

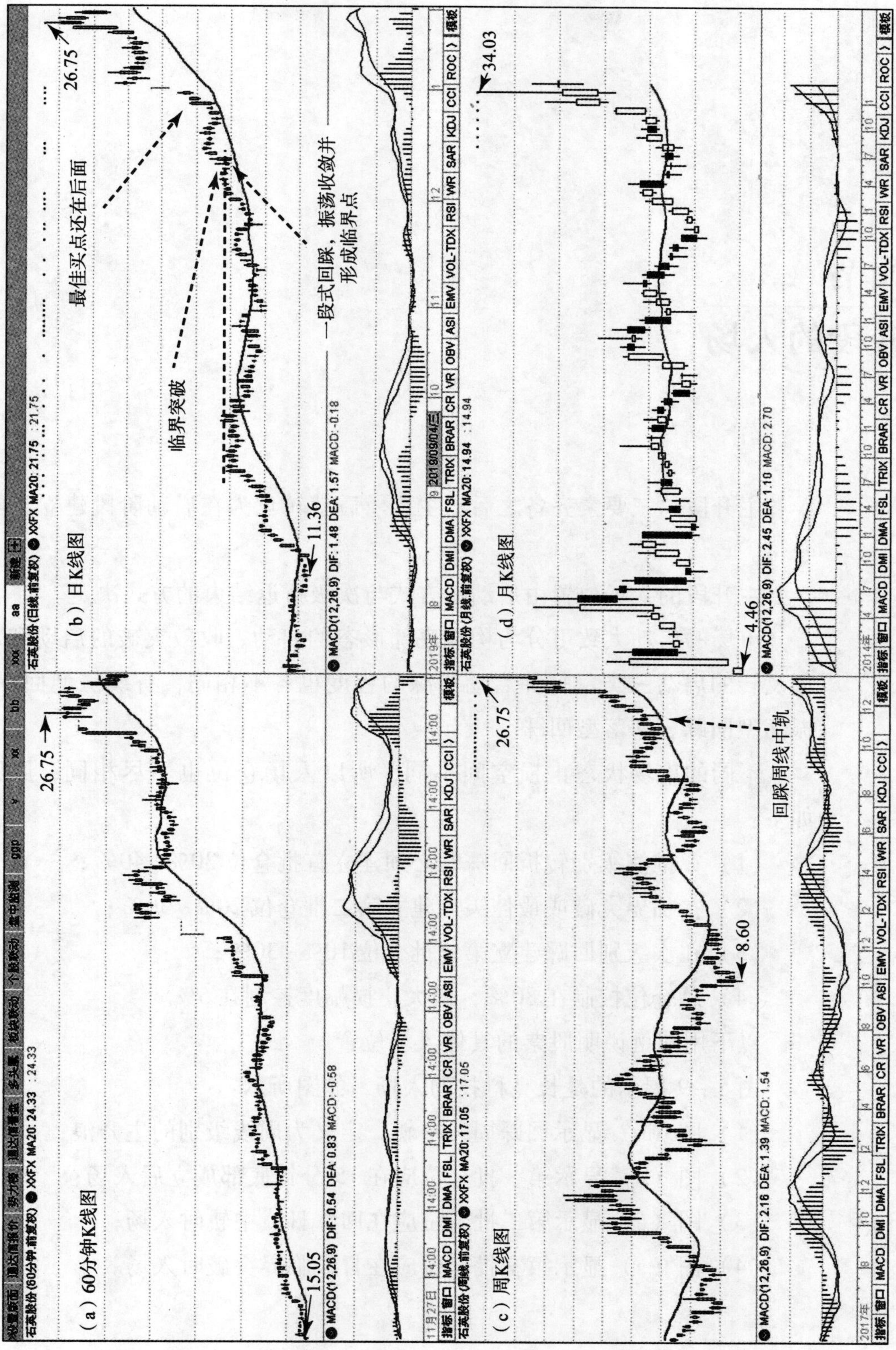

图5-8　石英股份的最佳买点

第四节 主升段的入场

主升段的三要素齐备之后，主要矛盾就转化为在启动阶段建立足够仓位。

主升段的入场位置由启动的方式与次级折返结束的方式决定。

市场的启动大致可分为构筑底部形态的启动、收敛突破的启动和V型反转的启动三类，每种启动回踩的程度也各不相同，有缓涨型回踩、振荡型回踩、回落型回踩。

不同的市场状态止损空间不同，所以入场仓位也不尽相同，原则如下：

（1）在推演级别转折回踩时必须建立首批仓位30%~40%；

（2）在临界突破或最佳买点建立第二批仓位20%~30%；

（3）在次级别回踩建立第三批仓位10%~30%；

（4）总仓位控制在80%，最大止损幅度控制在5%。

以下用图例说明股票的具体入场位置。

图5－9展示的是长亮科技的入场，如图所示：

（1）图（b）显示回踩周线中轨，定义为周线级别的主升浪；

（2）图（c）显示第一批仓位应在15分钟底部成立后入场；

（3）图（a）显示第二批仓位应在回踩日线中轨时入场；

（4）图（a）显示第三批仓位应在日线临界突破时入场。

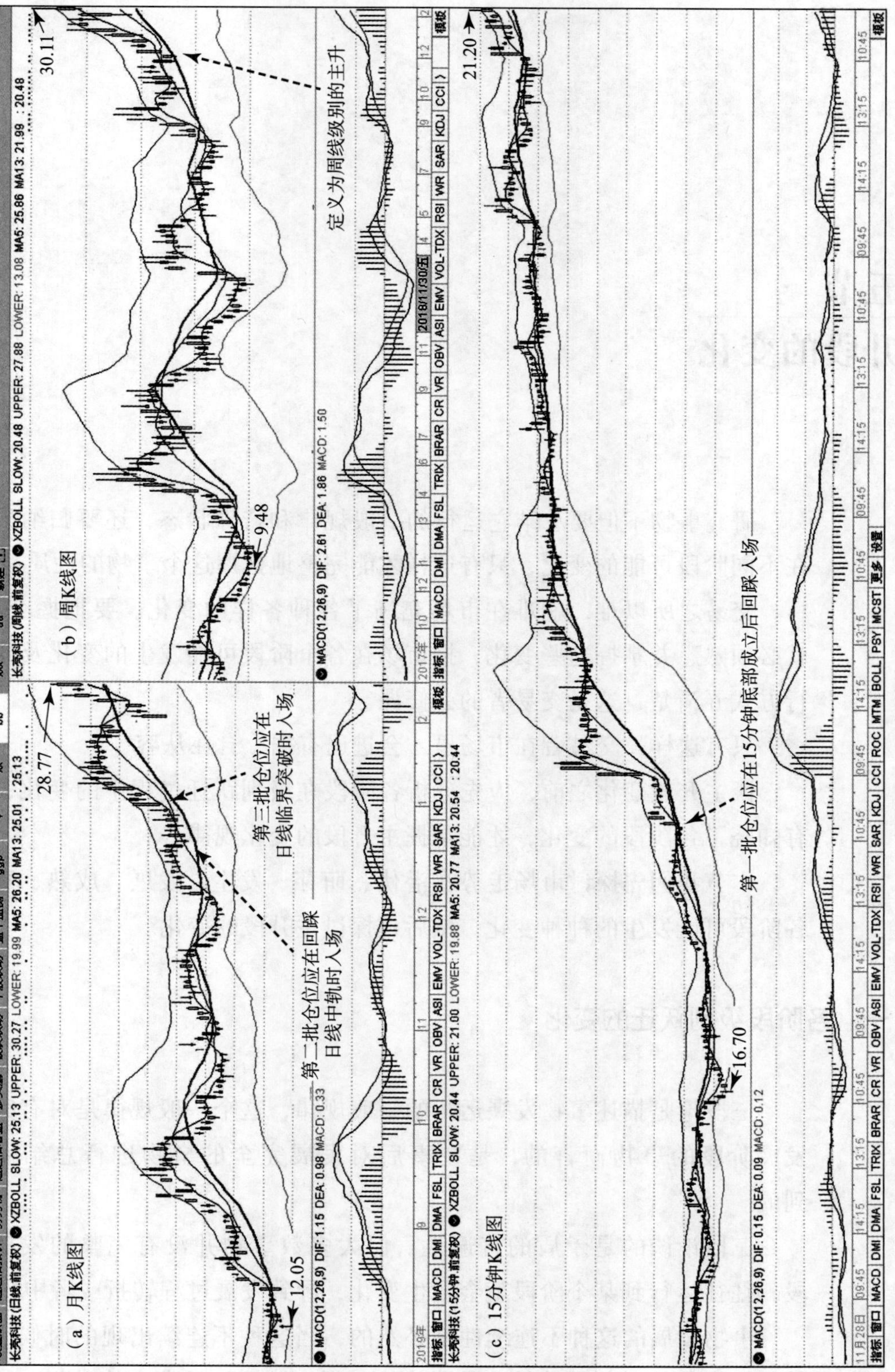
(a) 月K线图
12.05
28.77
第二批仓位应在回踩日线中轨时入场
第三批仓位应在日线临界突破时入场
(b) 周K线图
9.48
30.11
定义为周线级别的主升
(c) 15分钟K线图
16.70
21.20
第一批仓位应在15分钟底部成立后回踩入场

图5-9 长亮科技的入场

第五节 主升段的变化

研究事物不但要总结它运行的一般规律和特殊状态，还要归纳出它在不同阶段可能的变化，只有这样才能完整地把握这个事物的性质。

交易之所以难，就难在市场充满了各种各样的变化。要把握交易，就必须熟悉并掌握这些变化，把市场在各个阶段可能发生的变化及其运行方式弄清楚，这是交易者的必修课。

只有这样，交易者在市场里才会进退有据、自在从容。

谈主升段变化之前，应先分析各阶段在级别跃迁过程中的变化；只有知晓了各阶段的变化，才能掌握主升段的变化规律。

本节我们先探讨市场走势在潜伏、萌芽、发生、发展、成熟、衰退各阶段可能发生的种种变化，然后再探讨主升段的变化。

一、各阶段级别跃迁的变化

三段论是描述事物发展运行的一般规律，这个一般规律是对有完整发展阶段的事物而言的，是在事后对发展完全的事物进行总结而得到的。

三段论谈的是矛盾的普遍性。但大多数事物并没有完整的发展阶段，往往运行到某个阶段就会发生变化，导致发展过程转折或者中止。

事物发展的这种不连续性是必然的，当这种不连续出现的时候，就是新旧交替的时刻，就是阶段调整的时刻，就是跃迁中止的时刻，就是级别切换的时刻。

我们展开来讨论这些可能的变化，并以“定理”的名称来命名在各阶段具有典型特征的变化。

1. 潜伏阶段的变化

在这一阶段，日、周、月各级别的中轨都是向下的，若想改变这种状况，跌势就必须减速，并在某一级别发生背离，反弹才会产生。小级别的背离，小级别的反弹就消解了；大级别的背离，就要大级别的反弹才能消解。

在潜伏阶段，下方并无支撑，市场的变化来自内部多空力量的此消彼长，由此推出趋势定理。

趋势定理：运动不减速，趋势不终止；背离不发生，方向不改变。

这个定理说的是，减速并发生背离转折是我们判断趋势结束的唯一标准。重温牛顿惯性定律：除非有外力作用，否则物体将保持静止状态或匀速运动状态，如图 5 – 10。

图 5 – 10 展示的是趋势定理，由图可以读出以下信息：

（1）减速背离：行情的下跌首先出现减速背离状态，说明下跌有结束的可能；

（2）转折，底部成立：代表下跌方向的中轨出现了向上的转折，说明下跌走势终止；

（3）突破：市场走势回踩中轨后向上突破，形成上涨 N 形，说明市场开始了上涨。

图 5 – 10 展示的就是下跌走势结束的过程。

小级别的反弹发生后，就会扩大下跌级别，反弹结束后再度的下跌就是更大级别的了。然后再反弹，又扩大级别。几轮之后，就会形成这种态势：大级别仍在下行，但中小级别有的已经上行，有的由跌转平。这时，若发生大级别的背离转折，原有趋势就会终止并且转向运行。

在上面这一个过程中，不断扩大的下跌级别意味着跌速的减缓。一段趋势一般只有在运动速度减缓的情况下才会产生背离回踩、破位、转向三部曲。标志着一段走势结束的三步曲出现之后，原有走势才会结束。

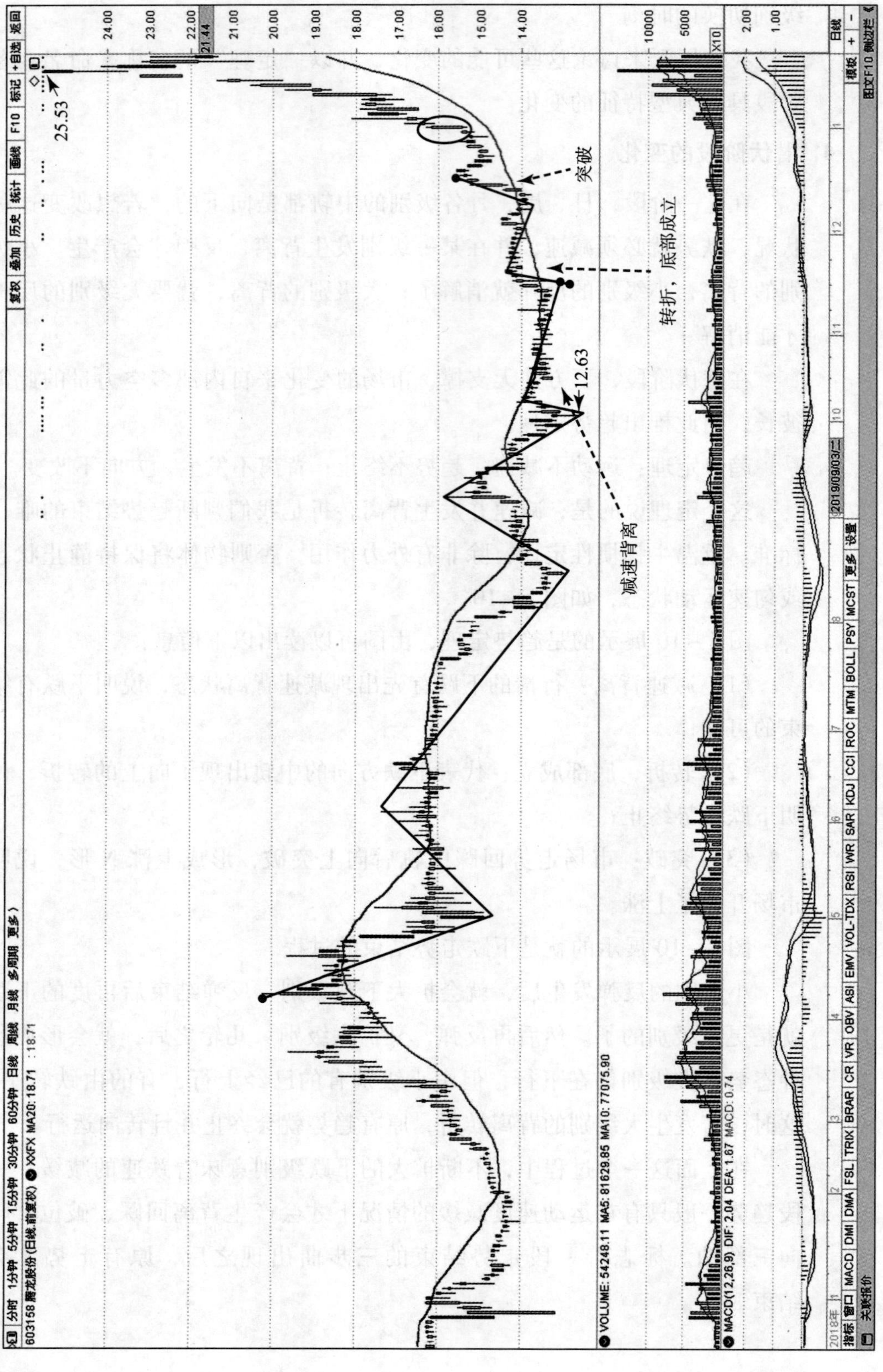

图5-10 趋势定理

这里描述的是下跌趋势的变化，上涨趋势也一样。这个定理与三部曲是等效的。

有了这个判断标准，交易者就不用整天猜测趋势是否结束，用这个定理去分析就行了。

上述跌速减缓的反弹过程就是级别转换的过程，由此推出级别转换定理。

级别转换定理：小级别走出趋势之前，大级别不会转向；大级别转向之前，小级别走势不可持续。

这个定理前半部分是说，小级别都还没转向，就不用担心大级别转向，在跌势中就是继续持币，在涨势中就是继续持股；后半句是说，如果大级别都还在向下，就不要希望一涨就会涨到天上去，中途会有很多反复的。见图 5 - 11。

这个定理对于提升认识、减轻妄想症和随意多动症是很有作用的。

图 5 - 11 展示的是级别转换定理，如图所示：

（1）图中日、周、月线三个级别中的点 1、点 2、点 3 是一一对应的，在日线图上，点 1、点 2、点 3 三处的反弹都因月线中轨的压制而失败；

（2）日线图（c）中点 4 处的反弹突破了日线中轨，但因受周线中轨压制而失败；

（3）直到点 5 处市场走势同时站上日周月中轨，突破才成功；

在这一个过程中，先是日线的反弹受大级别的压制，然后通过长期的横盘，走势站上大级别中轨，最后在小级别日线上走出强劲涨势，推动大级别也形成上涨 N 形。

中、小级别走平缠绕，一般是受到某大级别的压制，同时也切换成该大级别的背离，此时需要市场以推动形式脱离振荡区间构建底部，所以最希望出现的变化就是突破。一个有力的突破可以有效地把多个级别方向扭转向上，由此推出突破定理。

突破定理：振荡要突破必先收敛，振荡之时多反复，突破之后必加速。

突破定理是说，当市场处于振荡状态时，若想突破，则行情应该有一个振幅变小的过程，否则突破成功概率不高。

图 5 - 12 展示的是突破定理，如图所示：

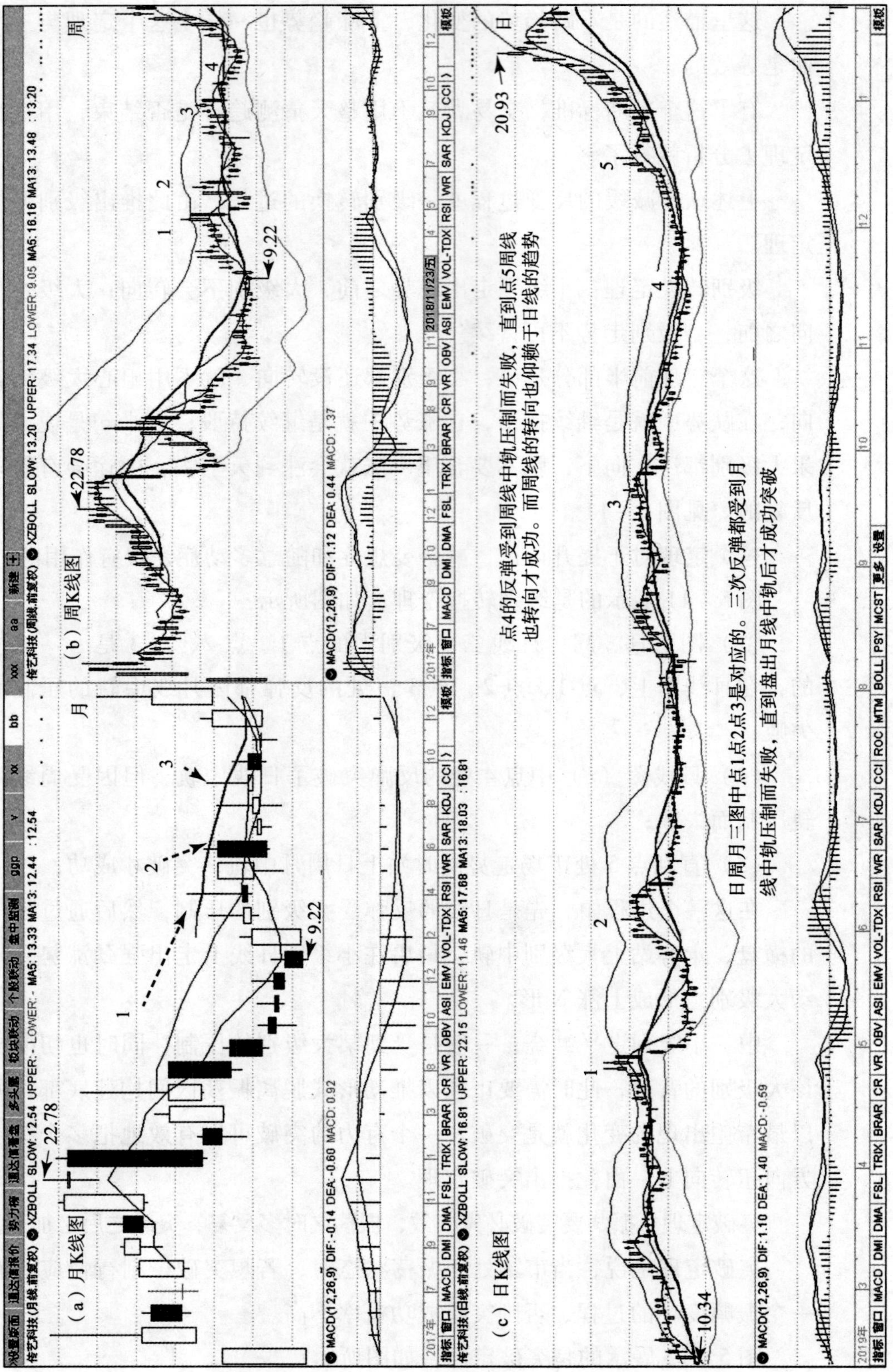
(a) 月K线图
月
22.78
9.22
1
2
3
(b) 周K线图
周
22.78
9.22
1
2
3
4
(c) 日K线图
日
10.34
20.93
1
2
3
4
5
点4的反弹受到周线中轨压制而失败，直到点5周线也转向才成功。而周线的转向也仰赖于日线的趋势
日周月三图中点1点2点3是对应的。三次反弹都受到月线中轨压制而失败，直到盘出月线中轨后才成功突破

图5-11 级别转换定理

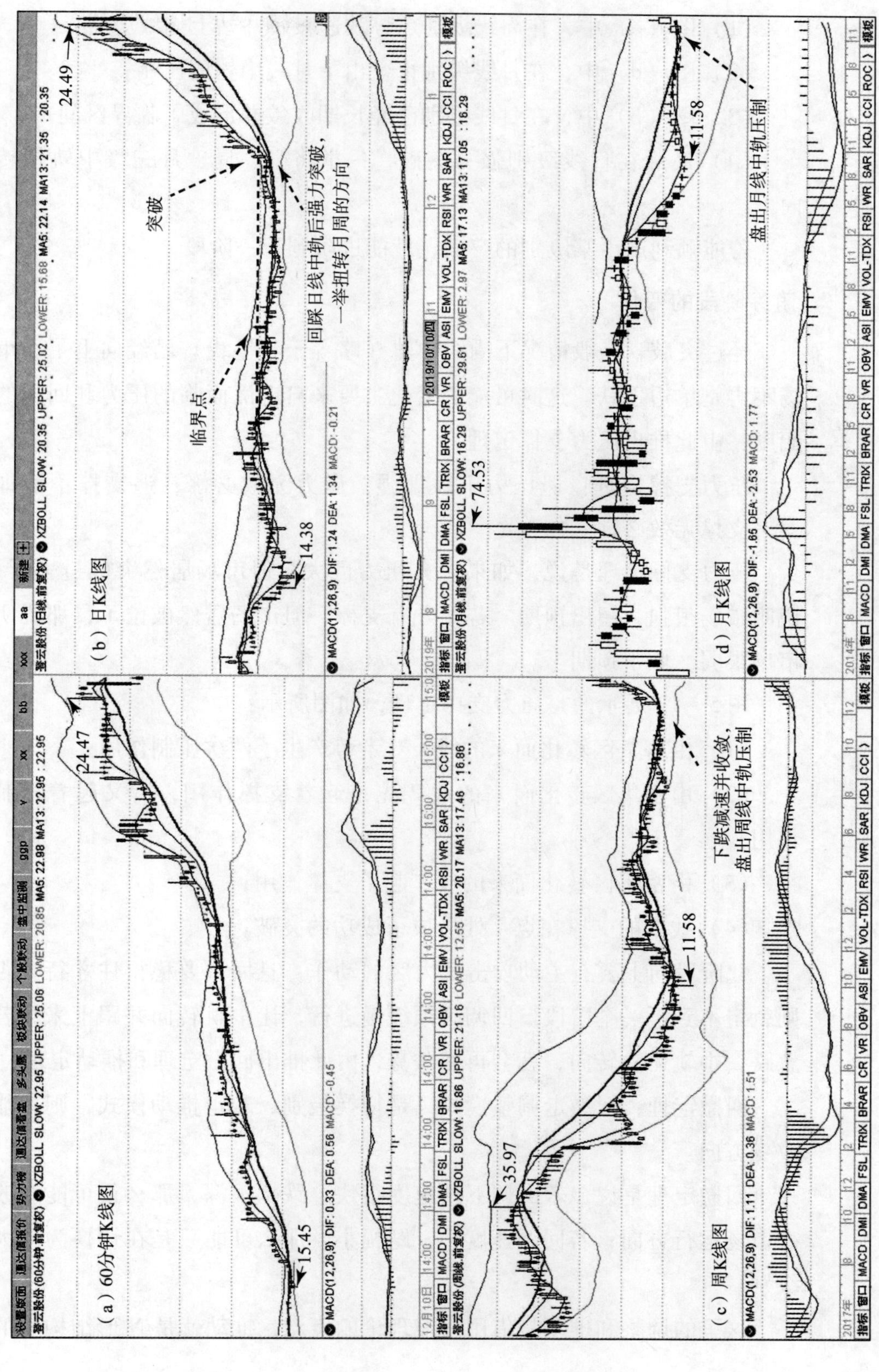
（a）60分钟K线图
15.45
24.47
（b）日K线图
14.38
临界点
突破
回踩日线中轨后强力突破，
一举扭转月周的方向
24.49
（c）周K线图
35.97
11.58
下跌减速并收敛，
盘出周线中轨压制
（d）月K线图
74.53
11.58
盘出月线中轨压制

图5-12 突破定理

(1) 图 (c) 中，在周线级别走势跌速减缓并站上周线中轨；

(2) 图 (d) 中，在月线级别也盘出了月线中轨的压制；

(3) 图 (b) 中，在日线级别已经长期收敛并形成了临界区间；

(4) 最后在日线级别强力突破，一举将日、周、月三级中轨扭转向上。

若能顺利产生某级别的突破，就能进阶到下一阶段。

2. 萌芽阶段的变化

经过突破，一般情况下周线中轨（略等于半年线）已经向上了，市场不再是单边下跌。这时可能的变化主要来自上涨面临的压力和回调的幅度，由此推出压力支撑定理。

压力支撑定理：遇压力不跌即强，压力无效必涨；遇支撑不涨即弱，支撑无效必跌。

压力支撑定理是说，如果上方压力巨大，但市场居然突破过去了，说明市场很强，超出预期。若下方有支撑，但市场居然破位了，那说明市场很弱，低于预期。

图 5 – 13 展示的是压力支撑定理，如图所示：

(1) 由密集区转化而来的线 1 对走势产生了两次压制作用；

(2) 由密集区转化而来的线 2 先是起着支撑作用，后又起着压制作用；

(3) 由密集区转化而来的线 3 起了支撑作用；

(4) 线 2 的支撑在点 4 处形成了成功的突破。

此阶段向上要有主动攻击压力区的动作，且回调要稳得住才行，否则就走不到下一个阶段。回调必须缓慢进行，让中轨转向并跟上来，若急跌，中轨无法转向，就会再回跌势，由此推出回撤定理和推动定理。

回撤定理：回撤走调整模式只是切换级别，若走推动模式，则可能改变方向。

回撤定理是说，若回调下跌速度很快，跌幅很深，那么很可能会改变市场运行方向；若回调速度慢，跌幅小，那么可能只是在切换为较大级别。

这里的调整和推动是借用波浪理论的概念，推动就是 N 形结构里的

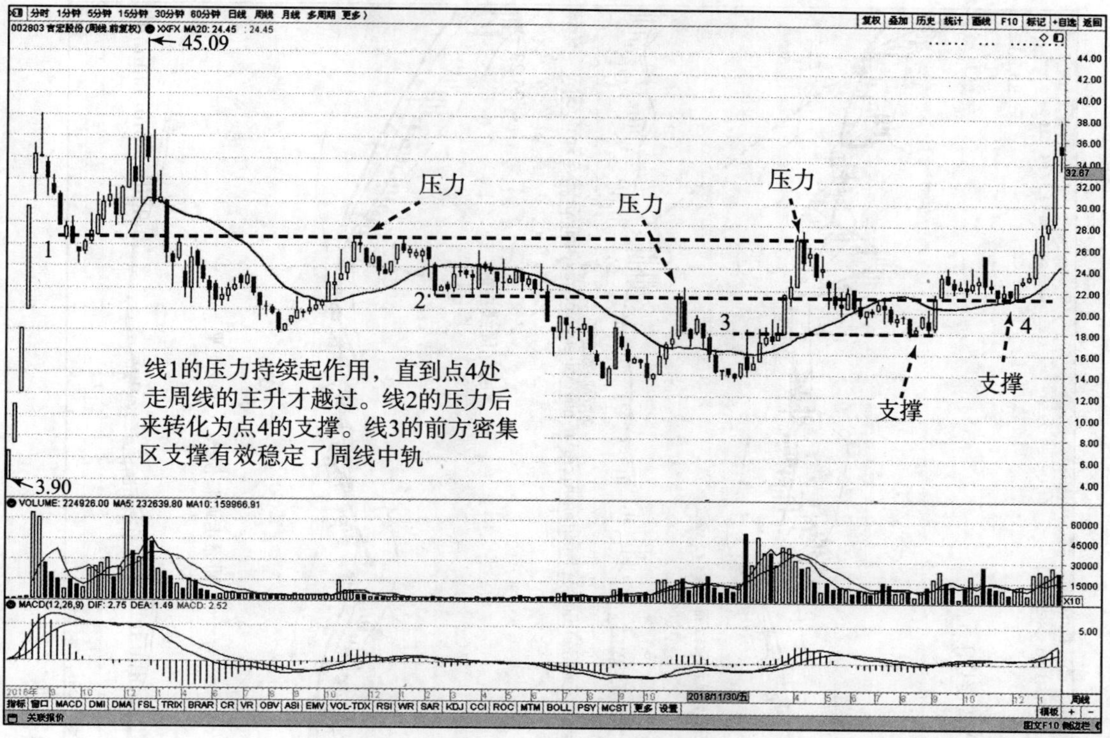

图 5－13　压力支撑定理

单边势或强趋势，调整就是 N 形结构里的弱趋势或振荡势。

图 5－14 展示的是回撤定理，如图所示：

（1）图（c）2 处回撤走推动模式，调整幅度过深，导致日线方向由涨转跌，直到回踩月线中轨，跌势才稳下来；

（2）图（c）4 处回撤走调整模式，日线方向没有明显转变，仍然横向运行，只是将级别切换为周线级别；

（3）图（c）3 处回踩到周线中轨后，行情成功向上突破。

推动定理：逆势的不推动，则无法改变方向；顺势的不推动，则只是切换级别。

推动定理是说，逆着大级别方向的，必须要走出强有力的推动模式才有可能改变方向；顺着大级别方向的，时间到了，回踩到大级别中轨就会再度起来。

图 5－15 展示的是推动定理，如图所示：

（1）图（c）中点 1 的推动改变了本级别的方向，但受到月线中轨的压制而失败；

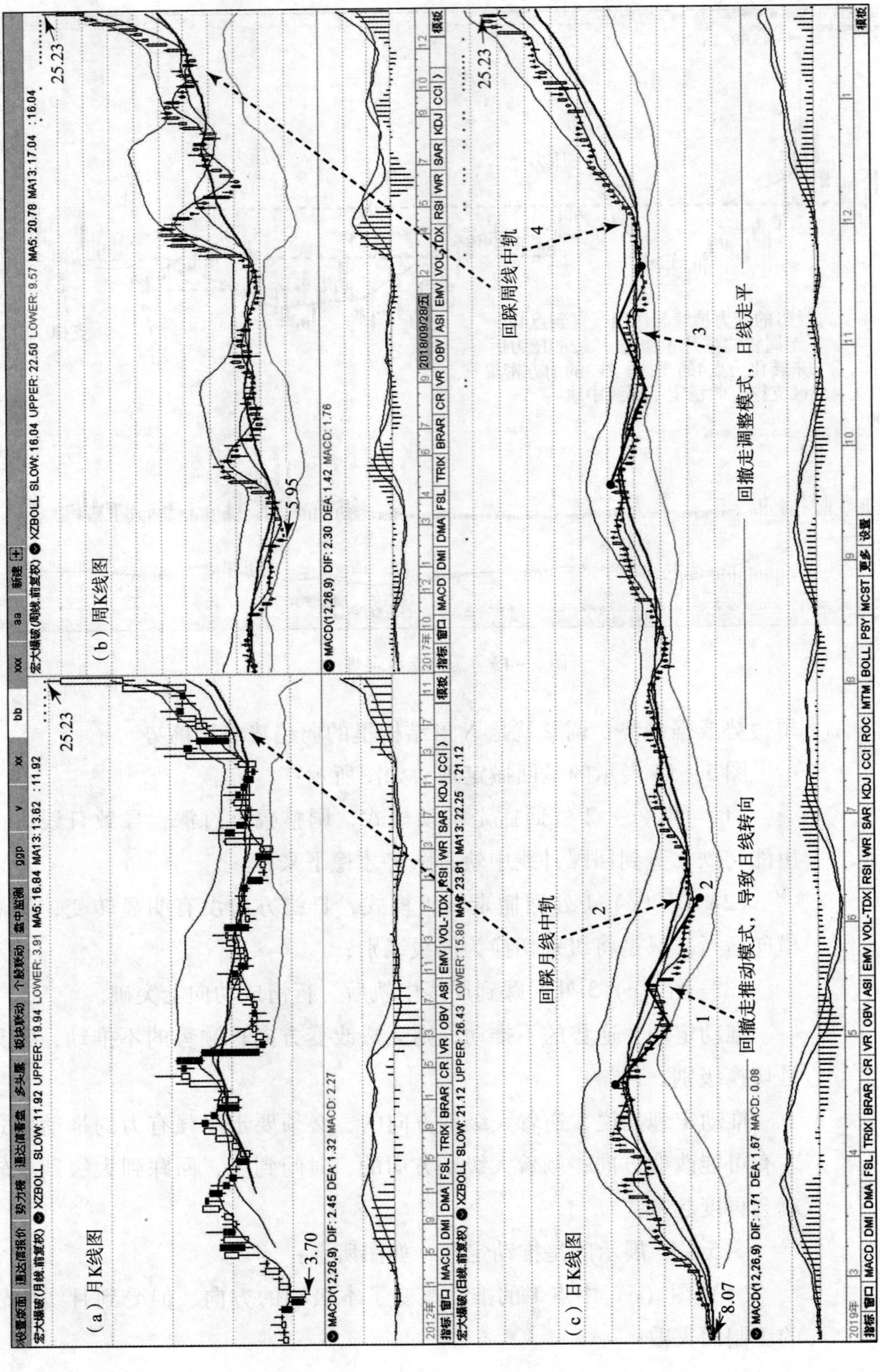
（a）月K线图
3.70
25.23
（b）周K线图
5.95
25.23
（c）日K线图
8.07
25.23
回踩月线中轨
回撤走推动模式，导致日线转向
回踩周线中轨
回撤走调整模式，日线走平
1
2
3
4

图5-14　回撤定理

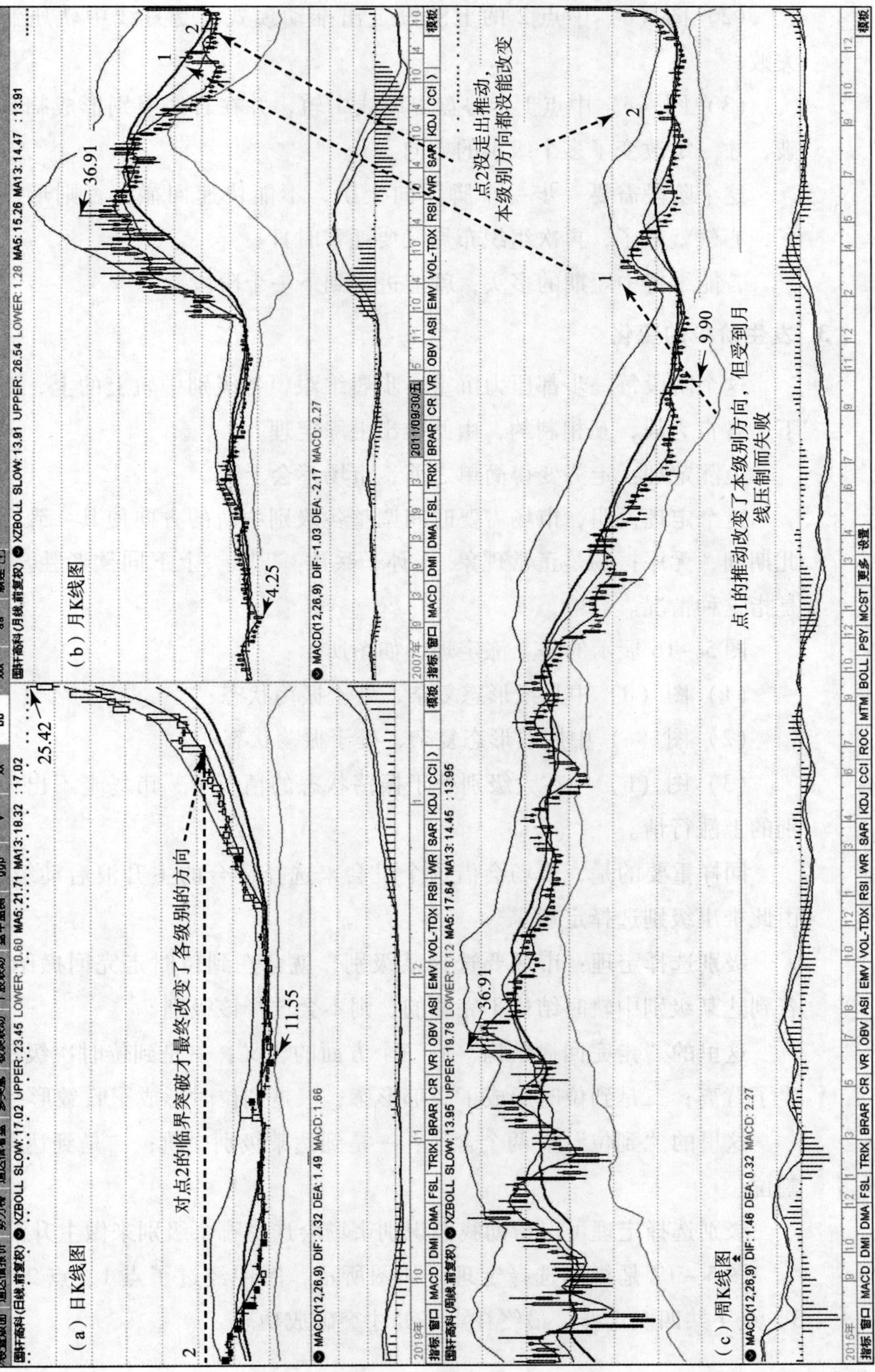
（a）日K线图
对点2的临界突破才最终改变了各级别的方向
25.42
11.55
2
（b）月K线图
36.91
4.25
1
2
点2没走出推动，本级别方向都没能改变
（c）周K线图
36.91
9.90
1
2
点1的推动改变了本级别方向，但受到月线压制而失败

图5-15 推动定理

（2）图（c）中点2的上涨没走出推动模式，受月线中轨压制而失败；

（3）图（c）中点1走势盘出周线中轨，并在日线级别形成临界突破，才一举改变了多个级别的方向。

这个阶段需要一步一个脚印向上拱，不能快速回撤，否则形态坏了，心气就散了，再次组织布局又要耗费时日。

若能维持中短期的多头，就能进阶到下一个阶段。

3. 发生阶段的变化

这个阶段每一步都压力沉重，步履维艰，各级别中轨上的上，下的下，各自为战，互相制约，由此推出上涨定理。

上涨定理：走势变得简单之前，市场不会上涨。

这个定理说明，市场需要时间调整各级别中轨的方向使其一致，在此期间，无序振荡是正常现象。《孙子兵法》曰："上下同欲者胜。"就是指这种情况。

图5-16展示的是上涨定理，如图所示：

（1）图（d）中月线形态复杂，处于振荡状态；

（2）图（c）中周线形态复杂，处于振荡状态；

（3）图（b）中在大级别处于振荡状态的情况下，市场走不出大级别的上涨行情。

同样重要的是，市场会借这个机会来选择适合的主升浪启动级别。由此推出级别选择定理。

级别选择定理：市场要选择某级别，就会在到位时走完回撤结构；若到达某级别中轨时结构不完整的，则不会选择该级别。

这里的"走完回撤结构"有三个方面的含义：一是到位时次级别产生了背离；二是到位时形成了底部形态；三是到位时形成了收敛形态。

这里的"到位"有两个含义：一是到达某级别中轨；二是到达某分割位。

级别选择定理可以帮助我们识别市场会选择哪个级别来做主升浪。

图5-17是级别选择定理，如图所示，图中经过了点1、点2、点3、点4共四次选择，最终在点4处才突破成功。

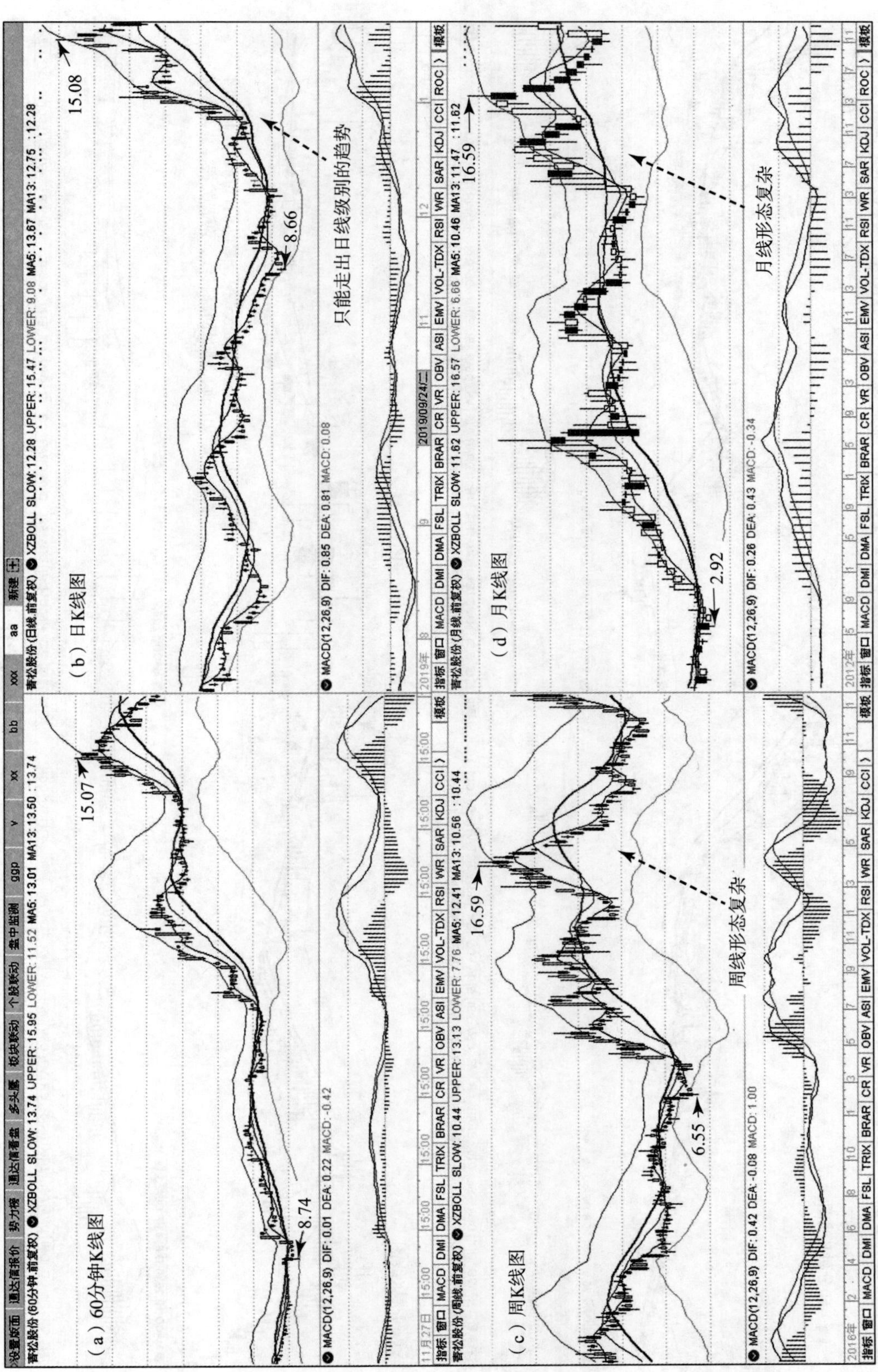
（a）60分钟K线图
8.74
15.07
（b）日K线图
8.66
15.08
只能走出日线级别的趋势
（c）周K线图
6.55
16.59
周线形态复杂
（d）月K线图
2.92
16.59
月线形态复杂

图5-16　上涨定理

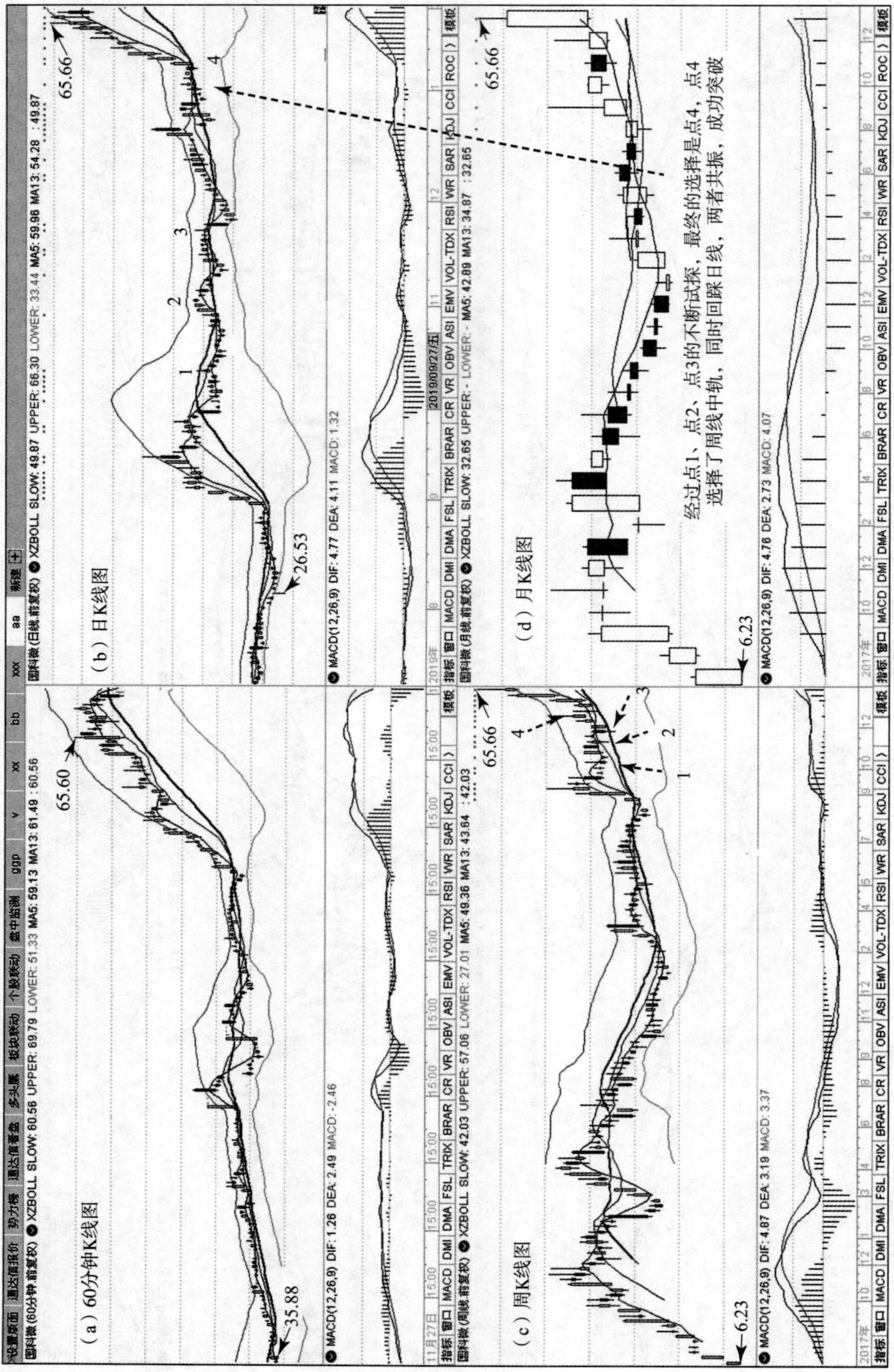
（a）60分钟K线图
35.88
65.60
（b）日K线图
26.53
65.66
1
2
3
4
（c）周K线图
6.23
65.66
（d）月K线图
6.23
65.66
经过点1、点2、点3的不断试探，最终的选择是点4，点4选择了周线中轨，同时回踩日线，两者共振，成功突破

图5-17 级别选择定理

此阶段短期均线可能处于多头，但长期均线还处于空头，市场既有向上的需求，又面临上方的重重压力。此时应将难得的利润落袋为安？还是应该继续持股不动？两难的选择就是这一阶段的特征。

其实并不是只有交易者难，大家都难——这一阶段相当于处在十字路口，哪一方力量更强就会向哪一方运动，因此行情复杂多变，由此推出突变渐变定理。

突变渐变定理：趋势一般是渐变模式，振荡中则多见突变模式。

图5－18展示的是突变渐变定理，如图所示，在市场处于振荡状态或弱趋势状态时，经常出现突变；在市场处于强趋势状态时，多见的是渐变。

在此阶段，若能修复大级别形态，就能进阶到下一阶段。

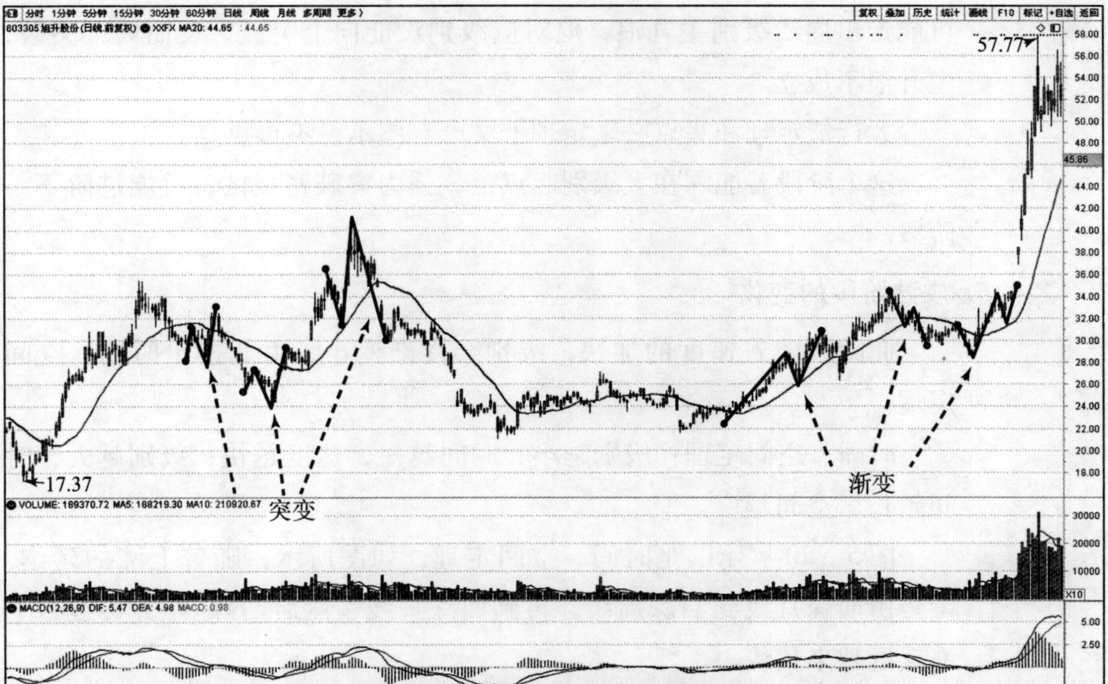

图5－18　突变渐变定理

4. 发展阶段的变化

这时形态正在修复，氛围正在改变，套牢盘正在解套，盈利盘正在试图加仓。此阶段的特点主要有三个：一是要涨，二是判断能涨多高，三是要找位置买，由此推出主升浪定理、大行情定理和买点必来定理。

主升浪定理：走势要流畅，图形就不能被破坏；图形被破坏的，效率就会低下。

大行情定理：大行情必出自大级别；级别越大，时间越长，空间越广。

买点必来定理：市场一定会在某个时刻的某个地方运行出一种态势，走势更明确，形态更简洁，对错更易界定，盈亏比更高，更符合交易系统，这个地方就是最佳买点。

发展阶段的行情就是要涨，而且要大涨，否则时间一长，回撤过深，形态又会重回缠绕状态，行情又可能被打回原形。

图 5 – 19 展示的是主升浪定理。如图所示，走势回踩周线中轨，有可能走出周线级别主升浪，但对应级别没能向上突破，反而向下突破，主升浪不成立。

大行情定理和买点必来定理上文已有图示，不再重复。

这个阶段若能踩在大级别起点上，强力突破密集区，就能进阶下一阶段。

5. 成熟阶段的变化

此阶段随着速度的加快，级别会逐渐变小，由此推出时间、空间定理。

时间、空间定理：级别越小，时间越短，速度越快；级别越大，时间越长，空间越广。

图 5 – 20 展示的是时间、空间定理，如图所示，随着上涨的延续，走势由回踩月线到回踩周线，再到回踩日线，然后回踩 60 分钟线，上涨速度越来越快。

这里要强调的是，不要轻易认为趋势要结束了，主升段的空间往往远远超出人们的预期范围，除非在相应的级别产生了背离回踩转折才可以逐步减仓。

然而，如果时间足够长的话，这一段必然会结束，进入到下一阶段。

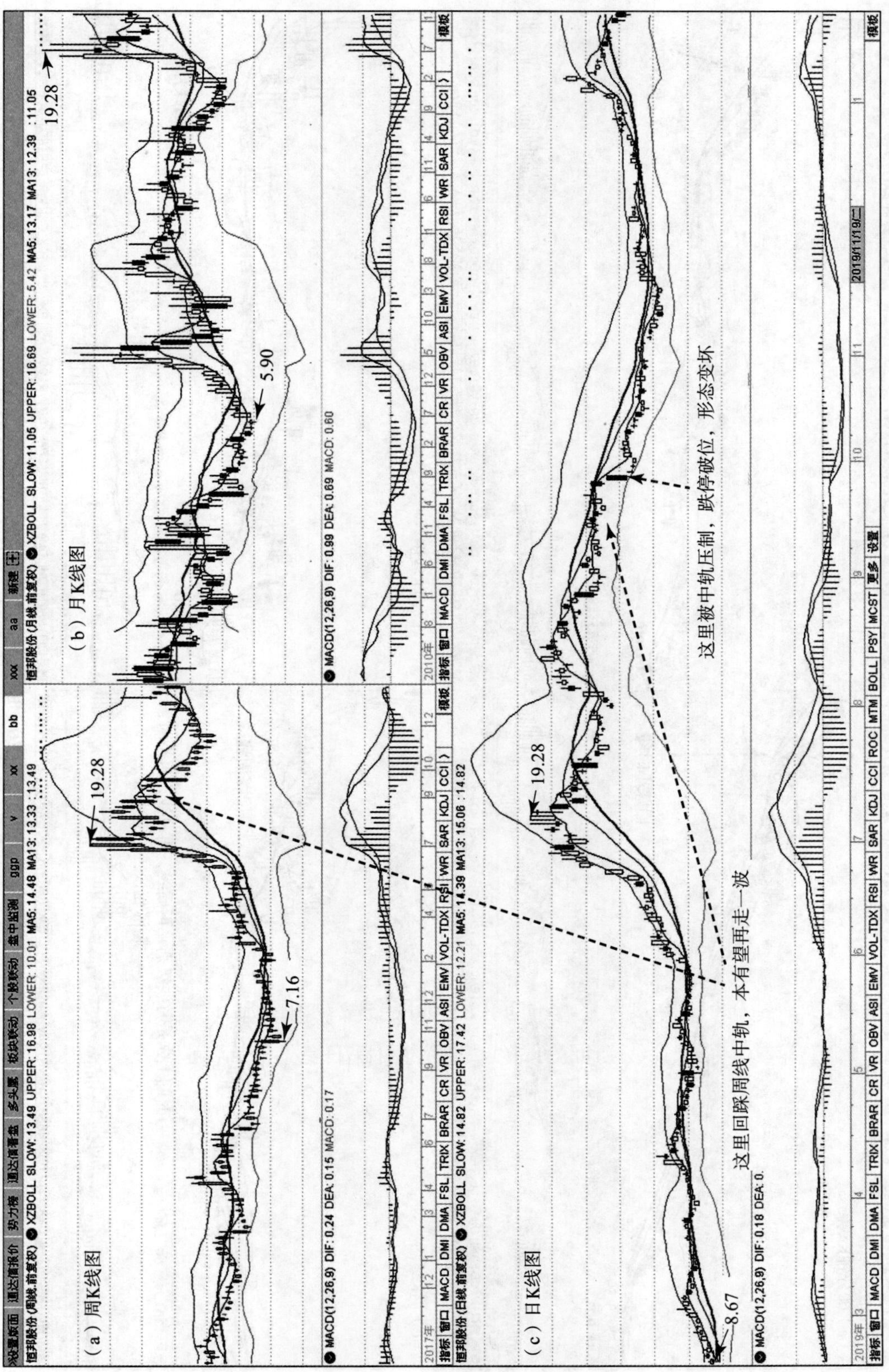
（a）周K线图
（b）月K线图
（c）日K线图
19.28
7.16
19.28
5.90
19.28
8.67
这里回踩周线中轨，本有望再走一波
这里被中轨压制，跌停破位，形态变坏

图5-19 主升浪定理

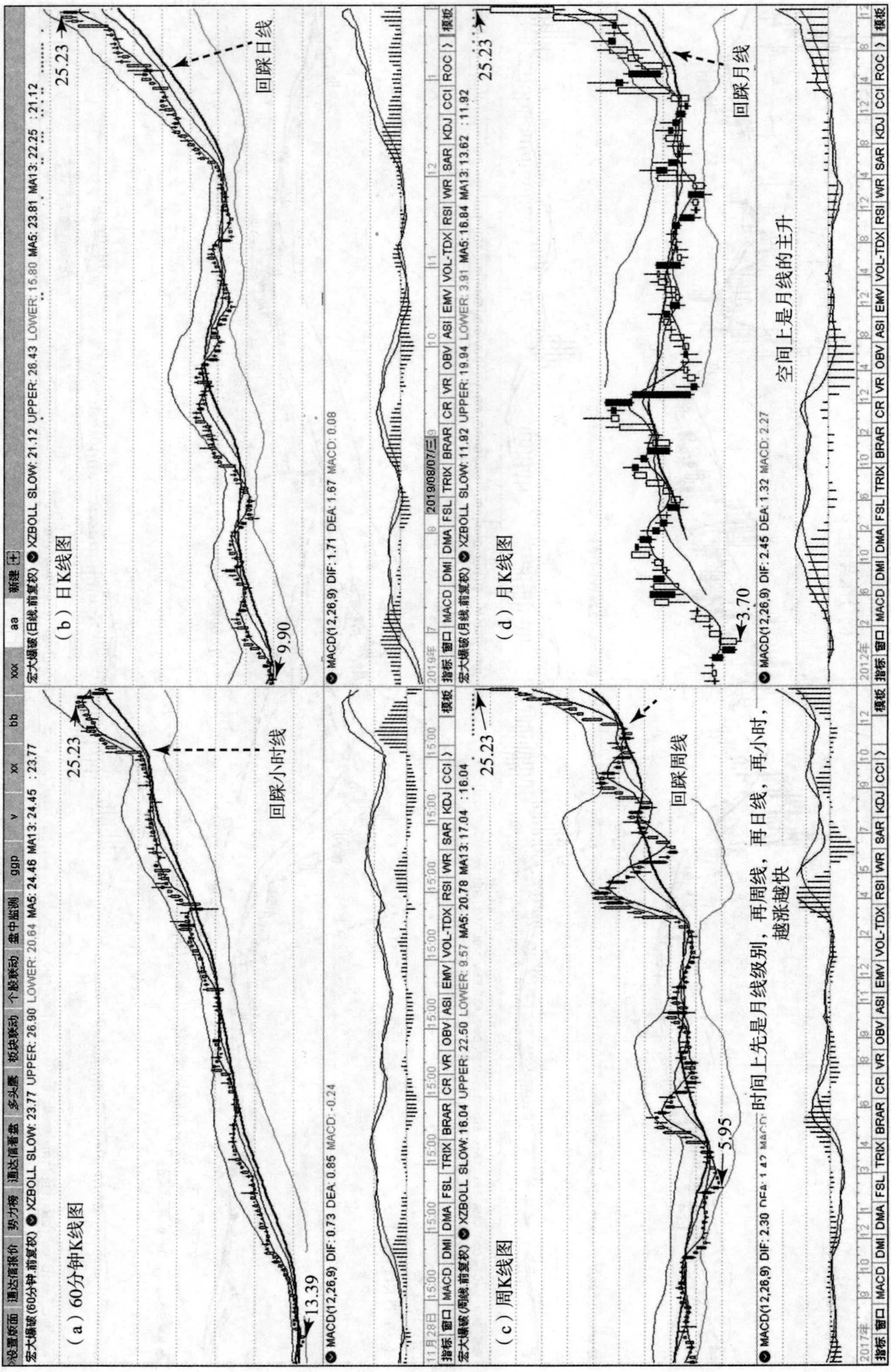

（a）60分钟K线图
13.39
25.23
回踩小时线
（b）日K线图
9.90
25.23
回踩日线
（c）周K线图
5.95
25.23
回踩周线
时间上先是月线级别，再周线，再日线，再小时，越涨越快
（d）月K线图
3.70
25.23
回踩月线
空间上是月线的主升

图5-20 时间、空间定理

6. 衰退阶段的变化

市场涨到高位后，必然会有各种情况发生，导致走势出现减速、背离、转折，一级一级慢慢扩大级别，高位缠绕，再向下发散，结束牛市，展开熊市，由此推出转折点定理。

转折点定理：转折点必然在中轨上，并经常伴有核心 K 线。

转折点定理是由方向的定义推导出来的，布林中轨是进行方向判断的依据，那么转折点肯定就在中轨上。

图 5 - 21 展示的是转折点定理，如图所示，上涨的转折和下跌的转折都经过了背离、回踩、转折三个步骤，在转折时都出现了核心 K 线。

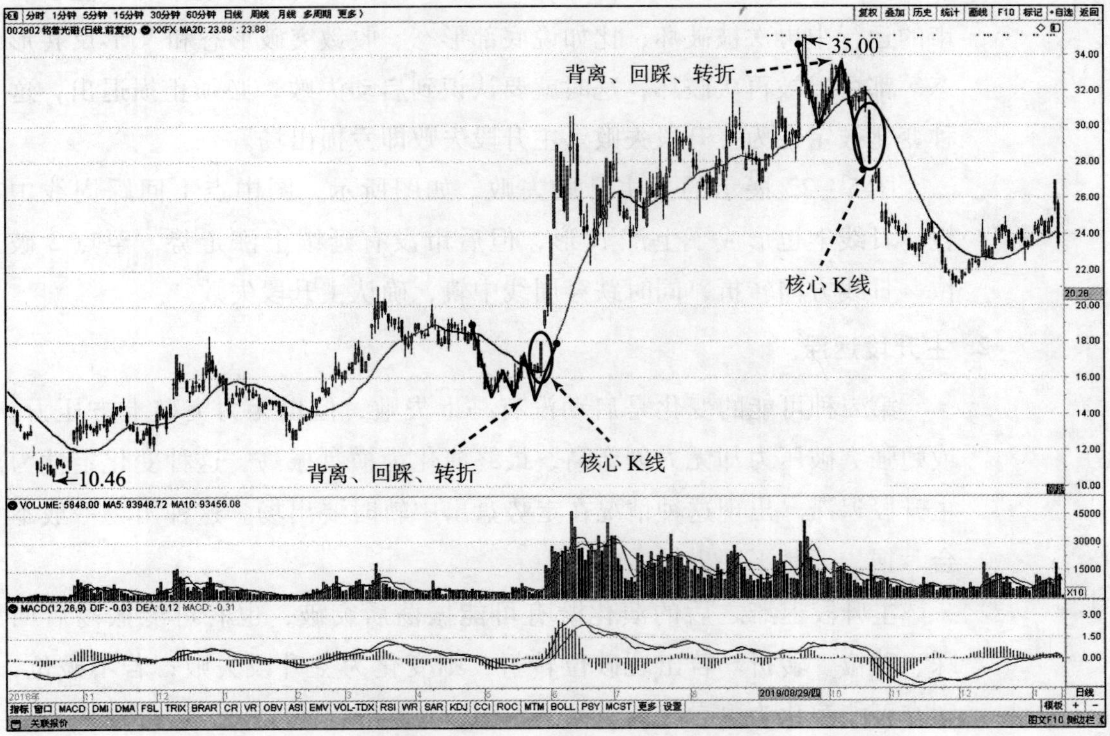

图 5 - 21 转折点定理

这里要强调，一旦确认下跌的转折就要出场，然后就要耐心等待漫漫熊市的结束。

通过对六个阶段级别跃迁变化进行分析，我们可以更深刻地理解行情的运行机理。行情并不是一定会按照某个模式运行，而是需要相应的条件，条件具备了，就会朝下一个阶段发展；条件不具备，就需要花费时间积累能量或另寻机会。

在深入认识了各阶段的变化后，主升段的变化就呼之欲出了。

二、主升段的变化

同时具备了第一、第二、第三要素之后，主升段就正式启动了。但是，主升段的启动并不意味着一定能走出主升段，因为即使启动了的主升段，还存在下述可能的变化情况。

1. 主升段失败

第一种可能的变化来自启动的迹象。上述多种启动迹象有可能在后市的运行中再次被破坏，比如说底部形态、收敛突破形态和 V 形反转形态等都可以被再次破坏，这时就要认识到启动失败，必须止损退出，这种变化被定性为主升段失败。主升段失败即亏损出场。

图 5 – 22 展示的是主升段失败，如图所示，图中点 1 回踩周线中轨，日线上也形成了上涨 N 形，但后市没有延续上涨走势，至点 2 破位，日线方向转折，同时跌穿周线中轨，确认主升段失败。

2. 主升段迟滞

第二种可能的变化是启动没有马上失败，但也无力突破上方压力，或勉强突破压力却无力创新高，最终演化为横盘振荡。这种变化定性为主升段迟滞。出现这种情况在走势盘出中轨时要出场。这种出场一般不会亏损，算是平手出场。

主升段迟滞之后的演化既有可能振荡后突破，也有可能振荡后回踩、破位、转折。若出现破位转折，则变化为主升段失败；若不破位，则有可能演化为更大级别。

图 5 – 23 展示的是主升段迟滞，如图所示，点 1 回踩周线中轨，但在较长时间内没有走出主升段，一直处于弱趋势，这种情况在盘出日线中轨时必须出场。

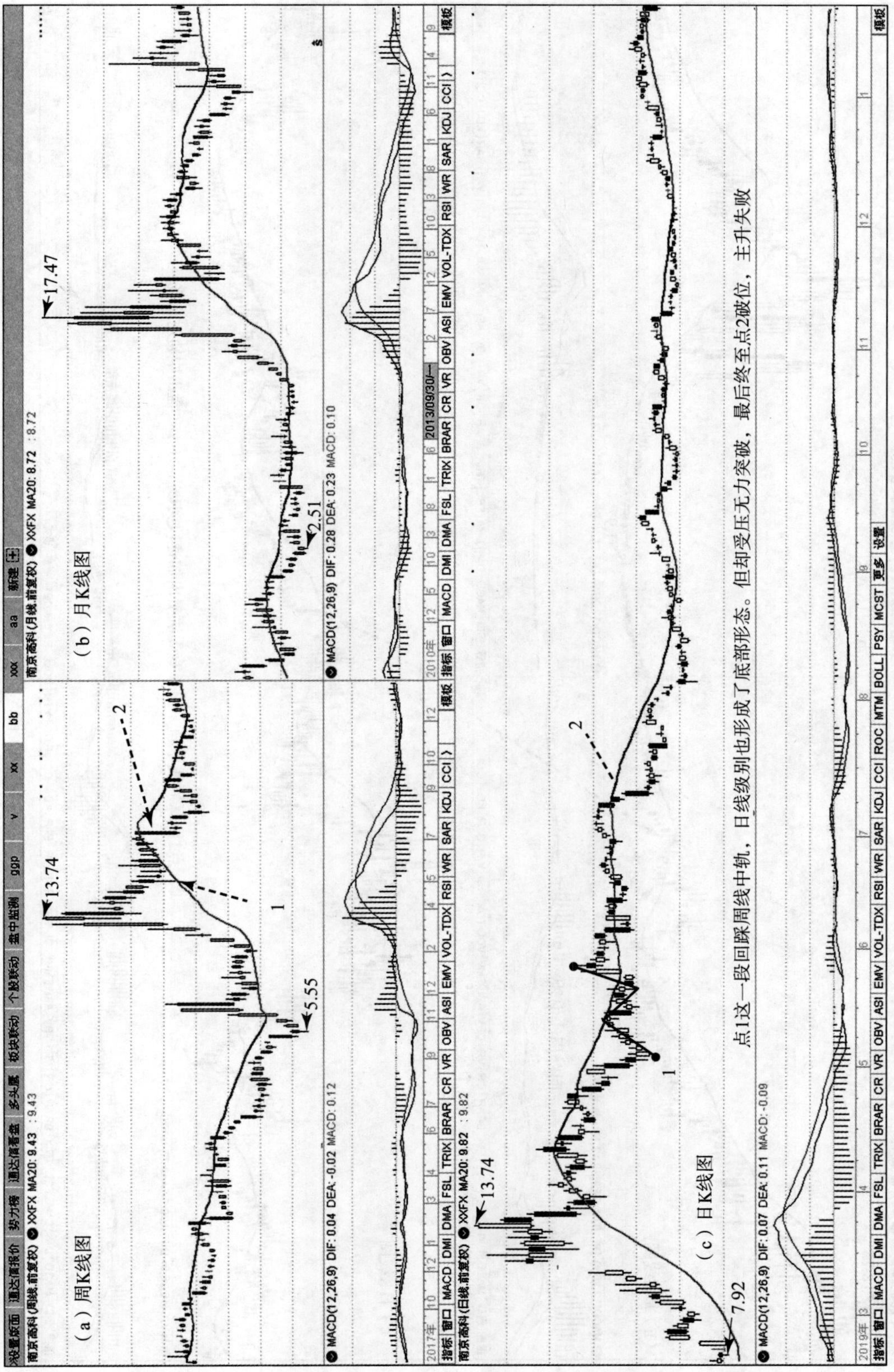
（a）周K线图
13.74
5.55
1
2
（b）月K线图
17.47
2.51
（c）日K线图
13.74
7.92
1
2
点1这一段回踩周线中轨，日线级别也形成了底部形态。但却受压无力突破，最后终至点2破位，主升失败

图5-22 主升段失败

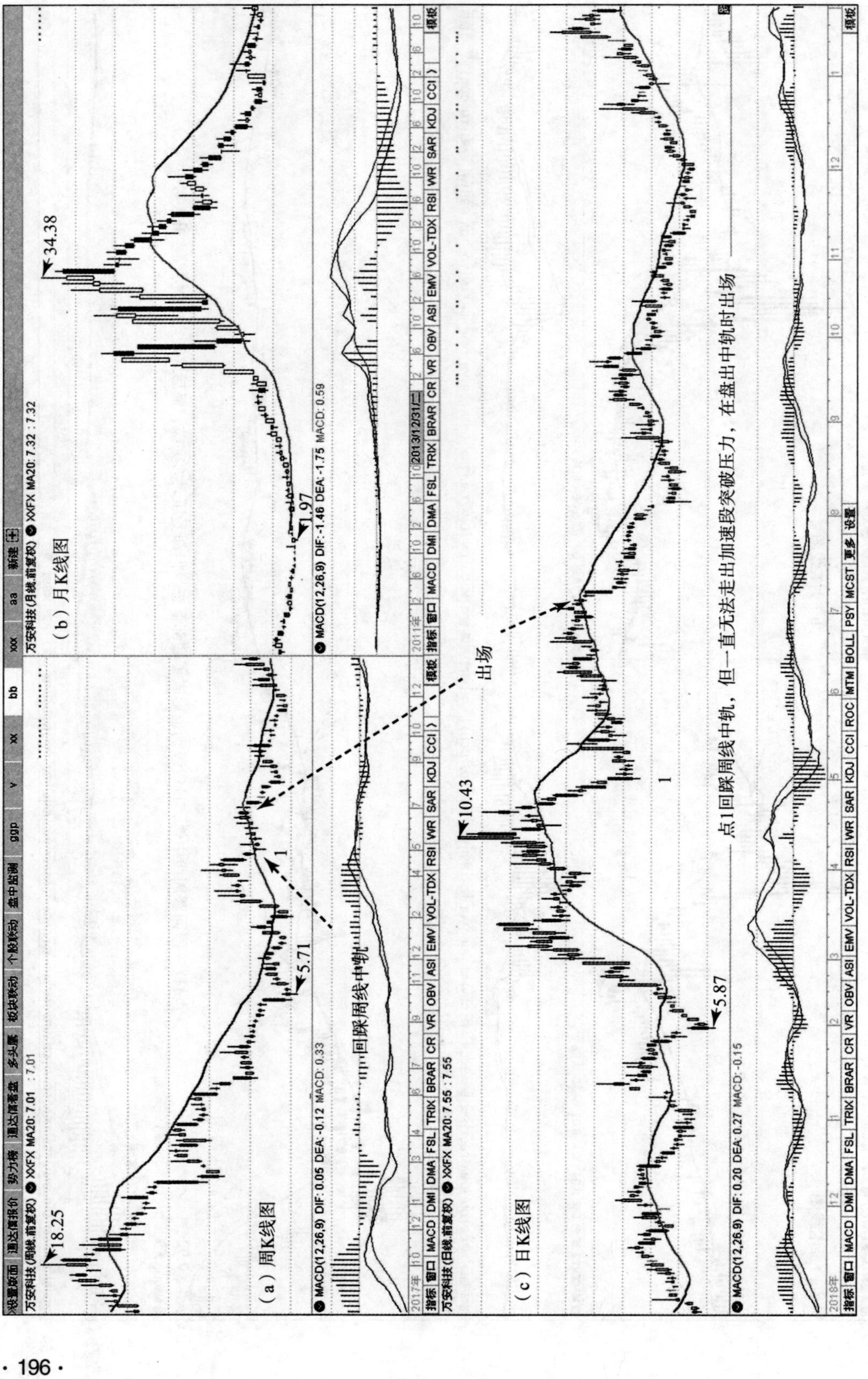
（a）周K线图
18.25
5.71
回踩周线中轨
1
（b）月K线图
34.38
1.97
出场
（c）日K线图
10.43
5.87
1
点1回踩周线中轨，但一直无法走出加速段突破压力，在盘出中轨时出场

图5-23 主升段迟滞

3. 主升段背离

第三种可能的变化是启动成功也突破了压力，但主升浪走势无力，未能走出加速段，略创新高后就出现减速迹象，这种变化定性为主升段背离。

出现主升段背离后应尽量保护利润，因为盈利并不丰厚，所以必须在推演级别背离转折时大幅减仓，在次级别或运行级别或对应级别出现背离回踩破位转折时完全出场。此时的主升段背离是盈利出场。

图 5 - 24 展示的是主升段背离，如图所示，点 1 回踩周线中轨，启动了主升段，但至点 2 出现了背离，应该减仓，至点 3 破位时应全部出场。

4. 加速主升段

以上三种都不是预期中的加速主升段。

加速主升段必须具备三个特征：一是要有持续推升的阶段；二是要有级别不断变小的加速阶段；三是上涨幅度要远远超过 N 形结构的第一段，一般从主升浪起点开始，绝对涨幅要达到翻番以上。

总之，加速主升段完全改变了市场原来的运行状态，跨入一种全新的状态。

图 5 - 25 展示的是加速主升段，如图所示，行情走的是季线级别的主升段，在次级折返背离转折后，进行了临界点突破，经过持续推升后，上涨斜率越来越陡，进入了加速段，涨幅巨大，彻底改变了原来的运行状态。

加速主升段的出场相当重要，直接决定主升段的收益，下面来学习一下。

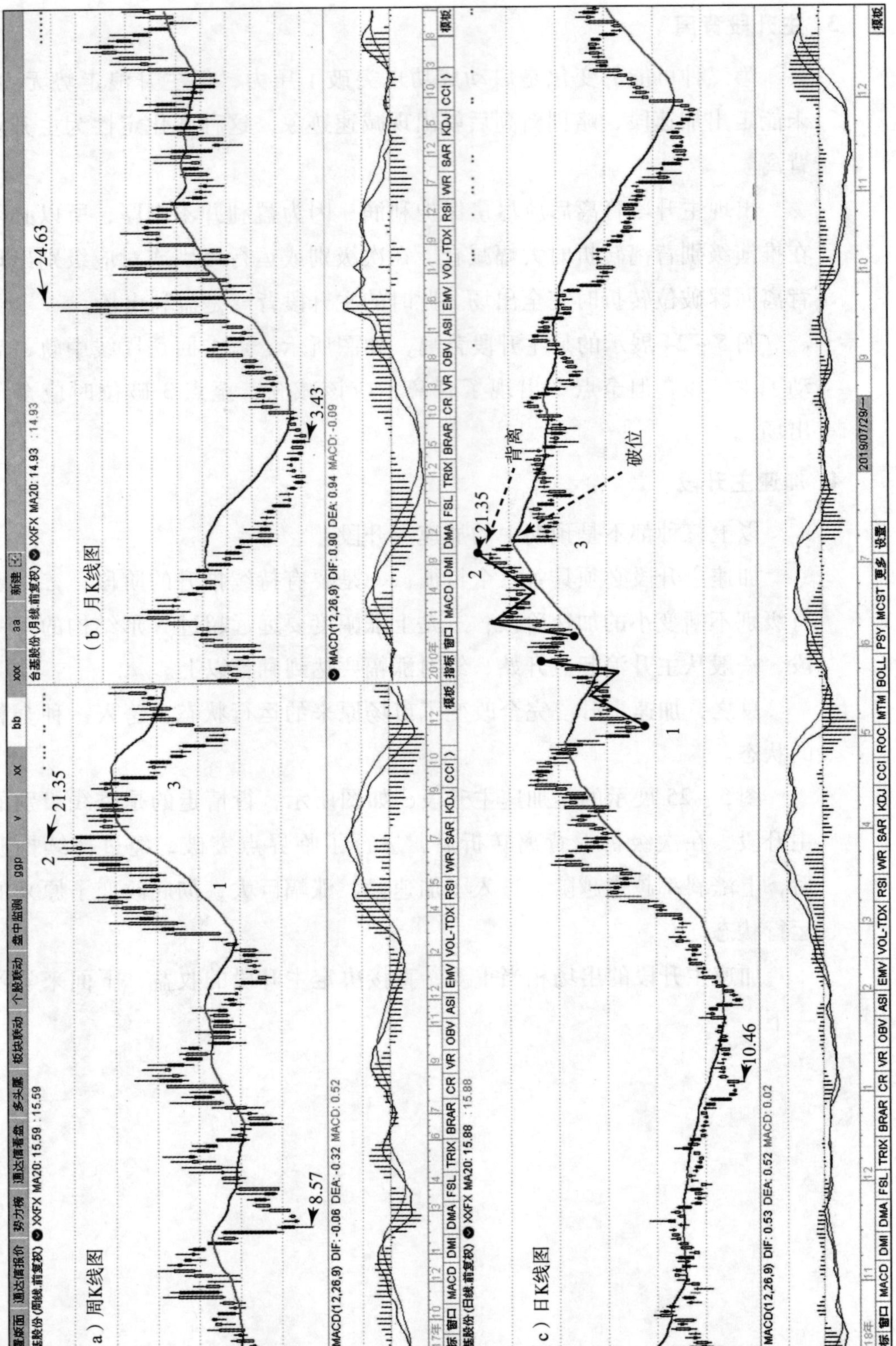

图5-24　主升段背离

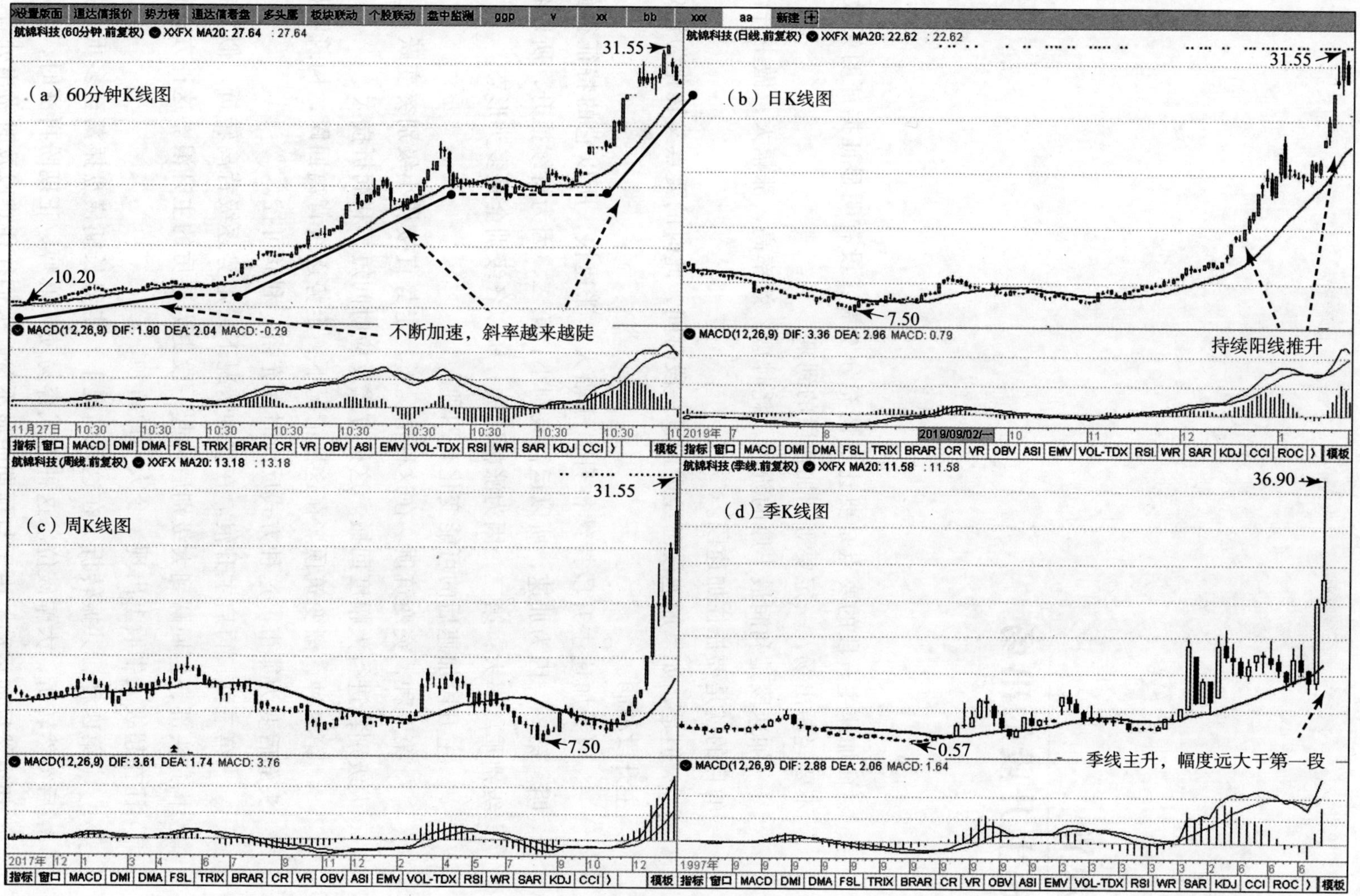
（a）60分钟K线图
航锦科技(60分钟.前复权) XXFX MA20: 27.64 : 27.64
31.55
10.20
不断加速，斜率越来越陡
MACD(12,26,9) DIF: 1.90 DEA: 2.04 MACD: -0.29
（b）日K线图
航锦科技(日线.前复权) XXFX MA20: 22.62 : 22.62
31.55
7.50
持续阳线推升
MACD(12,26,9) DIF: 3.36 DEA: 2.96 MACD: 0.79
（c）周K线图
航锦科技(周线.前复权) XXFX MA20: 13.18 : 13.18
31.55
7.50
MACD(12,26,9) DIF: 3.61 DEA: 1.74 MACD: 3.76
（d）季K线图
航锦科技(季线.前复权) XXFX MA20: 11.58 : 11.58
36.90
0.57
季线主升，幅度远大于第一段
MACD(12,26,9) DIF: 2.88 DEA: 2.06 MACD: 1.64

图5-25 加速主升段

第六节 加速主升段的出场

加速主升段的要点是要让行情充分发展，没有明显证据证明失效，不要轻易出场，一定要等到加速段的到来。

加速段是利润最丰厚的阶段，耗时短，效率高，涨幅大，做主升浪的目的就是要抓住加速段。

但是，如果加速段已经运行了一段时间，此时的要点又转化为锁定主升段利润。

因为加速主升段持续推升，涨幅大，涨速快，所以它的特征很鲜明。第一，因为加速，所以运行级别小；第二，因为持续推升，所以各级别乖离率大；第三，因为涨幅巨大，所以各级别全是多头形态。

主升段加速后的可能变化有四种。

第一种，突变筑顶。在这种情况下，走势直接从小级别突变跃迁到大级别，进行大幅度回撤。这种方式反应时间短，利润折损大。

第二种，渐变筑顶。在这种情况下，走势逐级背离回踩，构筑明显头部后变为熊市。这种方式反应时间充裕，利润可控。

第三种，再启主升浪。在这种情况下，走势逐级背离转折，似乎在构筑头部，但回踩到大级别后再起一段更为凌厉的主升浪。这种方式往往在超级大牛股上出现，令人不敢言顶。

第四种，共振转折。在这种情况下，走势长期横盘振荡至多重共振后突然转折，大幅破位。这种方式容易使人麻痹，正期盼再涨时，市场却突然反向运动，由于与预期明显不符，人们往往难以及时做出处置。

根据上述四种可能的变化，以保护主升段利润为主要目的，应分别制定四个批次的分批出场策略。

第一批：保护性出场。在加速的小级别出现背离转折时，减仓三分之一，这是为了避免出现大级别的突变跃迁，主动锁定部分利润的出场，此时主升段并没有任何结束的迹象。

第二批：主动性出场。加速的小级别背离转折后，首先回踩运行级别，若踩稳了，在运行级别背离转折时，减仓三分之一，若没踩稳直接破位，在运行级别方向转折时减仓三分之一。这是为了避免更大级别的回踩后增加变量，这时主升段只是出现了减速迹象。

第三批：正常出场。运行级别背离转折后会回踩次级别，不论是否踩稳，在次级别转折时减仓剩余仓位的二分之一。次级别转折是主升段结束的明显证据，因为主升段就来源于上一个次级别的转折，只是方向相反。

第四批：被动性出场。次级别背离转折后，将会回踩主升段的启动级别。在没有踩稳、踩稳后背离或踩稳后振荡的情况下，跌穿启动级别中轨后应出清剩余仓位。因为跌穿主升段的启动级别是主升段结束的确定性标志。

以上各种出场情况涵盖了主升段所有可能的变化。

第一批保护出场是为了应对突然的 V 型反转，先期锁定部分利润。

第二批主动出场是因为市场已经有过加速，而且因为正在减速，所以可进一步兑现利润。主动出场是为了应对运行级别较大、甚至与次级别同级的情形。

第三批正常出场是应对逐级背离转折的情况。

第四批仓位是留守仓位，这是为了应对超级大牛股。毕竟主升段终结的标志是跌穿中轨，主升段还没有确定结束，一切皆有可能。

图 5－26 展示的是主升段的出场，如图所示，图中行情定义为周线级别的主升段，运行级别是 120 分钟级别，加速级别是 60 分钟级别。在加速级别背离转折时减仓首批仓位，在运行级别背离转折时减仓第二批仓位，在次级别背离转折时减仓第三批仓位，在盘出启动级别时出清全部仓位。

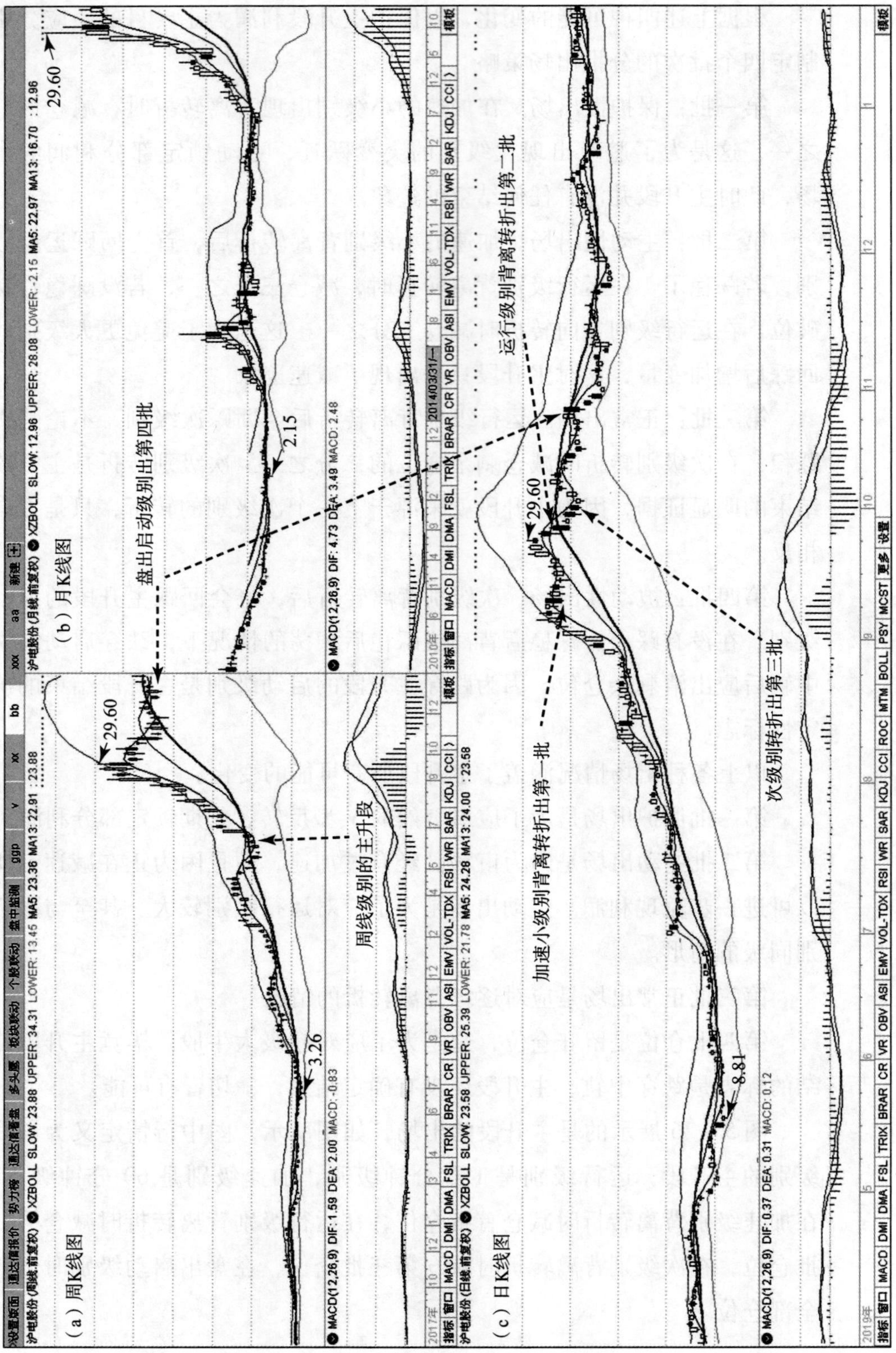
（a）周K线图
29.60
3.26
周线级别的主升段
（b）月K线图
29.60
2.15
盘出启动级别出第四批
（c）日K线图
29.60
8.81
运行级别背离转折出第二批
加速小级别背离转折出第一批
次级别转折出第三批

图5-26 主升段的出场

第七节
主升段行情的次第

主升段行情的运行节奏与大势息息相关，弄清个股与大势间的关系，对主升段的进场和出场很有意义。

根据前面的论述，主升段行情需要在大盘有可能走中级行情的前提下才能确定，那么，大盘在什么样的情况下会走出中级行情呢？这个问题在上文论述三段论和级别跃迁时在诸多地方已做了多次铺垫，在此详细说明一下步骤。

第一步，大盘是由诸多个股组成的。在时间次序上，不论因为什么原因，总有一些个股会先于大盘走出上涨行情，在这些上涨股票的带动下，多数股票渐次止跌，同时大盘也止跌企稳，随着上涨股票的增多，大盘终于转向上涨。

第二步，这些上涨的股票遇到上方压力就会进行不同程度的回落，有的回踩日线，有的回踩周线，大盘也相应回落。若大盘回踩某一较大级别（日、周以上）后稳定下来，就可以认为大盘有了走中级行情的可能。

第三步，那些领涨股票回踩结束后，若再度向上突破压力，就会进入主升段。同时，若大盘也再次上涨，则认为大盘正在走中级行情。

第四步，若领涨股和大盘能持续向上拓展空间，则会有更多个股加入到回踩突破的主升段行情中来，于是推动大盘涨得更高，然后再带动更多个股加入主升浪，市场就会走出牛市。

这就是行情发展的次第。A 股历史上几乎每一轮行情都体现了这样的次第。

了解并掌握行情发展的次第，才能识别某只股票在主升段的序列中处于什么位置，才能识别行情处于上山中途还是下山中途，才不至于把该进场还是该出场的次序搞反了。

这是交易者的硬功夫，在“A股历史上的主升段”和“2016—2019年商品期货的主升段N形结构”两节中曾进行了多次图示，建议有心人自己去总结。只有自己总结过，才能体会到在第一批次上涨时第二批次处于什么状态，在大盘回落后各批次又是如何反应的，在领涨批次休息时第三批次又是如何成长的。

第八节
主升段的概率云

技术分析法的逻辑是分析历史数据，借以推知未来，使用的方法是归纳法。历史只会局部地影响未来的走向，归纳法也是不完全的，这就决定了技术分析只具有或然性，没有必然性。

主升段在各个节点的变化也是这样，只能用概率的高低来评价。那么，影响主升段走势的概率云到底飘荡于何处呢？

（1）在回踩寻找主升段中轨的时候有三朵云：缓涨型回踩、横盘型回踩、回落型回踩；

（2）在次级别回撤的路径选择上有两朵云：两段式回撤、一段式回撤；

（3）在回撤结束的方式上有四朵云：头肩底、双底、收敛突破、V形反转；

（4）在启动的迹象上有三朵云：回踩中轨、收敛突破、V形反转；

（5）在主升段启动后有四朵云：主升段失败、主升段迟滞、主升段背离、加速主升段；

（6）在加速主升段的结束上有三朵云：突变转折、渐变转折、收敛共振转折。

以上列举了会导致主升段走势产生变化的概率云，虽不能说穷尽所有可能，但足以应对常见的各种行情。

要想与时俱进，就必须洞察事物的变化。交易者的能力就体现在对市场的变化的洞察之上。洞悉变易，一方面能界定系统的适用范围，另一方面能修正自己，避免教条僵化以至被时代抛弃。

交易者对正在运行的行情的变化方式掌握得越多，跟市场就契合得越近，就越能跟上市场的步伐。

本章小结

（1）主升段启动需要具备三个要素；

（2）主升段的入场分三个批次；

（3）主升段应采取四种出场方式；

（4）行情走势充满了变化，对变易的认知体现着交易者的能力。

前几章提出概念，定义概念，组织有内在逻辑联系的概念构建理论体系。本章是对理论进行综合运用并揭示变化，只有熟知变化才能让理论持续适用。

第六章 程序化论

三段结构论虽然逻辑清晰简洁，但毕竟还是提出了很多概念。本章化繁为简，略过错综复杂的众多概念，将其所体现的交易思想高度提炼，简化为一套指标公式。充分复杂之后凝练的简单，才是真正的简单。

交易者在市场运行的不同阶段选择运用相应的公式，既可以评估市场总体态势，也可以选出适合不同阶段的股票，跟踪观察后发现满足条件即可入场交易，条件不具备则在场外观望。

A 股市场经过多年的扩容，上市公司数量已经激剧增加，个人没有能力对每一家公司都进行了解。这个时候，没有高效的选股工具，交易范围必将大幅受限，盈利能力也将大大降低。

我们的策略是顺应大盘的节奏做主升浪，做主升段的立足点就是要提高交易效率，这要求有极强的选股能力，也正是程序化充分发挥作用的地方。

将选股思路进行程序化需要用到指标，本章简略介绍几个在编程中会用到的指标。

第一节 指　　标

使用指标要记住两点：一是指标只具有描述与统计功能，不具有预测功能；二是每种指标都有其适用范围，甚至某种指标的某种功能也有其适用范围。

一、均线指标

均线指标主要关注三种功能：均线角度、均线黏合度、均线之间的关系。

第一，均线角度。评价市场的强度用一个指标就够了，这就是均线角度。一般均线角度小于30度的走势比较平缓，较少能见到长阳线；均线角度在45度至60度则多见中、长阳线，涨势比较稳定；均线角度在60度以上则是单边走势，持续阳线推升，很少回撤，有回档往往也会迅速收回。

第二，均线黏合度。市场走势总在收敛与发散间轮回，均线黏合度就是用来衡量均线系统黏合程度的一个指标。不能说均线黏合一定会有行情，但行情一般确实是在黏合后出现的，所以均线黏合是多数行情启动的一个必要条件。

第三，均线之间的关系。均线是收盘价的算术平均值，不同周期均线的组合能够较好地描述价格的变动趋势，均线之间的关系与级别跃迁很相似，我们来梳理一下它们的变化过程。

以上涨为例，价格连续上涨5天就会使5天均线上行；5天均线上穿10天均线后若上涨持续，就会使10天均线上行；10天均线上穿20天均线后若上涨持续，就会使20天均线上行；20天均线上穿30天均线后若上涨持续，就会使30天均线上行；30天均线上穿60天均线后若上涨持续，就会使60天均线上行；60天均线上穿120天均线后若上涨持续，就会使120天均线上行；120天均线上穿250天均线后若上涨持续，就会使250天均线上行。各条均线都上行，就是多头市场。以上关系充分诠释了走势演进的过程。均线系统与股市六个发展阶段有以下对应关系：

潜伏阶段：日、周、月中轨方向皆向下。

萌芽阶段：日线中轨向上，周线中轨走平，月线中轨向下。

发生阶段：日、周中轨向上，月线中轨走平。

发展阶段：日、周、月中轨皆向上。

成熟阶段：日、周、月中轨陡峭向上。

衰退阶段：日、周中轨向下，月线中轨走平。

认识均线之间的关系，可加深对级别跃迁的理解，从而对行情的演化有更进一步的把握。

图6-1展示的是均线之间的关系，如图所示，短期均线逐级穿越中长期均线的过程，就是市场由跌转涨的过程。

二、MACD指标

MACD是一个趋势指标，它的适用范围是趋势市场，不适用于振荡势。

在趋势运行中，它的死叉代表回档，金叉代表回档结束，在强趋势中一般回档较浅或时间较短，死叉出现时可能也是回档结束之时，所以死叉的指示意义不强。

它的背离在弱趋势中有指示意义，在强趋势中因回档较浅或时间较短，最好忽略背离，持股不动。

MACD有两种比较好的用法：一是在强趋势中利用死叉来选强股的回档；二是在中级调整中用MACD回到零轴附近后的金叉来指示调整的

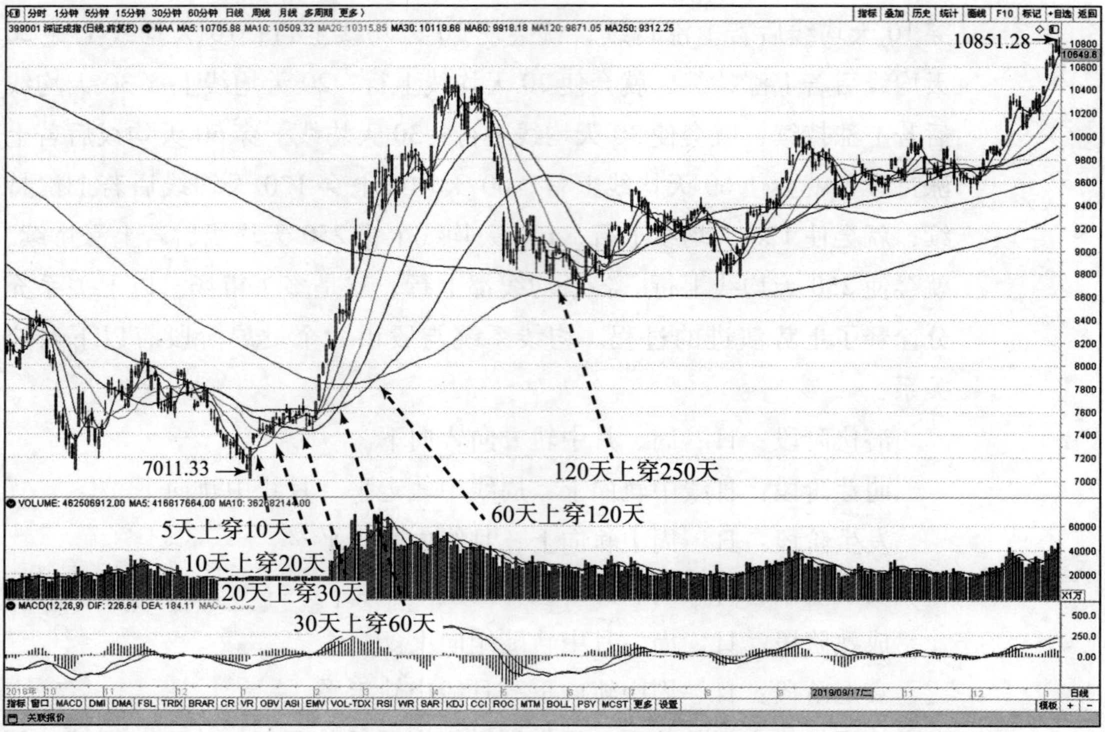

图 6-1 均线之间的关系

结束。所谓的中级调整就是日线 MACD 死叉后去回踩周线或月线的中轨，以酝酿周线或月线的主升浪。

图 6-2 展示的是 MACD 指标的用法，如图所示，在强趋势中，死叉后往往回档也基本到位了。在中期调整中，MACD 回到零轴往往意味着回踩到了大级别中轨，两种情况都是可考虑入场的位置。

三、KDJ 指标

KDJ 是一个超买超卖型的摆动指标。三段结构论不做振荡，只做趋势，而且是最强的一种趋势——主升段，做主升浪是要回避振荡的，本来用不着摆动指标，但是事物是普遍联系的，KDJ 在强趋势中有着极佳的用途：在趋势运行过程中向下摆动到极致时往往对应着一个非常难得的加仓低位。

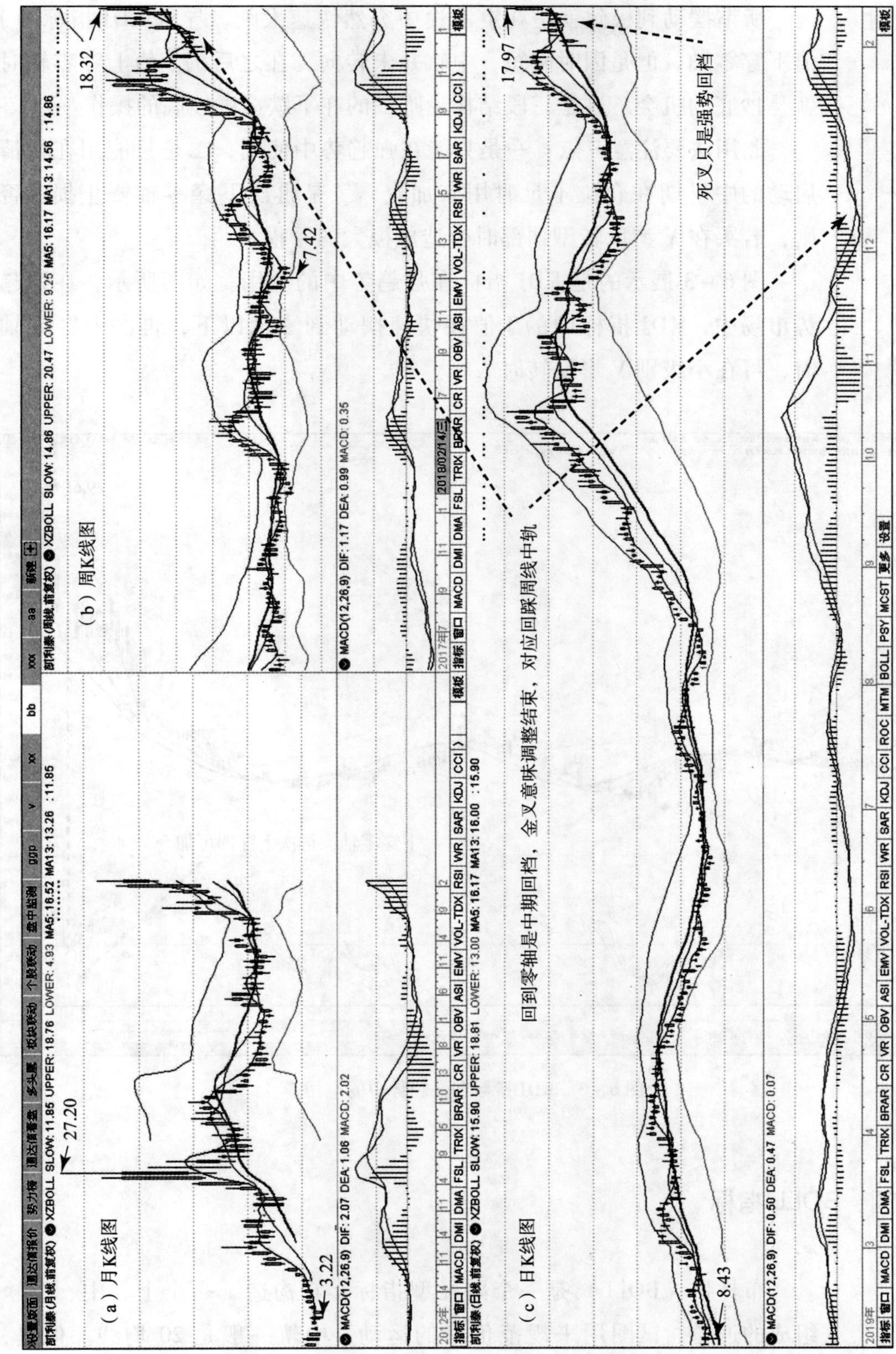

图6-2 MACD指标的用法

所谓摆动到极致就是在上涨途中突然快速大跌，导致KDJ指标的J值下穿零轴，但是因时间短，中轨并未转向，在之后的J值上穿零轴时就是抄底的机会。这是三段结构论唯一的在下跌途中抄底的操作。

此用法要注意三点：一是只能在强趋势中使用；二是只能用在行情启动的中早期在仓位不足时用来加仓；三是再次下穿零轴要止损，否则，若买在V型反转型顶部时会造成极大的亏损。

图6－3展示的是KDJ指标在强趋势中的应用。如图所示，在强趋势市场中，KDJ指标中的J值在快速摆动到零轴以下，再次上穿零轴时，可在小级别V形反转时入场。

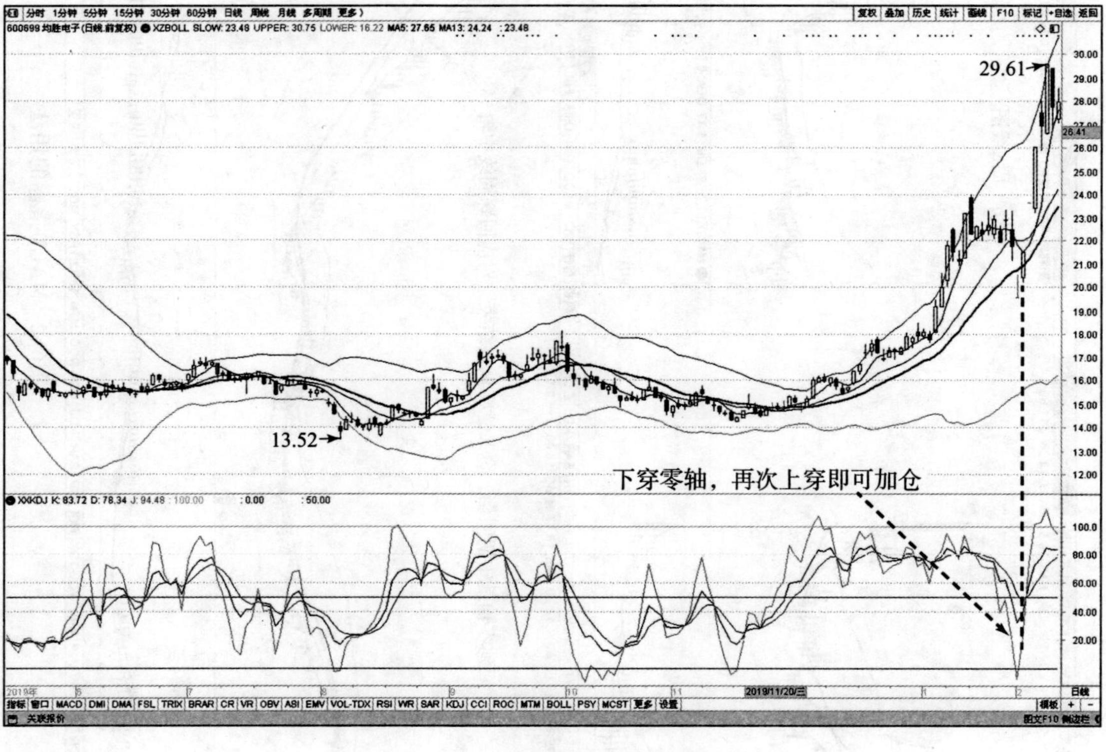

图6－3　KDJ指标在强趋势中的应用

四、BOLL指标

布林带（BOLL）是一个路径型指标。它构造了一个上、中、下轨组成的通道，试图用来规范价格的运动，中轨一般是20均线。但是，价格远远不是两条线可以圈住的。

在振荡或弱趋势行情中，布林带指标上、下轨的压力和支撑指示意义较强。但是，在三段结构论做主升段的策略中，则使用它最锐利的一个特性：布林带收缩意味着振荡渐小，收缩后向上开口则意味着一段涨势的来临。

可以这样说，任何一个主升段都要经过价格顶开布林带上轨，致使布林带向上急速开口的过程，亦即布林带向上开口是主升段的必由之路。

通过以上的介绍，细心者可能会发现，三个指标都被界定了应用范围。是的，任何事物都有其适用范围。找准使用范围的过程，就是认知和能力共同提升的过程。

第二节 程序化

早年曾花很多时间编程，原来的很多思路如追涨、抄底、做短线现在都改变了，那些选股指标公式也自然雪藏不用了。这里介绍的是围绕主升段而形成的一个指标公式体系，当时指标皆冠名“今朝”，此处依然沿用不变。当年编程使用飞狐交易师软件，现更换为通达信。

一、技术指标公式

技术指标公式是作者自编的公式，主要用来描述市场状态，同时也为选股公式提供数据。

1. 今朝方向（主图指标）

通达信代码如下：

```
MA20:MA(C,20);
IF(MA(C,20)< REF(MA(C,20),1),MA(C,20),DRAWNULL),
COLORGREEN,LINETHICK2;
IF(MA(C,20)>= REF(MA(C,20),1),MA(C,20),DRAWNULL),
COLORMAGENTA,LINETHICK2;
```

图 6 - 4 是技术指标公式“今朝方向”的图示。“今朝方向”定义 20 均线为市场走势运行的方向，20 均线向上运行时，市场方向为上涨，20 均线向下运行时，市场方向为下跌。

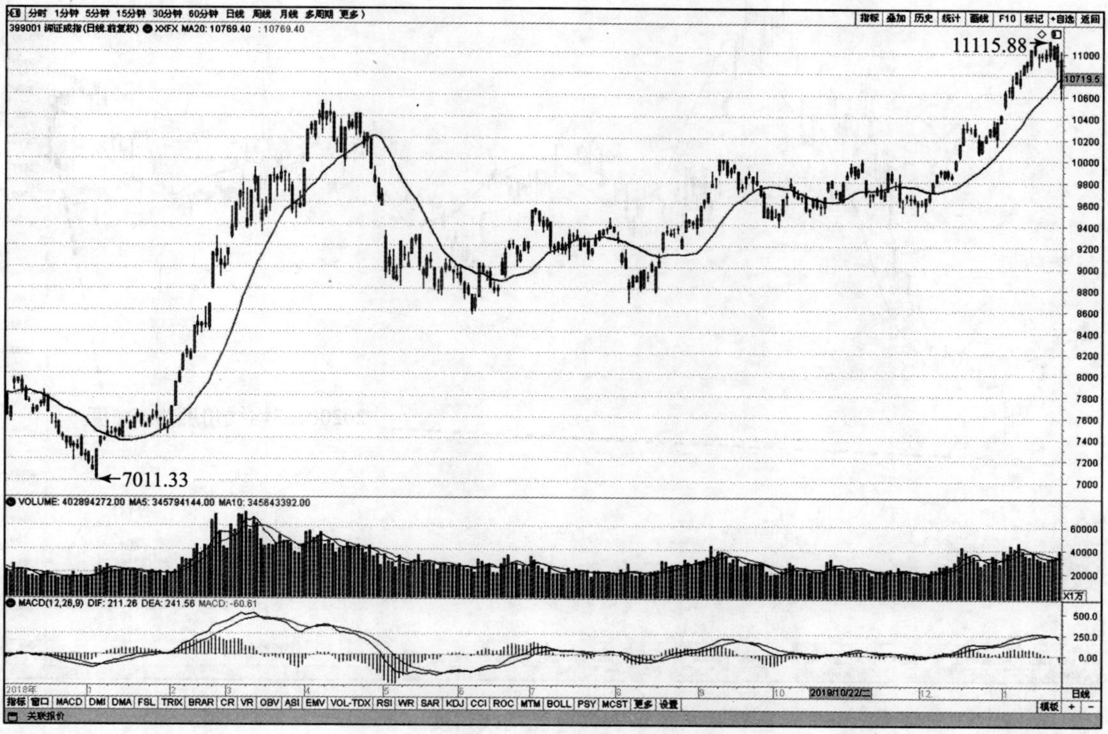

图 6－4 今朝方向

2. 今朝均线角度（附图指标）

通达信代码如下：

```
MA20:ATAN((MA(C,20)/REF(MA(C,20),1) -1)* 100)*
180/3.1416,COLORMAGENTA;
```

图 6－5 是技术指标公式“今朝均线角度”的图示。图下方附图中指标线的数值就是 20 均线的角度值。均线角度用来评估市场的强弱，它与 N 形结构评估市场强弱可以互相印证，20 均线角度在 60 度时是单边势，在 45 度时是强趋势，在 30 度时是弱趋势。

3. 今朝均线流（主图指标）

通达信代码如下；

```
MA5:MA(C,5);
MA10:MA(C,10);
MA20:MA(C,20);
```

图6-5　今朝均线角度

```
MA30:MA(C,30);
MA40:MA(C,40);
MA60:MA(C,60);
MA80:MA(C,80);
MA100:MA(C,100);
MA120:MA(C,120);
MA160:MA(C,160);
MA180:MA(C,180);
MA200:MA(C,200);
MA220:MA(C,220);
MA250:MA(C,250);
```

图6-6是技术指标公式“今朝均线流”的图示，把短期、中期、长期均线置于一图中，可以很直观地感受到均线之间错综复杂的状态，当全部均线黏合在一起的时候，可能预示着较大的市场机会。

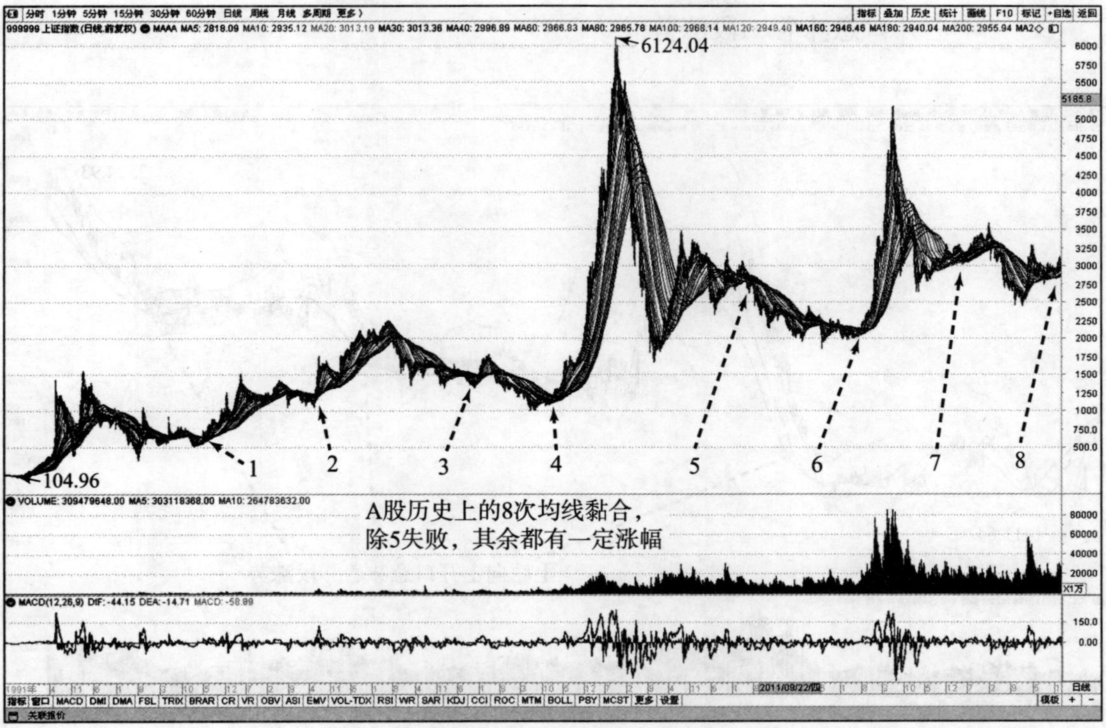

图6－6 今朝均线流

4. 今朝布林轨（主图指标）

通达信代码如下：

```
SLOW:MA(C,20);
R:=POW((C-SLOW),2);
X1:=MA(R,20);
X:=SQRT(X1);
UPPER:(SLOW+2*X),COLORRED;
LOWER:(SLOW-2*X),COLORGREEN;
MA5:MA(C,5),COLORWHITE;
MA13:MA(C,13),COLORYELLOW;
IF(MA(C,20)<REF(MA(C,20),1),MA(C,20),DRAWNULL),
COLORGREEN,LINETHICK2;
IF(MA(C,20)>=REF(MA(C,20),1),MA(C,20),DRAWNULL),
COLORMAGENTA,LINETHICK2;
```

图6－7是技术指标公式“今朝布林轨”的图示，布林轨收敛后向上开口意味着一段涨势。

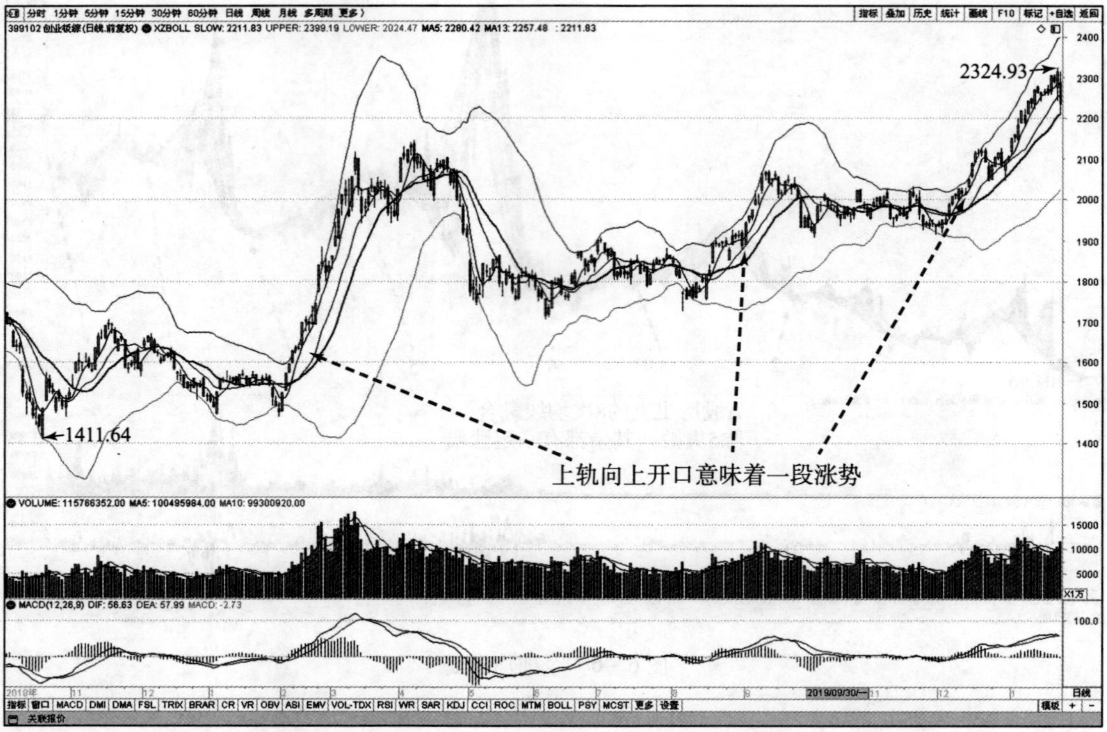

图6－7　今朝布林轨

二、条件选股公式

条件选股公式不但可以选出个股，还可以统计符合条件的股票的数量，以此评价市场总体状况。

1. 今朝黏合度

通达信代码和图示如下：

```
VAR1:=ABS(MA(C,10)-MA(C,20))/MA(C,20)*100<N;
VAR2:=ABS(MA(C,120)-MA(C,20))/MA(C,20)*100<N;
VAR3:=ABS(MA(C,250)-MA(C,20))/MA(C,20)*100<N;
VAR4:=ABS(MA(C,60)-MA(C,20))/MA(C,20)*100<N;
VAR5:=ABS(MA(C,30)-MA(C,20))/MA(C,20)*100<N;
```

```
VAR6:=ABS(MA(C,5)-MA(C,20))/MA(C,20)*100<N;
VAR1 AND VAR2 AND VAR3 AND VAR4 AND VAR5 AND VAR6;
```

N 就是黏合度，数值为百分比，表示自 5 日线至 250 日各条均线与布林中轨的聚敛程度。如果黏合的位置离某大级别中轨较近，这可能意味着快要展开主升浪了。

黏合度的市场意义表示交易者持仓成本相近，市场面临变盘，如果用黏合度选出的股票很多，表示市场整体变盘概率很高。调整参数 N 可控制选出数量。

图 6-8 是条件选股公式“今朝黏合度”的图示，图中箭头所指处均线的黏合度小于 5。

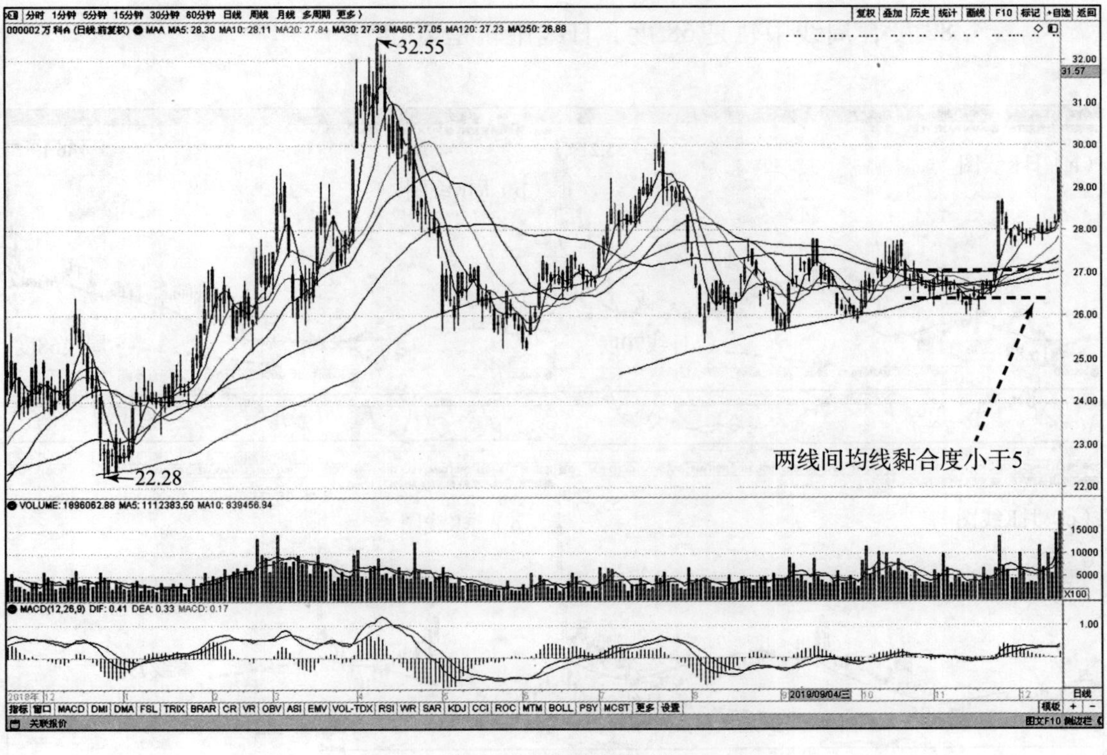

图 6-8 今朝黏合度

2. 今朝均线角度

通达信代码如下：

```
MA20:=MA(CLOSE,20);
```

```
ATAN((MA20/REF(MA20,1)-1)*100)*180/3.1416>N;
```

N是可调参数，取值范围从0到90，若调整N的数值到60，当下最强的一批股票就一网打尽了。今朝均线角度前面已有图示，可参照三段结构论用均线角度来定义市场强弱，对指数而言，有以下定义：

（1）如果日周月20均线角度都大于30度，市场具有多头气氛，有操作价值，定义为多头市场；

（2）如果日周月20均线角度都大于45度，市场多头气氛浓厚，定义为牛市；

（3）如果日周月20均线角度都大于60度，市场涨势强烈，定义为牛市主升段。

图6-9展示的是高德红外的主升段，如图所示，图中月线中轨是82度，周线中轨是68度，日线中轨是70度。

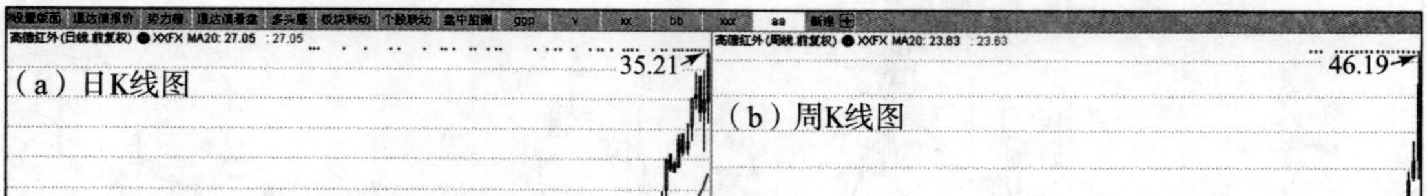

图6-9　高德红外的主升段

要想选出领先大盘走强的股票，那么在大盘尚未走强时运用此公式，强股就全现身了，然后再去观察对应大盘的回踩点，就能把握节奏了。

3. 今朝直捣黄龙

通达信代码如下：

```
VAR1:=ABS(MA(C,10)-MA(C,5))/MA(C,5)*100<5;
VAR2:=ABS(MA(C,20)-MA(C,10))/MA(C,10)*100<5;
VAR3:=ABS(MA(C,20)-MA(C,5))/MA(C,5)*100<5;
VAR4:=(C-REF(C,1))/REF(C,1)*100>=5;
VAR5:=V>=HHV(V,5)AND H>=HHV(H,5);
VAR1 AND VAR2 AND VAR3 AND VAR4 AND VAR5;
```

程序释义：在5、10、20三根均线黏合度小于5，某天放出5天内最大成交量、涨幅大于5%时，定义为直捣黄龙。

直捣黄龙可以设为盘中预警公式实时报警，也可以用作盘后选股。

直捣黄龙设定的时间和上涨幅度是针对日线级别的，所以最好只在日线级别使用。

用直捣黄龙选出来的股票若同时满足回踩某大级别中轨条件时，就是买入机会。

图6－10是特锐德的条件选股公式“今朝直捣黄龙”的图示。如图所示，在回踩月线中轨时，日线级别也出现了回踩中轨的走势，形成了日线月线两级共振，后市走出主升段，图中出现直捣黄龙指示时就是介入机会。

4. 今朝启动位

通达信代码如下：

```
VAR1:=MA(C,3)>REF(MA(C,3),1);
VAR2:=REF(MA(C,3),1)<=MA(C,20);
VAR3:=H>=MA(C,20)AND H>=HHV(H,5)AND V>=HHV(V,
5);
VAR4:="XXDMI.PDI">REF("XXDMI.MDI",1);
VAR5:="XXJXJD.MA20">0;
VAR6:=(H-REF(C,1))/REF(C,1)*100>=3;
VAR1 AND VAR2 AND VAR3 AND VAR4 AND VAR5 AND VAR6;
```

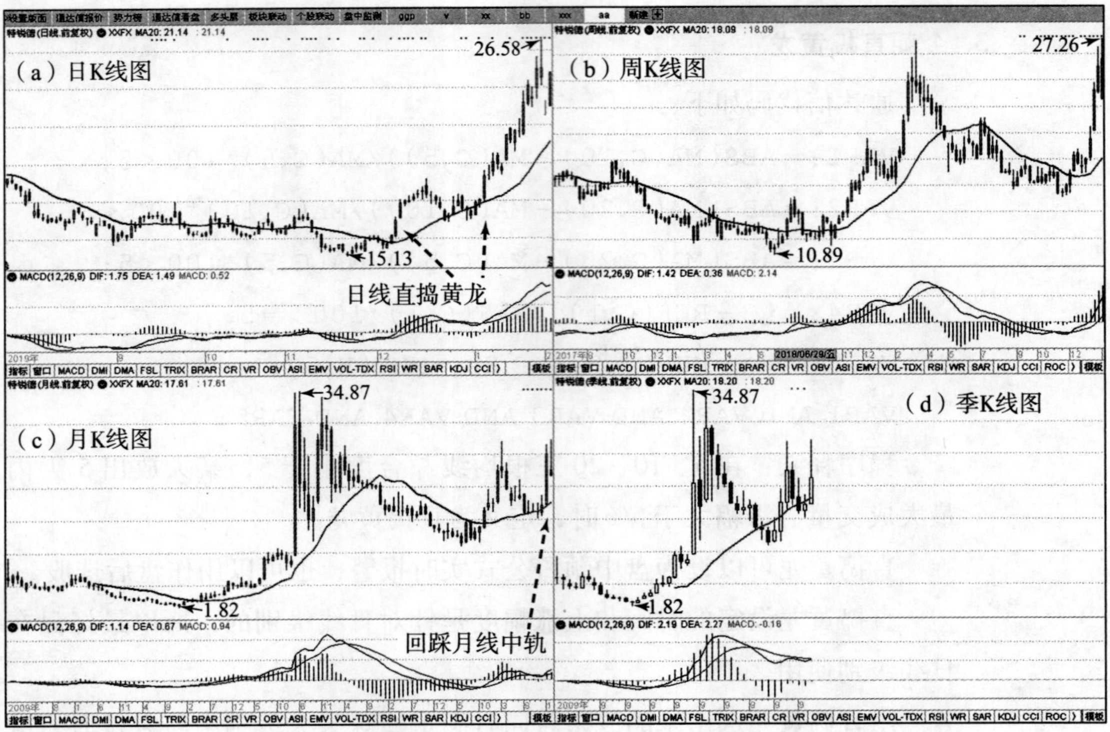

图6－10　特锐德的今朝直捣黄龙

如果不想在直捣黄龙的时候追涨，那么可以关注启动位，在直捣黄龙之前一般会有一个启动位。

程序释义：在一段中级调整结束的过程中，价格会先站上中轨，故将价格站上中轨，同时中轨转向的那一天称为启动位。

今朝启动位没有今朝直捣黄龙有效，启动位之后仍然可能继续横盘振荡。所以，启动位主要用来提示一段调整可能结束，需要密切跟踪后续走势。

若启动位之后跟着出现直捣黄龙，那就属于互相印证，直捣黄龙就更可靠了。

图6－11是条件选股公式“今朝启动位”的图示，图中箭头所指就是启动位。

5. 今朝回踩中轨

通达信代码如下：

```
VAR1：="MACD.DIF">0 AND "MACD.DEA">0；
```

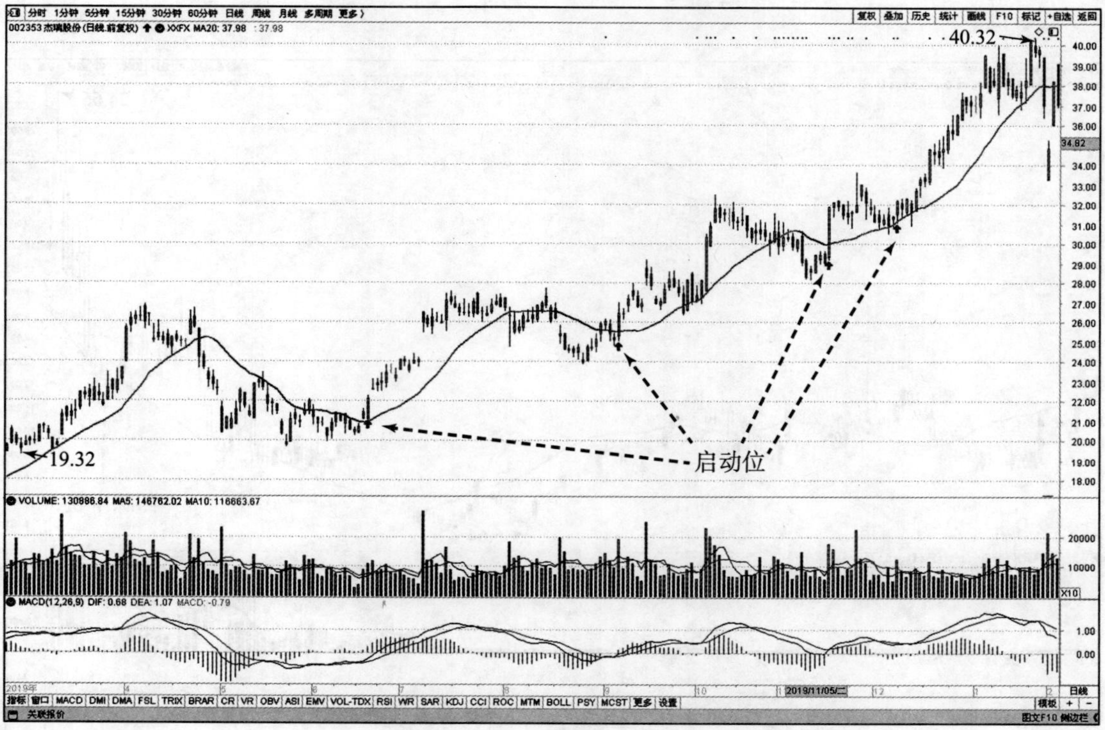

图 6-11 今朝启动位

VAR2：=ABS(L-MA(C,20))/MA(C,20)*100<=N1；

VAR3：=ATAN((MA(C,20)/REF(MA(C,20),1)-1)*100)*180/3.1416>=N2；

VAR4：=(H-MA(C,20))/MA(C,20)*100<=10；

VAR5：=MA(C,20)>REF(MA(C,20),1)AND C>=MA(C,20)；

VAR1 AND VAR2 AND VAR3 AND VAR4 AND VAR5；

程序释义：N1 是最低价靠近中轨的程度，N2 是中轨的角度，在 20 均线角度大于 N2 的情况下，当最低价靠近 20 均线的程度满足条件 N1 时系统认为走势回踩到中轨。

用法：在中级别行情中，对应大盘回踩的时机，用今朝回踩中轨在周线或月线级别进行选股，选出的股票跟踪观察，当出现启动位或直捣黄龙时就是入场时机。在牛市中可以随时选股，符合条件就入场。调整参数 N1、N2 的数值可以控制选出数量和质量。

图 6-12 是条件选股公式“今朝回踩中轨”的图示，图中箭头所指

就是回踩中轨。

图 6-12　今朝回踩中轨

6. 今朝强势回档

通达信代码如下：

```
VAR1:=COUNT("MACD.DIF"<"MACD.DEA",6)>=3;
VAR2:=COUNT("MACD.DIF"<"MACD.DEA",8)<=5;
VAR3:="MACD.MACD">REF("MACD.MACD",1);
VAR4:="MACD.DIF">0;
VAR5:="MACD.DEA">0;
VAR6:="XXJXJD.MA20">=30;
VAR7:=(H-REF(C,1))/REF(C,1)*100>=1;
VAR1 AND VAR2 AND VAR3 AND VAR4 AND VAR5 AND VAR6 AND VAR7;
```

程序释义：MACD 指标在 0 轴之上死叉，时间小于 5 天，20 均线角度大于 30 度，当 MACD 指标的 MACD 值减小，DEA 和 DIF 值走平时，系统认为调整到位，当日收阳线时可以入场。

图 6－13 是条件选股公式“今朝强势回档”的图示，图中箭头所指就是强势回档。

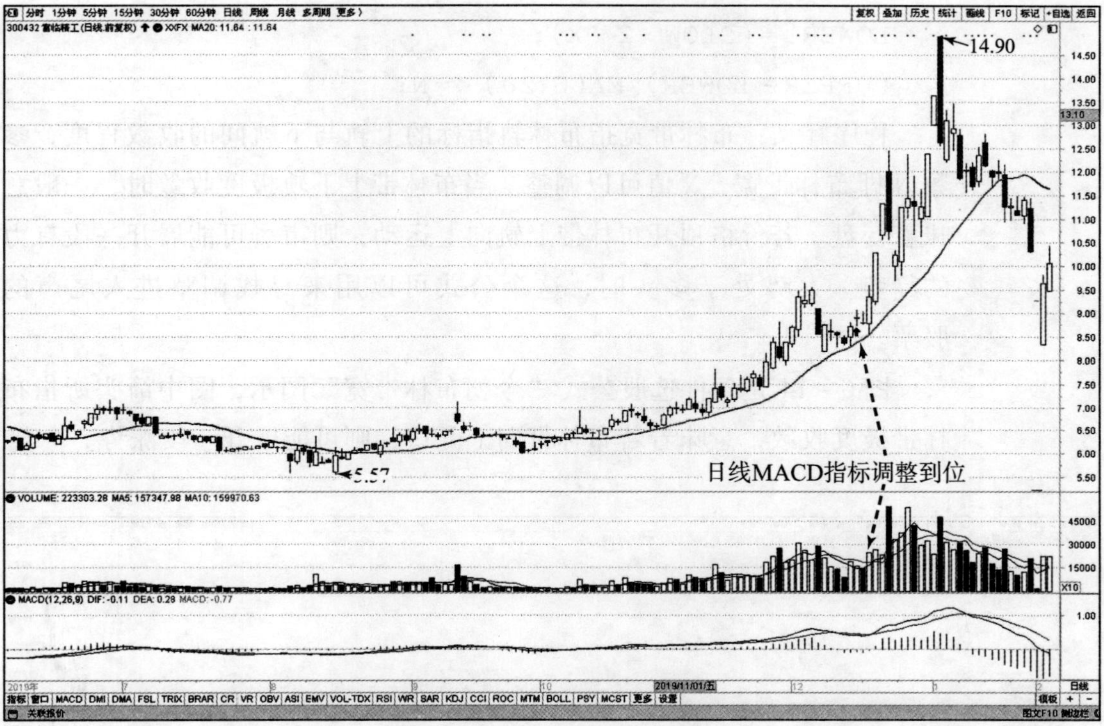

图 6－13 今朝强势回档

在强趋势中，因中轨角度较陡，一段回调之后，MACD 指标出现死叉，但价格也回落到中轨附近，这时调整已基本到位，正是再次入场时。今朝强势回档中，MACD 指标死叉的时间一般不宜超过两周，时间过长强势就会变弱，今朝强势回档就是利用这个原理编制的。今朝强势回档适用于牛市氛围中的趋势强劲的股票，在日线级别中进行选股。

将此指标应用于周线级别选股，就是中期调整结束的用法，市场含义就是经过四五周的调整，价格回落到 20 周线附近，这是一个做周线主升段的机会。

7. 今朝布林带宽

通达信代码如下：

```
SLOW:=MA(C,20);
```

```
R:=POW((C-SLOW),2);
X1:=MA(R,20);
X:=SQRT(X1);
UPPER:=(SLOW+2*X);
LOWER:=(SLOW-2*X);
(UPPER-LOWER)/MA(C,20)<=N;
```

程序释义：布林带宽指布林轨指标的上轨与下轨间的收敛程度，参数N即布林带宽，N值可以调整。当布林带上下轨极度收敛时，一般意味着变盘。若价格顶开布林带上轨向上运动，则市场可能展开一段有力的趋势。大势处于多头时，这个公式可以用来寻找调整进入尾声的股票。

图6-14是条件选股公式“今朝布林带宽”图示，图中箭头所指布林带极度收敛，意味着若布林带向上开口，则可能展开一段涨势。

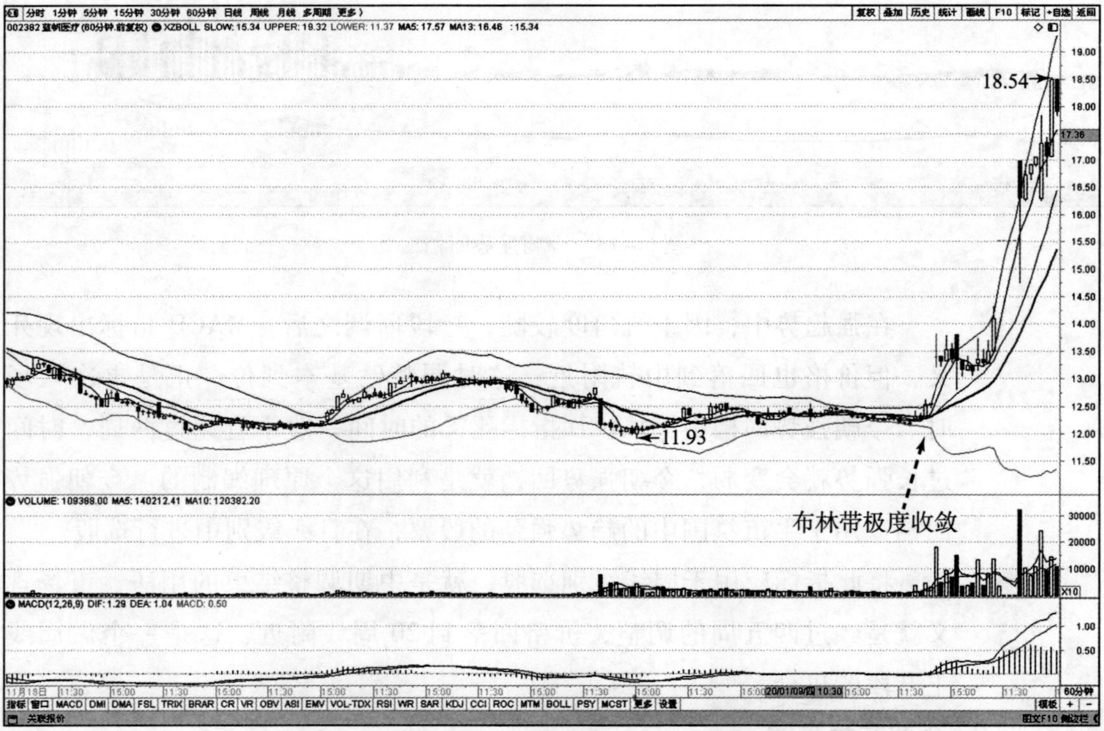

图6-14　今朝布林带宽

布林带宽相当于短期均线收敛，而均线黏合是中、长、短期均线收敛。

三、专家系统公式

所有条件选股公式都可以与专家系统公式相互转化，感兴趣的朋友可以尝试操作，前者可以用来选股和预警，后者可以用作自动交易，在主图上做出买卖标识。下面介绍两个没列入条件选股的公式。

1. 今朝龙飞九天

通达信代码如下：

```
VAR1:=COUNT(H>"XZBOLL.UPPER",3)=2;
VAR2:=COUNT("XXJXJD.MA3">=45,3)>=2;
VAR3:=ATAN(("XZBOLL.UPPER"/REF("XZBOLL.UPPER",1)-1)*100)*180/3.1416>=N;
VAR4:=COUNT((H-REF(C,1))/REF(C,1)*100>=3,3)>=2;
VAR:=FILTER(VAR1 AND VAR2 AND VAR3 AND VAR4,5);
ENTERLONG:VAR
```

程序释义：3 日均线角度大于 45 度，收盘价连续站在布林上轨之上，布林带上轨角度大于 N，即布林带上轨急速向上开口。

任何股票走主升段布林带都会向上开口，用这个指标可以选出所有正在走主升段的股票。若上轨刚刚开口，也满足主升段刚启动的要素。

图 6－15 是专家系统公式“今朝龙飞九天”的图示，图中布林带收敛后，又向上快速开口，展开了一轮涨势。

2. 今朝潜龙在渊

通达信代码如下：

```
VAR1:=COUNT("XXKDJ.J"<0,3)>=1;
VAR2:=COUNT("XXCCI.CCI"<-100,3)>=1;
VAR3:="XXKDJ.J">REF("XXKDJ.J",1);
VAR4:="XXKDJ.K">REF("XXKDJ.K",1);
```

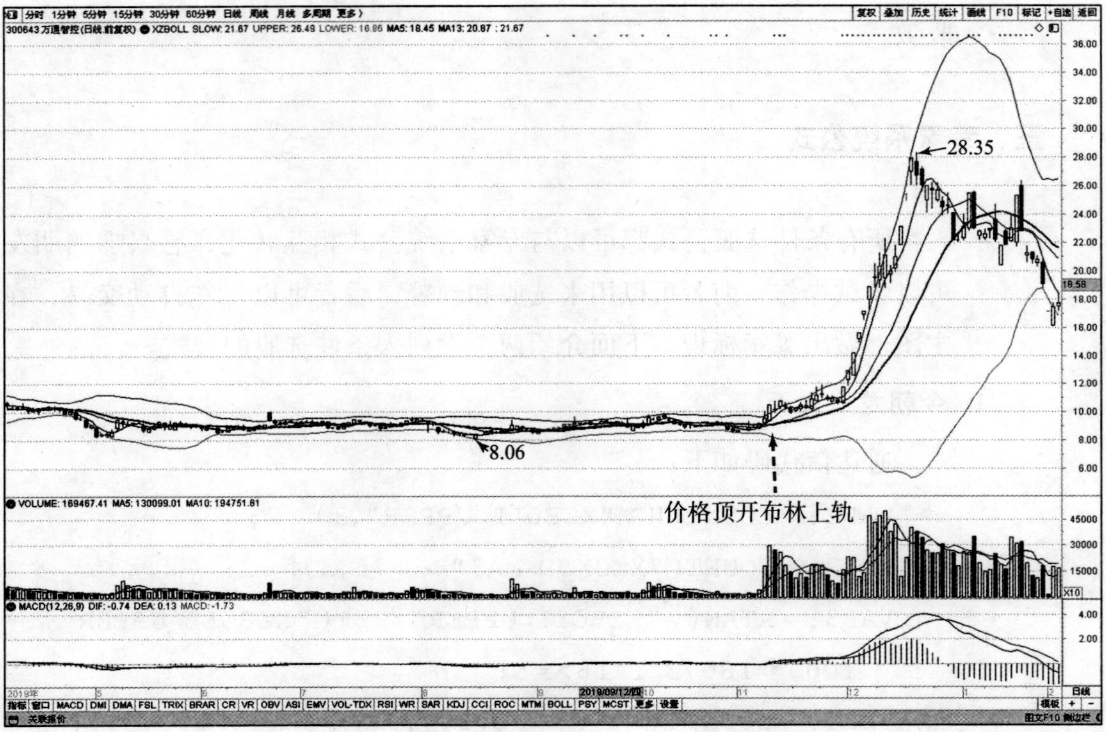

图 6-15　今朝龙飞九天

```
VAR5:="XXCCI.CCI">REF("XXCCI.CCI",1);
VAR10:=FILTER(VAR1 AND VAR2 AND VAR3 AND VAR4 AND VAR5,5);
ENTERLONG:VAR10;
```

程序释义：在上升趋势中，当 KDJ 指标 J 值由零轴下方上穿，同时满足回踩中轨的条件时可以入场，这种方式一般对应级别推演中的 V 形反转，经常在上涨途中突然的急跌后出现。

今朝潜龙在渊的思路就在于利用 KDJ 的摆动特征，在其逆向摆动到极致并出现衰竭迹象时入场。

图 6-16 是专家系统公式"今朝潜龙在渊"的图示，图中箭头所指处 KDJ 指标 J 值上穿零轴。

图 6－16　今朝潜龙在渊

四、五彩 K 线公式

五彩 K 线公式用 K 线颜色的变化来描述市场的状态。

通达信代码和图示如下：

H >= MA(C,5) AND MA(C,3) >= REF(MA(C,3),1) AND MA(C,3) >= MA(C,10) AND "XXDMI. PDI" > "XXDMI. MDI",COLORRED;

COUNT(H >= "XZBOLL. UPPER#WEEK",5) >= 1 AND MA(C,3) >= REF(MA(C,3),1) AND

"XXJXJD. MA20" > 30 AND

"XXJXJD. MA20#WEEK" > 45,COLORMAGENTA;

C < MA(C,5) AND MA(C,3) < MA(C,20) AND MA(C,3) < REF(MA(C,3),1) AND MA(C,20) < REF(MA(C,20),1),COLORBLACK;

FILTER(MA(C,3) <= MA(C,20) AND H >= MA(C,3) AND C >= O

```
AND MA(C,3)>=REF(MA(C,3),1)
    AND REF("XXDMI.PDI",1)<=15,5),COLORWHITE;
    MA(C,3)>MA(C,20)AND C<MA(C,20),COLORGREEN;
    "BIAS.BIAS1"<= -12,COLORBLUE;
    FILTER(MA(C,3)>REF(MA(C,3),1)AND REF(MA(C,3),1)<=
MA(C,20)AND H>=MA(C,20)AND
    "XXDMI.PDI">REF("XXDMI.MDI",1)AND "XXJXJD.MA20">
0,3),COLORYELLOW;
```

图6-17是五彩K线指标“今朝彩K”的图示。因黑白印刷无法显示实际颜色，图中以白、黄、红、紫、绿、灰等颜色表明实际操作中代表的含义。如图示，白色K线代表止跌反弹，黄色K线代表上穿中轨，红色K线代表多头，紫色K线代表主升浪，绿色K线代表破位，灰色K线代表空头。

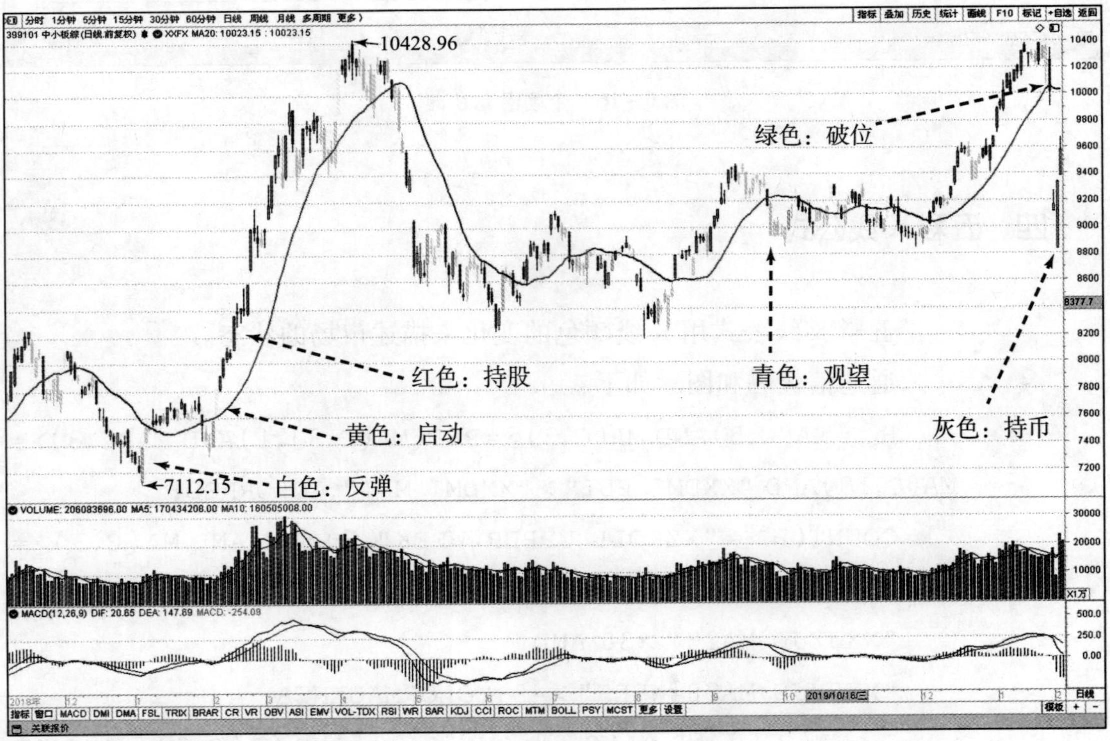

图6-17　今朝彩K

第三节 指标公式使用流程

常用的有关主升段指标公式前文已专门做了介绍，下面对操作流程再给出具体的范式：

第一步：这一步是常规工作，每周用今朝均线角度选出角度大于30度的股票加入自选，持续跟踪，条件是日线、周线方向必须向上，若周线转折则剔除。

第二步：持续用N形结构理论判断大盘是否有一个中级行情的可能，即有一段强趋势导致周线转向并有限回踩，再涨空间可能达10%，时间可能持续一个月以上。

第三步：用今朝回踩中轨在周线或月线级别进行选股，选出已经走出一段涨势并回踩大级别中轨的股票，或者观察自选股池中用今朝均线角度选出的强股是否回踩大级别中轨。

第四步：股票的上涨一定有基本面的原因，技术分析的功能在于择时，所以符合技术要求的股票还要用基本面的因素过滤一遍，合适的留下，不合适的剔除。然后用今朝启动位或今朝中期回档观察或选出价格站上日线中轨的股票，并运用级别推演建立首批仓位。

第五步：在日线级别用今朝直捣黄龙、今朝龙飞九天、今朝回踩中轨进行指示，适时加仓。

第六步：在主升段运行过程中，用今朝强势回档、今朝潜龙在渊等进行加仓。

第七步：在加速段之后，参照彩色K线的破位和持币等转折信号逐次减仓。

要特别注意的是启动位级别推演的开仓和直捣黄龙的加仓，建立足够的仓位是启动阶段的主要任务。

这里着重强调今朝直捣黄龙的加仓：几乎所有的牛股在启动阶段都有直捣黄龙的指示。

当然必须提醒，并非有指示信号的都是牛股。

本章小结

（1）程序化是对交易思想的高度凝练；

（2）程序化具有极强的统计功能，可以迅速掌握市场全貌；

（3）按照标准范式运用指标公式可快速掌握市场状态，并选出符合市场相应运行阶段的股票；

（4）程序化可以对市场进行全范围的覆盖和全天候的监测。

第七章

系　统　论

系统一词来源于古希腊语，是由部分构成整体的意思。

系统的定义：由若干要素以一定结构形式联结构成的具有某种功能的有机整体。

系统观是指以系统的观点看自然界，认为系统是自然界物质普遍存在的形式。系统观揭示了自然界物质系统的整体性、关联性、层次性、开放性、动态性、自组织性，研究系统与要素、结构与功能等相互关系。

第一节 系统概论

笛卡尔在《正确思维和发现科学真理的方法论》（以下简称《方法论》）中指出，研究问题的方法分四个步骤。

（1）永远不接受任何自己不清楚的真理，即没有经过自己验证的问题，不管有什么权威的结论都可以怀疑；

（2）可以将要研究的复杂问题尽量分解为多个比较简单的小问题，一个一个地分开解决；

（3）将这些小问题从简单到复杂排列，先从容易解决的着手；

（4）将所有问题解决后再综合起来检验，看是否将问题彻底解决了。

在20世纪60年代以前，西方科学研究的方法（从机械到人体解剖）基本都是按照笛卡尔的《方法论》进行的。《方法论》对西方近现代科学的飞速发展起了相当大的促进作用。

这种研究方法是把事物分解成若干部分，抽象出最简单的因素，然后再以部分的性质去说明复杂事物。这种方法的着眼点在局部，遵循的是单项因果决定论。

但是，随着社会的发展和研究领域的扩展，人类面临的各种系统，其规模越来越大，关系越来越复杂，要素越来越多，在不断新出现的复杂问题面前，《方法论》就显得无能为力了。这时候，贝塔朗菲提出了系统论，系统分析方法应运而生，为解决复杂问题提供了新的有效思维方式。

系统的概念有三方面内涵：

（1）系统是由若干要素（部分）组成的。这些要素可能是一些个体、成分，也可能其本身就是一个系统（或称之为子系统）；

（2）系统有一定的结构。一个系统是其构成要素的集合。这些要素相互联系、相互制约。系统内部各要素之间相对稳定的联系方式和组织秩序的内在表现形式就是系统的结构。

（3）系统有一定的功能，或者说系统要有一定的目的性。系统的功能是指系统与外部环境在相互作用中表现出来的特性。

系统论是研究系统的结构、特点、行为动态、原则、规律以及系统间的联系，并对其功能进行定量的描述的学科。

系统论的核心思想是整体的系统观念。贝塔朗菲强调，任何系统都是一个有机的整体，它不是各部分的机械组合或简单相加，系统的整体功能是各要素在孤立状态下所没有的性质。系统中各要素不是孤立存在的，每个要素在系统中都处于特定位置，起着特定的作用。要素之间相互关联，使要素构成了一个不可分割的整体。要素是整体中的要素，如果将要素从系统整体中剥离出来，将失去特有的作用。

系统论的基本思想方法是把研究的对象看作一个完整的系统。其主要功能是以系统为研究对象，从整体出发来分析系统、要素、环境三者的相互关系和变化规律，从本质上说明系统的结构、功能、行为和动态，最大限度地把握系统建立的目的。

系统论具有系统科学的属性，这种属性有别于具体的数学、物理或化学等具体科学中的方法论，更具有普遍意义上的哲学属性。

金融交易市场是一个复杂的系统，高度开放，与外界关联性强，与它发生相互作用的因素极多，因此变幻莫测。面对这样一个市场，更需具备全局观念，运用系统思维建立一套自成体系的交易系统，一方面控制自身，另一方面观察交易系统与市场的相互作用，寻找交易系统与市场的契合点，那就是盈利的机会。

那么交易系统的本质是什么呢？

第二节
交易系统的本质——立法

“道冲而用之或不盈也，渊兮似万物之宗”，这是在谈无限性。市场就如我们身处其中的世界，千头万绪，纷繁复杂，也具有无限性。人类虽然可以奋力探索，却无法穷尽所有，那是不是我们就什么也做不了呢？不是，恰恰相反，世界的无限性正可容纳人类的有限性。我们不但可以选择用什么方式来认知世界，而且还可以确定我们需要什么，然后放弃其他我们不需要的，这正是无限性给予我们的自由。人为自然立法，开普勒为天空立法，我们自己也可以为市场立法。我们有权利和能力这样做。

“有物浑成，先天地生”，“独立而不改，周行而不殆”，分别是在谈独立性和循环性，因为万物有循环性，我们才可以认识外部世界的规律；因为我们的思想具有独立性，我们的认识才是有效的。这个市场包容一切，任何人都可以用自己喜欢的方式来为市场立法，来获取自己认知范围内的那一部分利润。《前赤壁赋》中说：“苟非吾之所有，虽一毫而莫取。”就是这个意思。

法律是规范人的行为的规则体系，同样地，交易系统也是让我们在市场中规范自己行为的规则体系。所以，我们为市场所立的法就是交易系统。

社会中没有立法，必将天下大乱；组织中没有立法，必将一盘散沙；人的一生没有立志，必将浑浑噩噩；交易中没有立法，必将进退失据。我们每个人立的法，就是自己的行动准则，必须遵守它，否则将功亏一篑。

第三节 建立交易系统

建立系统并执行并不是一件容易的事。但是不论如何困苦，只要我们选定目标不动摇，持续积累，总有破茧化蝶那一天。

一、交易系统要以己为本

建立交易系统自然也要用系统性的思维方式。

系统思维就是人们运用系统观点，系统认识研究对象之间互相联系的各方面及其结构和功能的一种思维方法。

整体性原则是系统思维方式的核心，这一原则要求人们无论干什么都要立足整体，从整体与部分、整体与环境的相互作用过程来认识和把握整体。

上一章“指标”一节中，我们曾指明指标不能不分场合、不分市场状态地到处都用，某种指标只适用于某种市场情形，应从不同角度去分析指标的应用范围，如市场是牛是熊，趋势是强是弱，位置是高是低，然后根据实际情况再选择用何种方法。这种整体性思考、选择性应用的思维方式就是系统思维。系统思维是一种逻辑抽象能力。

当然，进行系统思维的前提是对以上诸多问题有一套不为外界所惑的评价准则，这套准则体现着交易者的价值观和对市场的认知水平，也体现着交易者的逻辑和观念。

这样的逻辑和观念是交易系统的基础，不但在很大程度上决定着交易者会选择什么样的交易系统，还决定着交易者能不能得心应手地运用交易系统。

交易者向别人学习交易方法时首要考虑的不是对方的系统是否优秀，而是自己与学习对象的基本观念、对市场的理解是否相近，否则，学来一套与自己不兼容的系统，就只有等着系统崩溃了。所以，建立交易系统之前，要先清楚认识自己是一个什么样的人。

同时，市场先生不容质疑地把贪嗔妄执纤毫毕现地放大后呈现在我们的面前，让市场中每个人都必须赤裸裸地面对自己的贪嗔妄执，无所遁形，只有真实地认识自己、反省自己、评价自己，才有可能把适合自己的交易系统构建的滴水不漏。

要以自己为中心，而不是以市场为中心来建立自己的交易系统。这句话有以下几层意思：

（1）交易系统的逻辑是交易者深信不疑的，深信才会坚定；

（2）交易系统捕捉的机会是交易者最喜欢、最想要的，喜欢才会专一；

（3）交易系统符合交易者的个性特点，兼容才能和谐。

以自己为中心建立系统是指在充分认识自身的前提下，从自己的客观实际而不是主观意图出发来建立系统，但要不忘记初心，建立的系统是为主观的理想和追求服务的。只有系统和市场合拍，你才能演奏美妙的乐章，不合拍，只能被市场先生赶到场外，悲伤地聆听市场先生的独奏。

从自己出发，由自己来制定规则，交易者才会从必然王国走向自由王国。

二、从交割单出发建立交易系统

其实自己是什么样的人，市场早就映射出来了，只是交易者经常是熟视无睹的。

市场映射在哪里？在交割单里。只要打开交割单，交易者的喜好、交易者的弱点、交易者的优势一览无余。

在交易中，我每个月都会统计交割单的情况，多次统计后，我发现交易单有以下几种情形反复出现：

①凡振荡势或弱趋势也想赚钱追涨入场的，无不亏损离场；

②凡收敛或无序振荡中猜方向提前入场的，无不猜错；

③凡跌势未稳妄图抄底入场的，无不再创新低；

④凡小级别入场后有点儿利润然后幻想大涨的，无不全打回原形；

⑤凡大级别强势、小级别单边势不敢追涨的，无不继续大涨；

⑥凡入场即获厚利落袋为安的，无不继续暴涨。

上述情形一一映射交易者当时的心理状态。在振荡或弱趋势中想要赚钱是贪婪；在无序振荡中猜方向是急于求成，急躁会损耗心理能量；跌势未稳抄底是想买在低价，也是贪婪；有点利润即幻想大涨是妄想，妄想会造成随意，随意就不专注；趋势强烈不敢追涨是狐疑；有点儿利润即落袋为安是害怕恐惧，恐惧源于不确定性，不确定性源于对未知领域的无知。上述行为皆因主观随意，没有客观标准。没有客观标准源于对该领域的无知。

上述表象各异，总根源可归为贪婪。贪婪就是妄图占有于己无关或自己没有能力获得的东西的一种心理状态。通常我们不会随时都妄想着赚钱，但一进入交易市场就容易产生一种错觉，觉得盈利机会很多，于是平时深藏的贪嗔妄执都被激发释放出来。人性不能被考验，但交易市场考验的就是人性；不在某种强劲有力、无法逃避的机制前，人不会如此清晰地观照到自己的贪婪和无知，那种感觉就像凌空俯视着在泥淖中挣扎的自己。

不同于深山悟道，也不同于静室冥想，我的方案是回到自己摔倒的地方，十步之泽，必有香草，摔倒的地方一定有爬起来的方法。

上述六种情形中，前四种是亏损的，第五种不敢做，第六种是盈利的。只要戒除前四种操作方法，只做第六种方法不就能盈利了吗？第六种入场即获厚利一般是大小级别共振的走势，这种走势我定义为主升段走势。这是我看得懂也敢做的行情，我只要在出场端进行修正就可以了。

做主升浪可以回避弱势追涨，消减贪婪。

做主升浪等共振可以回避振荡中猜方向，消减急躁。

做主升浪等回踩可以回避级别不匹配的抄底，消减贪婪。

做主升浪等大、小级别的共振，不做小级别，可以消减妄想。

做主升浪，入场分批买，可以消减狐疑。

做主升浪，出场等转折，可以消减害怕。

这一切的前提是知己知彼。

知己方面，要全面客观地认识和评价自己。知道自己喜欢什么，害怕什么，有能力做什么，没有能力做什么。

知彼方面，要认识到市场并不是天天都存在机会，市场的很多领域是交易者无法掌握的，只做自己喜欢也有能力完成的事，内心自然和谐安宁。

这一切的缘起，皆来自人和市场的相互作用。在市场面前，人无法反抗，只有顺应，于是消减了固执；在交割单面前，人无法自欺，只有认错反省，于是心态变得谦和。

人借市场这台天平，称清楚了自己的斤两，也不敢再问市场中不属于自己之鼎的重量。

三、形成交易系统的过程

做了上述铺垫后，我们现在用系统性思维的方式来厘清制定交易系统的过程。再次提示，市场是个复杂系统，千万不要用单项因果论和线性思维去思考。比如说"上涨的原因就是……"，这种句式会把交易者锁死在邯郸学步和刻舟求剑式的思维模式中。

图 7－1 展示的是交易系统的形成过程，其中包含以下信息：

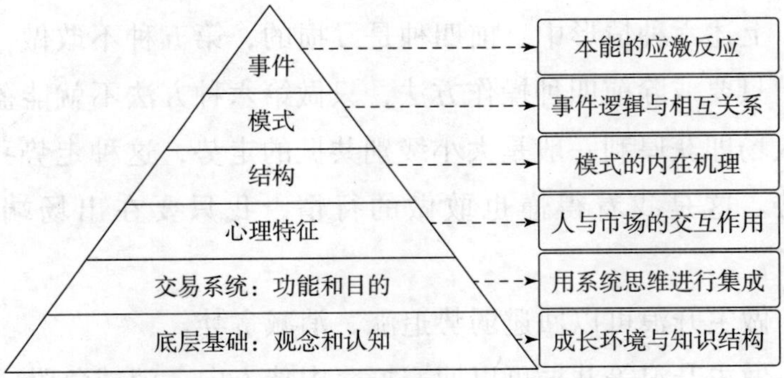

图 7－1　交易系统的形成过程

(1) 在无序的情况下，事件的出现是零乱的，人的反应是应激式的，在事件层面，充满了混乱和无序性；

(2) 随着经验增长和视野延伸，就会发现事件之间的相互关联与相互作用，熟悉和固化这些联系就形成了模式；

(3) 深挖模式背后的规律和一致性，就走到了结构层面，结构是事物的内部本质，找到了结构就找到了稳定性，就会从混沌走向秩序；

(4) 在前三步与市场的交互过程中，具有反思和批判精神的交易者开始观照自己在市场中的投影，从而开始认识自己；

(5) 用系统性思维把诸多要素按结构、功能、相互关系等进行总体设计与模块组建后，以完成某一特定的功能和目的，就形成了系统；

(6) 以上五步在甄别、取舍、做出最终选择的过程中，在背后起决定性作用的就是交易者的底层认知基础和客观条件。

从事件走向系统的过程，就是从无序走向有序的过程。这个过程充满艰辛，需要耗费时日，不断积累。形成系统后，逆向从系统到结构，再到事件，就是界定交易机会的过程，这一过程路径清晰，目标明确。

四、交易系统论

制定交易系统是一个全面整合交易者自身资源的过程，包括对市场的理解和对自身特性的认识。

选择主观交易还是系统交易，是成败的分水岭，根源在于系统交易可以持续改进，主观交易随意性强，难以提高。

若交易系统不稳定，则心态不稳定，业绩不稳定。建立交易系统就是寻找到稳定状态，然后将稳定状态固化为模型。

交易系统的稳定性来源于两点：一是与自己观念和个性相符合，二是知道且有能力识别交易系统的适用范围。

同时也要认识到，交易系统内部越稳定，则越难适应外部的变化，因为一套交易系统只适应一类市场行情，而且并不是建立了交易系统就能稳定盈利，交易系统盈利的充分条件是市场走势与交易系统合拍，所以知道交易系统的适用范围是很重要的。

第四节
主升段交易系统

通过前几章对市场的诸多现象进行归纳和抽象后，笔者提出了不少概念，这些概念分别组成三段论、结构论、级别论、主升浪变易论、程序化论等子系统。这些子系统既有独立的功能，之间也有着明晰的逻辑关系，它们定义主升浪、识别主升浪、捕捉主升浪、提出主升浪的变易，最终提炼出一套主升段指标公式系统。

把这些子系统按逻辑相关性组建之后，就形成了三段结构论。三段结构论各子系统形成了一条完整的逻辑链条：由提出做主升浪到研究什么是主升浪，再到如何抓到主升浪。

三段结构论具备一套理论需要具备的三个条件：一是以客观事实为对象，二是可重复实验，三是可以证伪。“客观事实”就是市场的客观走势，“可重复实验”就是主升段 N 形结构是在市场中是经常可见的，“可以证伪”就是主升段走势会失败。

三段结构论是一种系统性思维方式，它并不仅仅分析市场，还分析社会发展阶段，分析行业发展阶段，分析公司发展阶段。系统性思维就是要把这些因素整合在一起，因为市场的运行正是由这些因素共同作用、共同影响、共同决定的，市场的运动是多因一果，而不是单因素决定论。如果习惯于只考虑一种原因，不具备系统思维，那就说明在认知上还需要继续深入。

所有这些因素，包括三段结构论，可以概括为主升段交易系统的十二字箴言：定方向，做主升，明预期，等共振。

做主升浪是核心，别的要素都是为它鞍前马后地服务的。系统可以在不同维度折叠，也可以在不同维度展开，此处可展开为四句话：

布林中轨定方向，
三势合一做主升；
阶段级别明预期，
买点必来等共振。

定方向是指用日、周、月三个级别的中轨来确定市场的状态，前文已经描述过，分别有熊市、多头市、牛市和主升段。操作级别是在这一步确定的。不同的级别对应着不同的操作方式、不同的预期目标和不同的投资规模。

三势合一有两个方面的含义：一是基本面方向的，包括宏观经济形势、行业发展阶段、公司运营状况，三者要统一；二是技术面方向的，包括大盘趋势、板块趋势、个股趋势，三者要统一，这些方面的合力决定了主升段能否成功和主升段的涨升空间。操作品种是在这一步确定的。

明预期是指在入场时就要规划出场。盈利预期水平和风险控制程度是在这一步确定的。

等共振是为了进一步贴近正确的买入时机，用各个级别之间的共振状态确定不同的买入位置，提高收益风险比。仓位分配管理是在这一步确定的。

这十二个字就是一个完整的交易系统的操作规范，它囊括了宏观的交易思想和理念，中观的市场分析、品种选择和资金管理，微观的买入、卖出、止损、止盈技巧。

交易要像工业流水线一样把过程分解为一道道工序，每一道工序都有相应的操作规程，这样才会进退有序，同时才具有可追溯性，利于事后针对薄弱环节进行总结提高。

分析行情则像学习侦探，要列举出行情发展变化的所有可能性，然后依靠事实和证据来甄别和验证可能性，这样才会消减固执，回归客观。

第五节
主升段交易系统的评价

我用可信任度、易执行度、风险敞口度和盈利能力四个指标来评价交易系统。

一、交易系统的评价

一套交易系统要综合考量以下四个方面的情况。

1. 可信任度

可信任度有两层意思，一层是指交易系统内部逻辑的缜密程度，另一层是指交易系统的底部观念是否与交易者的三观吻合。可信任度直接影响着易执行度。

2. 易执行度

易执行度是指交易系统的主题是否明确，目标是否单一，逻辑是否一致，边界是否清晰。目的模糊、思路混乱的交易系统是难以执行的。

3. 风险敞口度

为了获取预期收益，总是需要承担一定的损失；为了容错，这样的损失在一定范围是敞开的、不加控制的，在单次交易中，预计损失占投入资金的百分比就叫风险敞口度。风险敞口度是由交易机制决定的。

4. 盈利能力

盈利能力指单位时间内盈利占投入资金的百分比。一个交易系统的盈利能力由以下参数决定：

$$盈利能力 = [胜率 \times 赔率 - (1 - 胜率)] \times 机会频率$$

其中胜率就是交易获胜的比率，赔率就是盈亏比率，机会频率指单位时间内交易机会出现的次数。

这里没有列入风险控制能力。因为风险控制能力更多是用来评价交易者，而不是评价交易系统的，评价交易系统用风险敞口度更准确。

事实上，风险控制能力与风险敞口度是密切相关的，因为风险控制度就等于资金投入系数乘以风险敞口度。

风险敞口度与盈利能力并不完全是负相关关系，因为各种系统特点不一，有的系统胜率高，赔率也高，但机会频率低；有的系统风险敞口度低，但胜率也低；有的系统胜率高，但赔率低。

二、主升段交易系统的评价

1. 可信任度

对于有些交易者来说，主升段交易系统的可信任度不高，因为人们容易把它误解为一个单一的技术分析系统。本书只讨论主升段这一主题，别的市场因素很少提及，以技术分析为主，它的可信任度是极高的，通过前文诸多图例即可看出市场也经常在验证着它的有效性。

2. 易执行度

主升段交易系统易执行度是极高的，因为它逻辑缜密，目标明确，边界清晰。

3. 风险敞口度

主升段交易系统风险敞口度低，这是由大小级别共振、逐级加仓的交易机制决定的。

4. 盈利能力

主升段交易系统的胜率不高，只有40%多，机会频率则比较高，因为可以交易多个级别的机会，赔率等则因级别不同而有所差别。下面分别列举以上指标在期货交易中不同级别周期中的数据：

（1）小时级别：胜率40%，赔率3，机会频率3次/周，风险敞口度5%；

（2）日线级别：胜率40%，赔率5，机会频率1次/周，风险敞口度8%；

（3）周线级别：胜率45%，赔率10，机会频率2次/月，风险敞口度10%；

（4）月线级别：胜率50%，赔率20，机会频率4次/年，风险敞口度12%。

股票市场只做周月级别的机会，数据如下：

（1）周线级别：胜率45%，赔率3~5，机会频率2次/年，风险敞口度10%~15%；

（2）月线级别：胜率50%，赔率5~8，机会频率2次/年，风险敞口度15%~20%。

总体而言，主升段交易系统的盈利能力还是不错的，因为赔率和机会频率都比较高。

三、主升段交易系统的资金管理

主升段交易系统的资金管理与交易级别是紧密联系在一起的，大级别意味着大行情，胜率和赔率都跟着提高，而风险度提升有限，所以就可以投入更多资金；小级别只是小机会，不参与或轻仓投入。总体而言，资金按以下方案分配：

（1）先头部队。占比10%~20%，次级折返结束或级别推演时入场，探察市场活跃程度；

（2）主力部队。占比30%~40%，先头部队胜利后，启动位或临界突破时入场；

（3）支援部队。占比20%~40%，主力部队胜利后，突破回踩加仓；

（4）后备部队。占比20%，战略支援或侦察新目标，保持流动性。

这样的资金管理是与主升段交易系统的盈利能力相配合的。在风险敞口度比较大的时候，仓位就要低一些，在风险敞口度比较小的时候，仓位就可以重一些。总的目标就是要将风险控制在一个恒定数值以内。

至此，三段结构论即论述完毕。

三段结构论从系统化地认识事物的发展阶段的三段论开始，到探究事物的内部结构以界定事物的性质，再到究底穷源地分析结构内部的相互关系以明了事物的变易；视野从宏观到中观再到微观；思路从引入问题到定义概念，到分析原因，再到给出方案，其中有着清晰的逻辑关系；最后再进行高维概括，凝练为主升段交易系统。

对于主升段，我们研究视野宏观深远，认知洞察幽微，论述层层递进，思维缜密系统，执行守正知变。

本章小结

（1）市场是一个复杂系统，需要用系统性思维方式来研究；

（2）建立系统要以己为本；

（3）交易系统要有助于扬己之长，避己之短。

后　记

我初入职场，曾在云南云达利公司工作过十二年，但不算成功，于是，2003 年我再择业时的想法就是要找一个可持续积累、不断成长，一直工作、不用退休，年龄越长、专业能力越强，终生不用更换的职业，我不想再因更换职业导致专业能力被清零，也不想退休后人生就进入停滞状态，做投资符合这些条件，所以我进入了证券行业。

但是，我低估了人性的弱点在市场面前被放大的倍数，也高估了自己的学习能力和改过的能力。我预期花十年时间掌握专业技能。后来发现，学习专业技能虽花不了十年，但提升自我的认知和修正本身的缺点需要花的时间太多了，现在，离我当时的预期已接近二十年，我才算是有了自信，相信自己可以控制好自己，通过识别市场来顺应市场了。

我的自信来源于客观的分析和正确的应对。2014 年 7 月，看到上证指数极度收敛且回踩 20 年线，我判断可能会有大行情。2015 年 6 月，看到创业板指数飙涨，我判断大行情已进入加速阶段，走势不可持续。2016 年触发熔断机制后，我判断市场已经进入不可操作阶段。2018 年 10 月，我分析市场回踩年线中轨后，2019 可能会有一根年线级别的阳线。2019 年 4 月，我发文指出上涨可能结束，市场将进行大级别回踩。2019 年 12 月，我发文判断深证成指将有一轮中级行情。当时遭遇以上情况时，我不敢说自己的判断有多准确，但确实没有犯方向上的错误。

我的逻辑体系是建立在三段结构论基础上的，其实它已在我的心中多年，现在时机成熟，我把自己的理论写出来，不仅仅是系统地整理自己的思路，更重要的是要给在这么长时间里一直关心、支持、包容我的家人和朋友一个交代。近二十年来，我勤勉学习，努力工作，每周阅读，持之以恒，节假日期间也不放松。偶有懈怠，随即自责，继续前行。

少时，父亲见我喜欢读书，就跟我说，既然这么喜欢读书以后你自己也写一本，这句话我一直记得，今天，我把此书献给父亲母亲，愿双亲于天国看到我的成果，为我骄傲。

感谢妻子为我提供了独立、良好的学习和投资环境，感谢女儿在我写作中帮助我修图及做的其他辅助工作，感谢兄妹们的关心和支持。

还要特别感谢地震出版社薛广盈老师，在我的创作过程中是薛老师不厌其烦地指点与帮助才让本书的内容更为系统、精练，才让我从错综复杂的思路中缕清结构，提炼并升华为现在三段结构论的体系。

最后，感恩所有阅读本书的朋友，你们的支持是我进步的动力。

肖良军

2021 年 6 月 15 日